JN418156

한 권으로 끝내는 베이직 교회사

한 권으로 끝내는 베이직 교회사

박경수

대한기독교서회

**박경수 교수의 교회사 클래스**
**– 한 권으로 끝내는 베이직 교회사**


2010년 4월 20일 초판 1쇄
2019년 9월 10일 2판 1쇄
2025년 2월 20일 2판 5쇄

**지은이** 박경수
**펴낸이** 서진한
**펴낸곳** 대한기독교서회

**등록** 1967년 8월 26일 제1967-000002호
**주소** 서울시 강남구 테헤란로103길 14(삼성동)
**전화** 출판국 02-553-0873~4, 영업국 02-553-3343
**팩스** 출판국 02-3453-1639, 영업국 02-555-7721
**e-mail** editor@clsk.org
https://www.clsk.org
facebook.com/clskbooks
instagram.com/clsk1890

**책번호** 1676
**ISBN** 978-89-511-1252-2 03230

The Christian Literature Society of Korea, Seoul
Printed in Korea

* 책값은 뒤표지에 있습니다.

# 여는 글

1980년대 초 대학에서 역사를 전공하던 시절 필자가 감명 깊게 읽은 몇 권의 책 가운데 하나가 프랑스 역사학자 마르크 블로크(Marc Bloch)의 『역사를 위한 변명』이다. 1886년 프랑스 리옹에서 태어난 블로크는 1904년 파리 고등사범학교에 입학하여 역사학과 지리학을 공부하고 1908년에 22살의 나이로 역사학 교수 자격을 취득할 만큼 뛰어난 인물이었다. 그는 1914년 제1차 세계대전이 일어나자 이듬해 자원입대하였다가 전쟁이 끝난 뒤 제대하였다. 이후 1919년부터 1936년까지 스트라스부르 대학에서 중세사 교수로 재직하는데, 거기서 필생의 학문적 동지였던 뤼시엥 페브르(Lucien Febvre)를 만나게 된다. 두 사람은 1929년에 『사회경제사연보』, 통칭 『아날』 지를 창간하여 역사 연구에 획기적인 전기를 마련하였다. 이후 블로크는 중세 연구에 있어 분수령이 된 저작 『봉건사회』를 저술함으로써 역사학계에 그 명성을 확인시켰다. 그러다가 1939년 제2차 세계대전이 일어나자 다시금 연구실을 박차고 나가 기꺼이 군인이 되었다. 이때 그는 53세의 저명한 교수이자 여섯 자녀를 둔 아버지였다. 프랑스가 독일에 점령된 후 블로크는 레지스탕스 운동을 벌이다가 1944년 3월 독일군에게 체포되어 심문을 받다가 6월 총살형을 당했다. 그의 책 『역사를 위한 변명』은 그가 감옥에서 보낸 생애 마지막 3개월 동안 기록한 유고로 그의 사후에 출간되었다.

아마도 필자에게 감동을 준 것은 블로크의 책이라기보다는 블로크의 삶이었을 것이다. 역사학자가 레지스탕스 운동을 벌이다가 총살형을 당했다는 것이 무엇보다 충격이었다. 왜 그는 편안하고 인정받는 학자의 길을 제쳐두고 군인으로, 레지스탕스 대원으로 투신해야만 했을까? 그것은 역사가는 단지 흘러간 과거만을 연구하는 사람이 아니라 현재를 보다 나은 세상으로 만들고 미래를 더욱 살맛나게 만들어야 할 책임을 지닌 사람이라는 블로크의 신념 때문이 아니었을까 생각한다. 그에게서 역사란 집안의 가구처럼 이미 만들어진 정적인 것이 아니라 끊임없이 변화하고 움직이는 동적인 실체였다. 따라서 역사가뿐만 아니라 모든 사람은 역사가 더 나은 방향으로 나아가도록 만드는 일에 능동적으로 참여할 책임과 의무를 지닌다. 필자는 블로크를 통해 역사학은 결코 과거에 무슨 일이 있었는가를 규명하는 작업에 국한되는 것이 아니며, 현재와 미래를 어떻게 만들어가야 하는가에 대한 지침을 제시하는 유용한 학문임을 배울 수 있었다.

대학을 졸업한 후 신학을 공부하면서 필자는 역사가 인간만의 이야기가 아님을 알게 되었다. 역사 안에는 인간의 이야기뿐만 아니라 자연의 이야기도 있고, 우주의 이야기도 있으며, 더 깊은 곳에는 하나님의 이야기가 도도하게 흐르고 있다는 것을 깨닫게 되었다. 또한 이전에는 역사의 방향이 정의, 자유, 평화와 같은 추상적이며 인간중심적인 가치를 지향해야 한다고 생각했다면, 이제는 역사가 하나님 나라라는 보다 높고, 깊고, 크고, 넓은 가치를 지향해야 한다는 것을 확신하게 되었다. 교회의 역사는 바로 이 하나님 나라를 실현하기 위한 사람들의 실패와 좌절과 성공과 기쁨을 담고 있는 이야기이다. 필자가 이전이나 지금이나 변함없이 지니고 있는 신념 한 가지가 있다면 그것은 인간이 역사의 과정에서 능동적인 주체가 되어야 한다는 것이다. 그리스도인은 하나님 나라의 확장과 완성을 위해 적극적으로 이 세상의 현실 속에 참여하여야 한다. 하나님 나라의 꿈을 현실화시키기 위해 노력하는 것이야말로 모든 그리스도인의 의무이다.

이 책은 교회학교 교사들을 위해 장로회신학대학교 기독교교육연구원에서 발행하는 『교육교회』라는 잡지에 필자가 2008년 9월부터 2010년 3월까지 1년 6개월 동안 연재한 글을 묶은 것이다. 교회학교 지도자들을 염두에 두고 쓴 글이기 때문에 어려운 교리사적 접근보다는 인물이나 사건을 중심으로 교회의 역사를 소개하는 방식을 택하였다. 그리고 이야기를 풀어갈 때에도 원문을 인용하거나 각주 처리를 하기보다는 쉽게 풀어서 설명하는 식으로 전개하였다. 따라서 누구든지 교회사에 관심이 있는 사람이라면 쉽게 읽을 수 있을 것이다. 처음부터 교회사를 전체적으로 소개한다는 생각을 가지고 글을 썼기 때문에 각 장들이 자연스럽게 연결되도록 구성하였다. 하지만 제한된 지면 안에서 하나의 주제를 깊이 파고드는 데는 무리가 있어, 그보다는 교회사의 흐름을 이해할 수 있도록 하는 데 초점을 맞추었다. 나무보다는 숲을 보여주려고 노력했다고 보면 될 것이다. 이 책이 교회학교 교사들뿐만 아니라 일반 교인들에게도 교회의 역사를 보다 잘 이해할 수 있도록 도움을 주리라 믿는다. 또한 신학생이나 목회자들에게도 교회의 역사 전체에 대한 밑그림을 그릴 수 있는 안목을 제공해주리라 기대한다.

교회사를 연구하고 가르치는 사람으로서 교회의 이야기를 널리 알릴 수 있는 책을 펴내게 된 것은 큰 기쁨이다. 늘 그렇듯이 이 책이 햇빛을 보게 된 데에도 많은 사람의 도움과 수고가 있었다. 먼저 『교육교회』에 교사들을 위한 교회사 이야기를 연재할 수 있도록 기회를 준 장로회신학대학교 기독교교육연구원 식구들에게 감사를 드린다. 그리고 120년 동안 한국교회의 나침반 역할을 해온 대한기독교서회, 어려운 여건에도 불구하고 기꺼이 출판을 허락해준 출판국장 서진한 목사님, 사람들이 이 책에 호감을 갖도록 애써준 편집부 식구들에게 진심 어린 감사를 전하고 싶다. 아무쪼록 이 책이 하나님 나라의 도래를 위해 역사를 주체적으로 살아가고자 하는 모든 그리스도인에게 작은 도움이 되기를 바랄 뿐이다.

2010년 3월

아차산 기슭 연구실에서

**박경수**

# 차례

## 제3부 종교개혁 이야기



## 제4부 근·현대교회 이야기

# 제1부 초대교회 이야기

Chapter 1

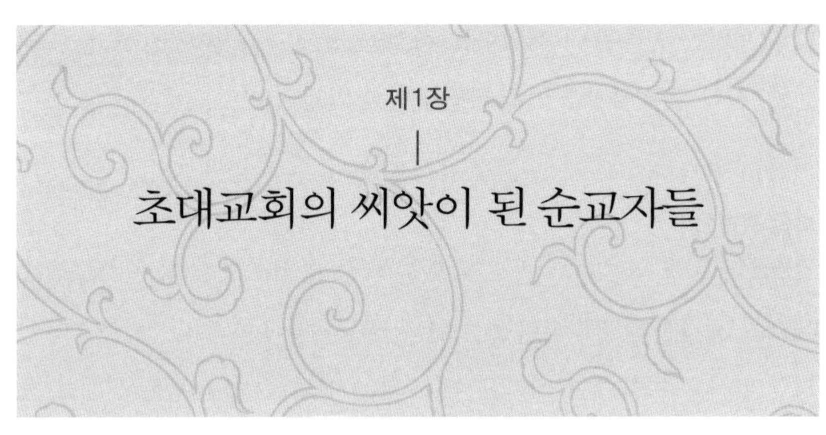

제1장

# 초대교회의 씨앗이 된 순교자들

그리스도교는 역사의 종교라고 말할 수 있다. 하나님이 예수 그리스도 안에서 우리를 구원하기 위하여 특별한 방법으로 인간의 역사 속에 참여하신다는 의미에서 그렇다. 바로 이 점에서 그리스도교는 순환적인 자연종교나 무시간적이고 추상적인 사색종교와 구별된다. 누가복음 2:1-7은 예수 그리스도가 로마 시대라는 구체적 역사의 한 시점, 즉 아우구스투스(Augustus, 성서의 아구스도)가 로마 황제이고 퀴리니우스(Quirinius, 성서의 구레뇨)가 시리아의 총독이던 때에 태어났음을 명시한다. 놀라운 사실은 역사가 예수 그리스도를 분기점으로 하여 기원전(Before Christ)과 기원후(Anno Domini=in the year of our Lord)로 나누어졌다는 것이다. 당시 로마인들이 자신들의 역사에 한 줄도 기록할 가치가 없다고 여긴 하찮은 동네 출신의 한 인물이 역사를 구분하는 분수령이 되었다는 사실을 알게 된다면 어떤 표정을 지을까? 정말 그들에게는 기절초풍할 만한 일일 것이다.

**복음 전파의 일등공신, 박해** 역사 속으로 오신 예수 그리스도의 삶과 가르침을 따르는 제자들은 '교회'라는 이름의 공동체를 이루었다. 팔레스타인 지역의 작은 마을에서 시작된 이 교회는 어떻게 오늘날 온 세계로 확장될 수 있었는가? 역설적이게도 그리스도교의 복음을 온 세상으로 확장시킨 일등공신은 박해였다. 박해로 인해 복음이 예루살렘과 유대로부터 사마리아와 땅 끝까지 전해진 것이다.(행 1:8) 사도행전의 저자인 누가에 따르면, 유대인들의 박해로 초대교회 일곱 집사 중 한 사람인 스데반이 죽었고, 그 이후 교회에 큰 박해가 일어나 일곱 집사 중 또 다른 한 명인 빌립은 사마리아로 갔으며, 스데반의 죽음에 관여했다가 이후에 개종한 바울은 안티오케이아(성서의 안디옥)를 기지로 삼아 온 세계를 향해 복음을 들고 나아갔다.

베드로의 로마 전도와 관련해서는 우리가 잘 아는 쿼바디스 도미네(quo vadis domine: "주여, 어디로 가시나이까?")의 순교사화(殉敎史話)가 있다. 박해를 피해 로마를 떠나려 하던 베드로가 로마로 향하는 주님을 보고 "주여, 어디로 가시나이까?" 하고 묻자 주님께서는 "나는 다시 십자가에 못 박히러 로마로 간다." 고 말씀하셨고, 이에 베드로는 발길을 돌려 로마로 가서 담대히 복음을 전하다가 십자가에 거꾸로 달려 죽었다는 것이다. 세베대의 아들 야고보도 스페인에서 전도하다가 실망하여 돌아가는데 성모께서 기둥 위에 선 모습으로 나타나 야고보를 격려하여 다시 돌아가 복음을 전했다는 이야기가 전해진다. 야고보는 예루살렘에서 헤롯 아그립바에 의해 44년경 순교함으로써 열두 제자 중 최초의 순교자라는 영예를 얻었다. 고대의 기록들에 따르면 마가는 이집트(이집트의 성화들은 마가를 흑인으로 그리고 있다.)로, 열심당원 시몬은 아프리카로, 안드레는 터키로, 바돌로매와 도마는 인도로 가서 복음을 전했다. 『도마행전』은 도마의 전도로 인도의 곤도파레스 왕과 그 형제인 가드가 회심을 했다고 증언한다. 최근 이런 이름의 왕이 역사상 실재했고 또 그 왕에게 가드라는 형제가 있었음을 증명하는 동전이 발견되어 도마의 인도 여행이 실제로 이루어졌음을 시사해주고 있다.

스페인의 산티아고 데 콤포스텔라 성당에 조각된 사도 야고보 상(像)

그리스도교가 로마제국 전역으로 퍼져나가게 되자 주목을 받게 되었다. 그러면서 그리스도교는 거의 300여 년에 걸친 오랜 기간 박해의 대상이 되었다. 역사상 가장 강력했던 제국 로마가 힘없는 그리스도교를 상대로 벌인 이 박해보다 더 강력하고 길고 철저한 탄압은 전무후무하였다. "그것은 칼과 십자가가 맞붙은 몹시 불공평한 대결이었다." 그런데 박해의 이면에는 상당 부분 그리스도인들에 대한 로마인들의 오해와 무지가 깔려 있었다. 무엇보다도 로마제국의 황제들은 그리스도인들을 무신론자라는 이유로 박해하였다. 로마는 다신교의 나라였기 때문에 로마의 많은 신들을 부정하는 자들을 무신론자일 뿐만 아니라 인류의 적으로 간주했다. 더욱이 넓은 로마제국을 하나로 묶어줄 중심을 세우기 위해서 로마 황제를 신으로 삼는 정책을 취했는데, 유독 그리스도인들은 이교의 신들을 부정할 뿐만 아니라 로마 황제도 신으로 인정하기를 거부하였다. 따라서 로마는 그리스도인들을 무신론자라는 이유로 모질게 박해하였다. 그래서 마르쿠스 아우렐리우스 황제 때에 스미르나(Smyrna) 감독 폴리카르포스(Polycarpos)를 붙잡고 둘러싼 군중들이 그를 향해 "무신론자에게 죽음을", "무신론자는 떠나라."고 고함을 질렀던 것이다. 그때 폴리카르포스는 군중들을 향해 더 큰 소리로 "무신론자들은 떠나라."고 고함을 질렀다고 한다. 그리스도인들은 오직 한 분 하나님을 믿는 유일신론자였지 결코 무신론자들이 아니었다. 오히려 수많은 이방 신을 섬기고 심지어 황제라는 이유로 사람을 신으로 만든 로마가 사실상 무신론의 나라였던 것이다.

또한 로마는 그리스도인들을 근친상간의 죄목으로 핍박하였다. 그리스도인들이 은밀하게 모여 서로가 서로를 형제자매라고 부르고 같은 아버지를 섬긴다는 이야기를 들은 로마인들은 그리스도인들이 도덕과 윤리라고는 찾아볼 수 없는 무리라고 생각하였다. 그러나 타락한 도시 로마에서 그리스도인들처럼 철저하게 하나님의 뜻에 따라 거룩한 삶을 산 사람들이 어디에 있었단 말인가! 참으로 그리스도인들은 유대인도 이교도도 아닌 '제3의 인종,' 별종 중의 별종이었다.

뿐만 아니라 로마는 그리스도인들이 식인의 습관을 가지고 있다는 말도 되지 않는 이유로 핍박을 가하였다. 아마도 그 소문은 "내 몸이니 받아서 먹으라.", "내 피니 받아 마시라."는 성만찬 예식을 오해한 데서 비롯되었을 것이다. 당시 로마인들은 성만찬 시에 그리스도인들이 실제로 유아를 큰 빵에 넣고 잘라서 몸과 피를 나누어 먹는다고 생각하기도 하였다.

아무튼 그리스도인들이 로마의 기존 체제를 잠식하고 로마의 가치들을 위협한다고 느낀 로마 황제들은 그리스도교를 적대시하였고, 그리스도인들을 자신의 입지를 강화하기 위한 희생양으로 삼기도 하였다. 5세기부터 교회사에서는 로마에서 일어난 박해의 횟수를 10번으로 간주해 왔다. 박해를 주도한 황제는 네로, 도미티아누스, 트라야누스, 하드리아누스, 마르쿠스 아우렐리우스, 셉티미우스 세베루스, 막시미누스, 데키우스, 발레리아누스, 디오클레티아누스이다.

**네로와 그리스도인들** 기원후 54년 로마 황제가 된 네로는 처음에는 상당히 인기 있는 황제였다. 그러나 점차 과대망상적인 광기를 부려 시민들의 혐오를 한 몸에 받게 되었다. 그러던 중 64년에 로마에 대화재가 발생하였고, 도시의 14구역 중 10구역이 소실되었다. 당시의 역사가인 타키투스(Tacitus)에 따르면 화재는 기름 창고에서 우연히 발생했는데, 항간에는 네로의 짓이라는 소문이 나돌았다. 네로가 자기 구상대로 로마를 다시 짓기 위해 불을 질렀다느니, 예술가로서의 영감을 얻기 위해 불을 질렀다느니 하는 소문이 꼬리를 이었다. 네로는 희생양이 필요했다. 그런데 우연히도 그리스도인들은 주로 화재로 소실되지 않은 구역에 살고 있었고, 네로는 이를 빌미로 그리스도인들을 희생양으로 삼았다. 로마의 역사가 타키투스는 『연대기』에서 이렇게 전한다.

> 황제의 거듭된 부인과 신들에게 바쳐진 희생에도 불구하고 황제가 화재를 명령했다는 의심은 그치지 않았다. 그리하여 이 소문을 없애기 위해 네로는 이미 배덕적 행위로 시민들의 증오를 받고 있던 그리스도인들이라 하는 자들에게 혐의를 씌우고 이들을 잔인하게 처벌했다. 이들의 이름은 황제 티베리우스와 총독 본디오 빌라도 치하에서 처형된 그리스도에게서 유래했다. 한동안 탄압을 받던 이 밉살스러운 미신은 발상지인 유대에서뿐 아니라 저급하고 수치스러운 모든 것들이 한데 뒤섞여 유행하는 로마 시에서도 다시 고개를 들었다. 그러므로 먼저 체포되어 자백한 자들이 그리고 그들의 자백에 근거하여 체포된 허다한 무리가 방화죄가 아닌 인류에게 혐오감을 준 죄로 유죄 판결을 받았다. 이들의 사형식은 스포츠 방식으로 집행되었다. 어떤 자들에게는 짐승 가죽을 입혀 개들에게 찢겨 죽게 했고, 또 어떤 자들은 십자가에 달거나 불태워 죽였고, 날이 캄캄해지자 횃불로 사용된 자들도 있었

다. 네로는 자기 정원을 공연장으로 꾸며 서커스를 제공했고, 직접 전사 복장을 하고서 잡아다 놓은 그리스도인들 사이로 전차를 마구 몰고 다니다가 그들을 동정하는 분위기가 생기기 시작할 때에 비로소 그만두었다. 이들은 비록 중벌을 받아 마땅한 자들이긴 했으나, 사실상 공중의 선을 위해 고통을 당한 게 아니라 한 사람의 잔인성을 만족시키기 위해 고통을 당했다.(*Annals* XV, 44)

이 기록은 당시의 박해가 얼마나 참혹했는지를 잘 보여준다. 베드로와 바울의 순교도 네로 치하에서 발생하였다. 그리스도인들에 대해서 결코 호의적이지 않았던 로마의 역사학자조차도 네로의 박해가 정당하지 못했다고 지적한다. 결국 네로는 68년 로마 상원의 지원을 받은 반란에 의해 퇴위되어 스스로 자살의 길을 택하였다. 게마트리아(Gematria)*에 의하면 요한계시록 13:18에 나오는 짐승의 숫자 666은 다름 아닌 네로를 상징하는 것이라고 보는 해석이 있다.

게마트리아에 따르면 666은 네로 황제를 상징한다.

* 히브리어 알파벳은 제각기 수 값을 가지고 있어서 문자의 조합인 단어 또는 문장이 일정한 수를 나타내게 마련이다. 이 숫자를 가지고 성서를 해석하는 방법을 게마트리아라고 한다. 이러한 게마트리아는 성서의 숨겨진 의미를 파악해보려는 성서학자들의 암호 해독법으로 사용되었다.

**도미티아누스, 트라야누스 그리고 이그나티우스** 1세기 말엽에 이르러 황제 도미티아누스는 자신을 가리켜 도미누스 에트 데우스(Dominus et Deus) 곧 주(lord)와 신(god)이라고 주장했다. 물론 그리스도인들은 이러한 주장을 인정할 수 없었고 단호히 황제숭배를 거절했다. 이로 인해 로마는 또다시 그리스도인들의 피로 젖게 되었다. 이때부터 로마의 그리스도인들이 지하로 숨어 들어가 카타콤이 만들어지기 시작했다. 요한계시록은 로마를 "성도들의 피와 예수의 증인들의 피에 취한…큰 음녀"(계 17:1, 6)라고 불렀다. 결국 도미티아누스도 정적들에 의해 암살당하였다. 로마 원로원은 로마의 모든 기록에서 그의 이름을 지워서 아무도 그를 기억하지 못하도록 결정하였다.

도미티아누스의 뒤를 이은 트라야누스 황제도 그리스도인들의 모임을 금지시키고 황제숭배를 강요하면서 그리스도교를 탄압하였다. 이때 사도 요한의 제자이자 안티오케이아의 감독인 이그나티우스가 순교하게 된다. 교회의 전승은 예수께서 제자들에게 "천국이 이런 어린아이의 것이다."라고 말씀하실 때 친히 품에 안고 있던 아이가 바로 이그나티우스라고 전한다. 사형집행을 위해 로마로 압송되던 그를 몇몇 그리스도인들이 구출하려고 했을 때, 그는 자신을 구출해서는 안 된다며 이렇게 말하였다. "나는 그대들의 친절이 나를 오히려 해치리라고 생각한다. 아마도 당신들은 그 계획을 성공시킬지도 모른다. 그러나 부디 나의 부탁을 들어주어 나로 하여금 하나님 앞에서 큰 은혜를 얻게 하라." 그는 진심으로 순교를 열망하고 사모하였다. 왜냐하면 초대교회의 그리스도인들은 순교를 제2의 세례로, 즉 물로 받은 첫 세례 이후에 범한 모든 죄를 사하는 피의 세례라고 굳게 믿었기 때문이다. 순교가 그리스도인들을 하나님과 천국의 영광으로 더 빨리 인도한다고 믿은 것이다. 결국 이그나티우스는 자신의 소원대로 순교하여 천국이 바로 이런 자의 것이라는 주님의 약속을 현실로 받게 되었다.

**마르쿠스 아우렐리우스와 폴리카르포스**

로마의 현명한 다섯 황제(네르바: 재위 96-98, 트라야누스: 재위 98-117, 하드리아누스: 재위 117-138, 안토니누스 피우스: 재위 138-161, 마르쿠스 아우렐리우스: 재위 161-180) 가운데 한 사람으로 꼽히는 『명상록』의 저자 아우렐리우스도 그리스도교를 핍

폴리카르포스의 순교 장면

박한 사람이었다. 이때에 유명한 변증가였던 유스티누스(Justinus)와 스미르나의 감독 폴리카르포스가 순교하였다. 노령의 폴리카르포스가 잡혔을 때, 재판관이 그에게 그리스도를 한 번만 저주하면 살려주겠다고 하자 그는 "나는 여든여섯 해 동안 그분을 섬겼지만 그분은 한 번도 나를 저버린 적이 없소. 그런데 어떻게 내가 나를 구원하신 나의 왕을 저주할 수 있겠소?"라고 대답했다고 한다. 그러면서 이제야 순교자들의 반열에 들게 되고, 그리스도의 고난의 잔을 마시게 되고, 성령 안에서 썩지 않을 영혼과 육체의 부활에 참여하게 된 것을 찬양하면서 기꺼이 순교하였다. 참으로 테르툴리아누스(Tertullianus)가 말한 것처럼 "순교자들의 피가 교회의 씨앗"이 된 것이다.

**데키우스와 오리게네스**

249년 황제의 직위에 오른 데키우스(Decius, 재위 249-251)는 로마가 옛 영광을 상실하게 된 것이 로마의 옛 신들을 저버린 탓이라고 믿었다. 따라서 그는 제국 전역에 옛 로마의 신들을 숭배할 것을 명하였다. 그러고는 로마의 이방 신들에게 예배한 자에게만 증명서를 발급하였다. 그리스도교 신자들은 옛 로마의 신들을 숭배하든지, 증명서를 뇌물로 구입하든지, 신앙을 지키든지 선택해야만 했다. 데키우스의 박해는 오래가지 못하고 251년 끝났다. 불과 2년 정도의 박해였지만 그 결과는 매우 심각했다. 왜냐하면 데키우스 시기에 신앙을 저버린 사람들을 다시 교회로 받아들여야 하는가의 문제로 교회에 큰 내분이 일어났기 때문이다. 디오클레티아누스의 박해 때에도 목숨을 구하기 위해 성서를 로마의 군인들에게 넘겨준 목회자들을 다시 교회의 지도자로 받아들일 수 있는지에 대한 논란이 벌어졌다. 박해 시에 신앙을 지킨 '고백자' 들과 신앙을 저버린 '배교자' 들 사이에 갈등이 깊어졌고, 이는 결국 초대교회의 내분을 초래하였다. 이 문제에 대해서는 나중에 살펴보게 될 것이다.

데키우스 박해 때 투옥되어 고문을 당해 순교한 사람 중에 알렉산드리아의 오리게네스가 있다. 오리게네스는 6개 언어 대조 성서인 『헥사플라』(*Hexapla*)를 편찬했으며, 당시 그리스도교에 대해 가장 비판적인 논객이던 켈수스를 반대하는 『켈수스 논박서』라는 변증서와 『제일 원리』라는 조직신학서를 저술하기도 한 신학자였다. 최초의 교회사가로 '교회사의 아버지' 라고 불리는 카이사레이아(성서의 가이사랴)의 에우세비오스(Eusebios)가 남긴 『교회사』에는 오리게네스와 관련된 두 가지 이야기가 기록되어 있다. 하나는, 로마의 군인들이 자기 마을에 온다는 소식을 듣고서 오리게네스가 순교하려고 했으나 그의 어머니가 옷을 모두 숨기는 바람에 나가지 못해 순교하지 못했다는 이야기이고, 다른 하나는, "천국을 위하여 스스로 고자 된 자도 있다." 는 예수님의 말씀을 따라 스스로 고자가 되었다는 이야기이다. 결국 오리게네스는 데키우스 박해 때 투옥되어 그토록 바라던 순교의 열망을 성취하였다.

**세상이 감당치 못한 사람들**

하나님의 섭리는 우리의 이해를 뛰어넘는다. 박해가 오히려 복음 전파의 수단이 되리라고는 감히 생각지 못했지만, 사실 그리스도교는 박해를 통해 단련되고, 확장되고, 영적인 힘을 길렀다. 어떠한 선전도 박해보다 더 그리스도교의 전파에 기여하지는 못했다. 바울은 로마서 11:33에서 "깊도다 하나님의 지혜와 지식의 풍성함이여 그의 판단은 헤아리지 못할 것이며 그의 길은 찾지 못할 것이로다"라고 고백하였다. 그리스도인이라면 우리 삶과 교회의 역사 안에서 모든 것이 협력하여 선을 이루게 하시는 하나님의 섭리를 분명히 신뢰하고 고백해야 할 것이다.

초대교회 성도들은 사도행전 17:6에서 말한 것처럼 "천하를 어지럽게 하던 사람들"(『개역개정판』)이요, "세상을 뒤집어엎는 사람들"(turning the world upside down, *NRSV*)이었다. 그들은 박해 속에서 세상을 이기는 그리스도교의 믿음의 능력을 입증하였다. 수많은 이름 없는 성도들이 그리스도인이라는 한 가지 이유 때문에, 자신의 신앙을 지키기 위해서 고난의 잔을 당당하게 마셨다. 초대교회 성도들은 로마제국의 칼의 위협 앞에서도 폭력 혁명이나 육체적 저항으로 맞선 것이 아니라 담담히 십자가만을 내세운 채로 진리에 대한 신념과 도덕적 장렬함으로 순교라는 영광의 면류관을 얻었다. 그들은 장장 1,450km에 달하는 지하 카타콤에 숨어 살면서도 웅장하고 화려한 황제의 궁에서 사는 것보다 더 큰 행복을 누리면서 살았다. 참으로 그들은 "세상이 감당치 못한 사람들"(히 11:38)이었다.

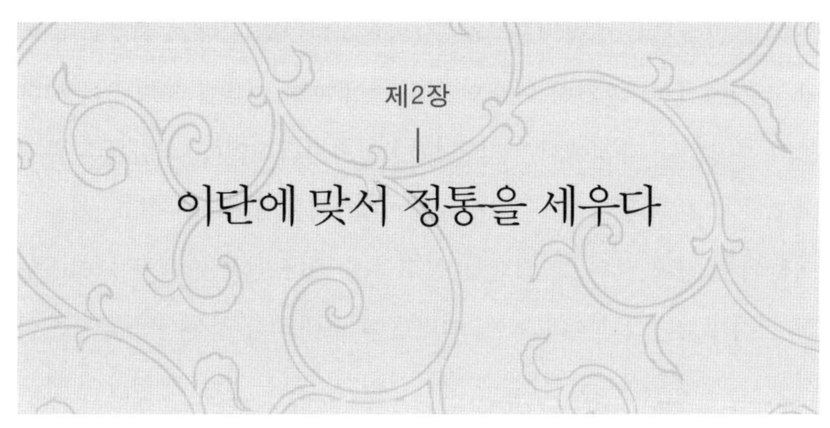

# 제2장 | 이단에 맞서 정통을 세우다

이단(heresy)이라는 용어는 그리스어 하이레시스(hairesis)에서 유래된 것으로, 보편적으로 받아들여지는 중대한 교리에 반대해 거짓 교훈을 고집하면서 정통신앙에서 일탈하는 것을 뜻한다. 따라서 이단은 정통에 대한 상관적 개념이다. 이단(異端)은 동일한 종교 안에서 다른 주장을 하는 것이라는 점에서, 전혀 다른 종교적 가르침을 전하는 이교(異敎)와는 다르다. 또한 엄밀한 의미에서 보면 이단은 분파(分派, schism)와도 차이가 있다. 이단이 중대한 보편적 교리에 반대하는 자들이라면, 분파는 사소한 의견의 차이를 보이거나 교리보다는 교회정치나 윤리에 대해 정통신앙과 다른 입장을 보이는 무리이다. 이단은 배척해야 하지만, 분파는 끌어안아야 할 대상이다.

박해를 거치면서 순교자들이 나타났고, 유대교와 대치하면서 그리스도교 변증문학이 발전했듯이, 그리스도교 정통신앙은 이단과의 투쟁 과정에서 더 굳건히 확립되었다. 초대교회 교부들은 당대의 이단들과 투쟁하는 과정에서 두각을 나타낸 사람들이었다. 이단들은 아직 확고하게 자리를 잡지 못한 상태에 있던 정통에 대적하였고, 정통은 이들의 도전에 맞서 그 체계를 공고하게 해나갔다. 박해가 그리스도교 전파의 일등공신이었듯이, 이단들이 초대교회 정통신앙을 든든히 세우는 데 공헌했다는 사실은 역설적이다. "모든 것이 합력하여 선을 이루게 하시는"(롬 8:28) 하나님의 섭리는 우리 개인의 삶뿐만 아니라 역사에도 적용되는 것이다.

교회사에서 제1차 에큐메니칼 공의회로 모인 니케아공의회(325) 이전에는 이단에 대한 처벌이 교회 차원의 처벌 수준에 머물렀다. 다시 말해 견책이나 면직, 최악의 경우에는 출교의 처벌이 내려졌다. 그러나 니케아공의회 이후 교회와 국가가 연합하기 시작하면서는 국가 권력이 나서서 재산을 몰수하고, 추방하고, 심지어는 사형에 처하는 세속적인 처벌까지 이단들에게 가하지게 되었다. 이단에 대한 시각이나 대응도 시대상황에 따라 달랐던 것이다. 이 장에서는 니케아공의회 이전에 나타난 주요 이단들을 살펴보고 교회가 그들에 맞서서 어떻게 대응했는지 살펴보기로 하자.

### 영지주의의 등장과 교회의 대응

초대교회의 이단 중에서 영지주의(Gnosticism)보다 더 위험한 것은 없었다. 영지주의란 '지식'을 의미하는 그리스어

그노시스(gnosis)에서 나온 말이다. 영지주의자들은 정통 교회에서 말하는 피상적이고 맹목적인 지식에 대한 신앙으로써가 아니라 영적인 지식을 습득할 때에라야 참된 진리에 이를 수 있고 구원받을 수 있다고 믿었다. 영지주의자들에게 구원이란 인간이 처음에는 소유하고 있었지만 타락으로 인해 상실한 영적인 지식을 회복하는 것이었다. 영지주의자들은 자신들을 소위 '신앙주의자들'과 구별하였다. 그들은 자기들만이 비밀스럽고 영적인 지식을 소유하고 있으며, 소위 그리스도인들이라 불리는 사람들은 참된 영적 지식을 갖지 못하고 물질적이고 육체적인 지식만 갖춘 수준 낮은 사람들이라는 헛된 망상과 교만에 빠져 있었다.

영지주의는 1세기 말 지중해 연안의 종교와 철학 사상들의 절충을 통해 만들어진 일종의 사색종교였다. 그중에서 플라톤 사상은 영지주의자들에게 결정적인 영향을 끼쳤다. 이상세계와 물질세계를 대립시키는 이원론적 견해, 영혼이 이상세계로부터 타락했다는 견해, 영혼과 육체를 대립시켜 육체를 영혼의 감옥으로 보는 견해 등이 플라톤 철학과 연관이 있다. 뿐만 아니라 빛의 왕국과 어둠의 왕국을 구분한 조로아스터교의 이원론이나 범신론적이고 금욕적인 경향의 초기 불교에서도 영향을 받았다. 이처럼 영지주의는 당시의 여러 종교와 철학을 버무려 만든 사변적 혼합종교였다.

영지주의가 본격적으로 알려지기 시작한 것은 1945년 이집트의 나그함마디에서 파피루스로 된 영지주의 문서가 발견되면서부터이다. 영지주의자들의 문서 중 하나인 『도마행전』(*The Acts of Thomas*)에는

"진주의 찬송"이라 일컬어지는 이야기가 소개되어 있다. 그 내용은 다음과 같다. 동방의 한 위대한 왕이 자기 아들을 보내 이집트에 있는 진주를 찾아오게 하였다. 그러나 아들은 이집트인들과 어울려 지내면서 자기가 누구인지, 왜 이집트에 왔는지조차 잊어버리고 영적인 잠에 빠져들었다. 이 소식을 들은 동방의 왕은 마법의 편지를 보냈고, 이에 아들은 자신이 왕자이며 이집트에 있는 진주를 가져가기 위해 왔음을 다시금 깨달았다. 그리하여 아들은 이집트인들이 준 누추하고 더러운 옷과 음식을 벗어던져 버리고 진주를 가지고 고향으로 돌아갔다. 이 이야기는 영지주의 사상의 핵심을 담고 있다. 영지주의자들은 인간이 육체의 감옥에 갇혀 자아를 망각하고 영적으로 깊은 잠에 빠져버렸지만, 위로부터 오는 영적인 지식을 얻기만 하면 다시 자아를 되찾고 구원을 얻게 될 것이라고 믿었다.

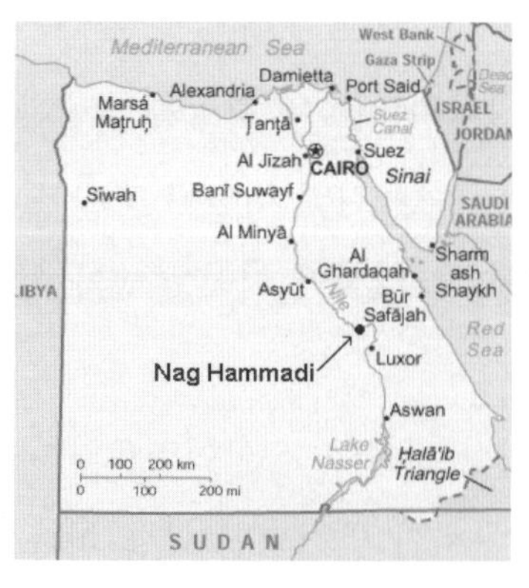


이집트의 나그함마디 위치

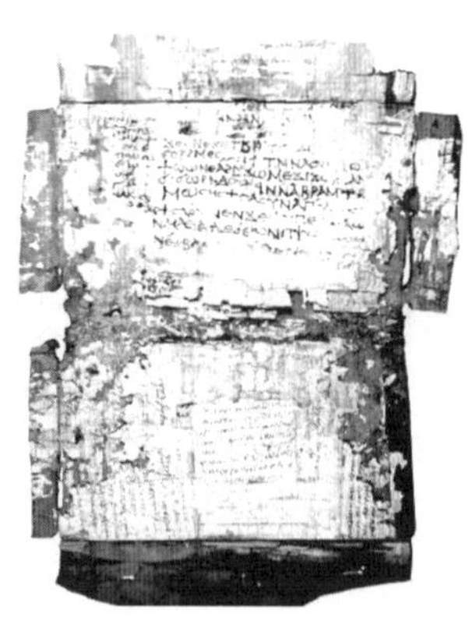

나그함마디 문서

영지주의가 그리스도교에 위협이 된 가장 큰 이유는 그리스도교의 중요한 교리인 성육신을 부정했기 때문이다. 영지주의자들은 영혼은 선하고 물질은 악하다는 이원론적인 태도를 취했기 때문에, 선하신 그리스도가 물질적인 육체를 지닌 인간이 될 수는 없는 일이었다. 그리하여 영지주의자들은 예수가 육신을 입은 것처럼 보일 뿐이지 실제로는 육체를 지닌 것이 아니라고 주장하였다. 이것을 가현설(假現說, Docetism)이라고 부른다. 초대교회 최초의 가장 큰 싸움은 그리스도의 신성을 확립하려는 투쟁이라기보다는 인성을 확보하기 위한 투쟁이었다. 성육신의 교리 자체를 부정하는 영지주의자들에게 그리스도의 육체의 고난과 육체의 부활이라는 교리는 당연히 말도 되지 않는 것으로 여겨졌다.

또한 영지주의는 그리스도교의 창조론을 부정하였다. 악한 물질세계를 창조한 신은 하나님이 아니라 데미우르고스(Demiourgos)라는 저급한 신이라고 주장하였다. 그들에게는 오히려 선악을 알게 하는 나무의 실과를 먹으라고 한 뱀이 구속자였다. 왜냐하면 선악을 알게 하는 지식은 곧 인간을 구원할 영지이기 때문이다. 영지주의자들은 물질을 부정적으로 보는 이원론적 견해로 인해 하나님의 창조를 저급한 것으로 만들어버렸다.

물질과 육체를 악한 것으로 보는 영지주의자들은 상반된 두 가지 방향으로 나아갔다. 첫째는, 극단적 금욕주의이다. 육체는 영혼에 대항하는 것이기 때문에 육체의 격정들을 철저히 통제해야 한다는 것이다. 둘째는, 극단적 방종이다. 육체는 본질상 아무런 의미가 없기 때문에 정욕대로 버려두어도 상관없다는 해석인 것이다. 극단과 극단이 통하듯이 영지주의자들은 금욕과 방종이라는 상반된 삶을 거리낌 없이 살았다.

초대교회 지도자들은 영지주의 안에서 창조와 성육신 그리고 부활 등 그리스도교의 핵심이 모두 부인되는 것을 발견하고 놀라지 않을 수 없었다. 따라서 초대교회는 무엇을 믿고 무엇을 믿지 말아야 하는지를 분명하게 가르치고 고백할 필요를 절감했다. 그리하여 신앙의 표준이 될 신앙고백이 나오게 되었다. 오늘날 우리가 예배시간마다 고백하는 '사도신경'(Apostles' Creed)은 이때에 확정된 것이다. 사도신경은 오랫동안 열두 사도가 한 구절씩 작성한 것을 모아서 작성된 것이라는 전승이 있지만, 사실상 사도신경의 모태가 된 것은 '로마신앙고백서'(Old Roman Symbol)이다. 세 가지 질문의 형식으로, 세례문답시에 사용되던 이 문서가 신앙고백으로 발전한 것이다.

— 그대는 전능하사 천지를 창조하신 하나님 아버지를 믿는가?
— 그대는 예수 그리스도가 성령으로 잉태하사 동정녀 마리아에게 나시고, 십자가에서 고난을 당하시고, 부활하시고, 승천하시고, 재림하실 것을 믿는가?
— 그대는 성령과 거룩한 교회와 몸의 부활을 믿는가?

이와 같이 초대교회는 신앙고백을 통해 하나님이 물질세계를 창조하셨다는 것, 그리스도께서 육신을 입고 태어나셨으며 고난을 당하시고 부활하셨다는 것, 몸이 부활한다는 것을 고백하는 사람들에게 세례를 주고 교회의 구성원으로 받아들였다. 사도신경은 영지주의자들에 반대하여 최소한으로 공식화시킨 그리스도교 신앙의 핵심이었다. 이 질문들에 '예'라고 대답하는 것이 그리스도인으로서 세례를 받기 위한 기본이었다.

초대교회에 만들어진 또 다른 중요한 신앙고백이 있는데, 그것이 바로 325년 작성된 '니케아신경'(The Nicene Creed)이다. 서방교회는 예배시간에 사도신경을 암송하지만, 동방교회에서는 지금도 니케아신경을 암송한다. 니케아신경은 당시 교회의 중요한 논쟁점들에 대해 교회공동체가 믿는 바를 선언한 신앙고백이다. 사도신경과 니케아신경의 다른 점은 사도신경은 개인의 신앙고백이기 때문에 "나는…믿습니다"(I believe in)로 시작되지만, 교회공동체의 신앙고백인 니케아신경은 "우리는…믿습니다"(We believe in)로 시작된다는 것이다. 이처럼 초대교회는 이단에 맞서서 혹은 교회의 내분에 대응해서 개인과 공동체가 믿는 바를 신앙고백으로 제시함으로써 교회를 세워갔다.

**마르키온주의의 등장과 교회의 대응**

2세기에 나타난 마르키온(Marcion)은 "최초의 대이단자"라고 불릴 만큼 초대교회에 실질적인 위협을 가한 인물이었다. 그는 분명 영지주의 계열에 속한 사상가 중 하나였지만, 그리스도교 신앙의 표준이 되는 성서를 자기 마음대로 취사선택함으로써 그리스도교의 토대를 심각하게 뒤흔들었다는 점에서 영지주의와는 달랐다. 마르키온은 자라나면서 영지주의 사상의 세례를 받아 이단 사상을 발설하고 다니다가 폰투스 지방의 감독이던 자기 아버지에게 출교를 당하기까지 하였다. 순교자 유스티누스는 그를 당시의 가장 위험한 이단으로 간주했다. 스미르나의 감독이던 폴리카르포스도 로마에서 마르키온을 만났을 때 "나를 아십니까?"라는 질문을 받고서는 "사탄의 맏아들이지요."라고 대답했다고 한다. 그만큼 초대교회의 교부들은 마르키온을 위험한 이단으로 간주했다.

마르키온은 율법과 복음을 날카롭게 분리시켰다. 그는 율법을 담고 있는 구약성서를 철저히 배격하고, 복음을 제대로 표현하고 있는 신약성서만을 인정했다. 신약성서 중에서도 누가복음과 바울의 편지 10권(로마서, 고린도전서, 고린도후서, 갈라디아서, 에베소서, 빌립보서, 골로새서, 데살로니가전서, 데살로니가후서, 빌레몬서)만을 받아들였다. 마태복음, 마가복음, 요한복음, 사도행전, 목회서신, 히브리서, 공동서신, 요한계시록은 배격하였다. 마르키온은 율법과 복음을 대립적으로 보면서 구약성서 전체와 신약성서 일부를 경전에서 제외시키려

마르키온(왼쪽)과 사도 요한(오른쪽)

고 한 최초의 인물일 것이다.

영지주의의 영향을 받은 마르키온은 구약의 창조자와 신약의 하나님은 서로 다른 존재라고 주장했다. 그는 "우리가 유대교의 경전에서 분노에 차고 가혹하고 피에 굶주린 하나님에 관해 읽는다면, 그가 예수의 사랑하는 아버지처럼 보이겠는가?"라고 반문하면서, 구약의 여호와는 독선적인 복수의 신이기 때문에 성부 하나님이 될 수 없다고 주장했다.

마르키온은 율법에 반대하면서도 엄격한 금욕생활로 자신을 다스렸다. 그는 이교의 축제에 참여하지 않는 것은 물론이고 육식과 술을 철저하게 삼갔다. 심지어 결혼한 사람들에게 부부생활을 절대로 하지 않겠다는 서약을 받고 나서야 세례를 주기까지 하였다. 또한 자신의 신앙을 위해 박해를 받는 것도 두려워하지 않았다. 마르키온을 따르던 무리가 이런 엄격한 금욕생활을 실천하고 많은 순교자를 배출할 만큼 그 힘을 과시해, 마르키온주의는 초대교회에 무시 못할 정도로 실질적인 위협이 되었다.

마르키온주의자들이 누가복음과 바울의 서신만을 신앙의 표준인 성서로 받아들이고 다른 것들은 배격하면서 초대교회 안에서도 혼란이 일어났다. 그래서 교회는 마르키온주의에 맞서 정경(正經, Canon)을 확립하였다. 정경이라는 말은 '곧은 막대기', '자'를 가리키는 것으로, 신앙과 생활의 표준이 되는 책이라는 뜻이다. 영지주의자들은 도마복음을 숭배했고, 마르키온주의자들은 누가복음과 바울서신만을 추종했다. 이에 대해 교회는 사도성, 보편성, 영감성을 원리로 하여 신

그리스어로 기록된 시내산 사본(4세기)

앙의 표준인 정경을 확립하였다. 예수 그리스도의 열두 사도 중 한 사람이 쓴 책이라 할지라도, 그것이 모든 교회에서 하나님의 말씀으로 보편적으로 받아들여지지 못하거나 성령의 영감을 경험할 수 없다면 정경으로 채택될 수가 없었다. 구약성서 39권은 90년 얌니아 회의에서 이미 정경으로 확정되었다. 대체로 200년경에 신약성서 정경이 정해졌지만 논쟁이 되는 몇 권의 책들이 있었다. 신약성서 27권이 정경으로 확정된 것은 397년 제3차 카르타고 회의에서였다. 이와 같은 정경의 확립을 통해 교회는 이단들의 확장과 침투를 막고 신앙의 표준을 세워나감으로써 교회를 든든히 세워간 것이다.

정경 외에도 초대교회 시대에 회람되던 다른 책들은 외경(外經, apocrypha)이나 위경(僞經, pseudepigrapha)으로 분류되었다. 외경이라는 말은 그리스에서 온 것으로, '숨겨진 일들' 혹은 '숨겨진 책들'이라는 의미를 지니고 있으며, 위경이란 '거짓 내용의 책들'을 뜻한다. 로마가톨릭에서는 일부 외경도 그 상대적 권위를 인정하여 『공동번역

성서』(가톨릭용)에 토비트, 유딧, 에스델(추가), 집회서, 바룩, 다니엘(추가), 마카베오 상, 마카베오 하 등을 구약성서와 신약성서 사이에 삽입하여 사용하고 있다. 그러나 프로테스탄트에서는 외경이나 위경의 유용성은 인정하지만 그 권위는 인정하지 않는다.

**몬타누스주의의 등장과 교회의 대응**

2세기에 몬타누스에 의해 시작된 몬타누스주의(Montanism)는 초대교회에 또 다른 위협인 동시에 자극이 되었다. 마르키온을 비롯한 영지주의자들이 그리스도교의 핵심 교리들을 부인한 이단이었다면, 몬타누스주의자들은 그리스도교의 교리 안에서 보다 철저한 윤리와 이상에 집착한 분파에 속하였다. 무엇보다도 몬타누스와 그 추종자들은 교회의 권위와 지도력에 대한 문제를 제기하였다. 그들은 성령이 주신 은사에 기초한 '카리스마적'인 지도력을 주장하였다. 몬타누스는 감독의 임명과 안수에 의해 권위가 부여되는 것이 아니라 성령에 의해 지도력이 주어지는 것이라고 주장하였다. 이것은 기존의 교회 조직과 위계를 전면 부정하는 방향으로 나아갔다.

또한 몬타누스주의자들은 이제 성령의 시대가 왔으며, 브루기아의 작은 마을에서 천년왕국이 시작되어 새 예루살렘이 건설될 것이라고 예언하였다. 그들은 사도 교회의 기적과 예언의 은사가 여전히 존속한다고 주장하였고, 따라서 '새 예언파'(nova prophetia)라는 이름을 얻었다. 몬타누스는 성령의 황홀경에 빠진 사람을 악기에 비유하면서 성령께서 그를 사용하여 직접 연주하신다고 주장하였다. 만일 몬타누스주의가 승리하였다면, 그리스도교는 새로운 예언자들의 손에 좌우되었을 것이다.

몬타누스주의의 가장 큰 문제는 영적 교만과 그릇된 경건주의를 조장했다는 것이다. 몬타누스주의자들은 자신들만이 성령의 은혜를 체험한 영적 그리스도인들(프뉴마티코이)이고, 다른 사람들은 육체적 혹은 현세적 그리스도인들(퓌스키코이)이라고 구별지었다. 교회의 직분을 맡고 있는 사제들과 감독들도 자신들이 볼 때에는 성령을 체험하지 못한 육체적 그리스도인이었다. 따라서 교회 조직과 제도를 불신할 수밖에 없었고, 자신들의 은혜에 기초한 카리스마 지도력을 내세웠다. 그러나 환상적인 천년왕국설을 주장하며 이 세상이 속히 멸망하기를 기도하는 그들의 종말론은 초대교회에 폐해를 가져왔다. 이러한 과격한 신령주의와 천년왕국설은 이후에도 교회 역사를 통해 거듭 등장하였다.

다른 한편으로 몬타누스주의자들의 엄격한 금욕과 권징의 주장은 교회에 새로운 자극이 되었다. 초대교회가 세워진 지 얼마 지나지 않았지만 규율이 느슨해지고 안이한 타성에 빠져 있던 때에 몬타누스주의자들의 엄숙주의와 권징에 대한 강조는 많은 사람들의 공감을 얻었다. 따라서 칼 호이시(Karl Heussi)와 같은 교회사학자는 몬타누스를 최초의 교회개혁자로 부르기까지 한다. 또한 몬타누스는 여성의 지도력을 인정하였다. 성령의 은혜는 남자뿐만 아니라 여자에게도 동일하게 일어날 수 있다고 믿었기 때문이다. 몬타누스의 곁에는 2명의 여성 예언자 프리스킬라(Priscilla)와 막시밀라(Maximilla)가 있었다. 21세기에는 여성의 지도력을 당연하게 인정하고 받아들이지만, 2세기에 여성의 교회지도력을 인정한 것은 시대를 한참 앞선 예외적인 것이었다. 몬타누스주의의 성령운동과 금욕운동이 폭넓은 동조를 얻어 서방의 교부 중 한 사람으로 인정받는 테르툴리아누스까지도 한때 몬타누스주의 분파에 동참한 적이 있을 정도였다.

몬타누스주의에 대응하여 교회는 권위의 문제를 다루었다. 마르키온 이단이 자신들의 입맛에 맞는 성서만을 골라 경전으로 삼으려고 한 시도가 초대교회로 하여금 정경을 확정하도록 이끈 것처럼, 몬타누스주의가 성령에 의지하려고 했던 경향도 정경의 확립을 재촉하였다. 왜냐하면 성령의 은혜라고 하는 것은 다분히 주관적이어서 모두가 성령으로부터 권위를 받았다고 주장할 경우 교회는 혼란에 빠질 수밖에 없기 때문이다. 따라서 교회는 객관적이고 분명한 권위와 기준이 필요했는데 그것이 바로 하나님의 말씀인 정경이었다. 초대교회가 성령의 역사를 부인한 것은 아니지만 교회의 질서를 잡기 위해서는 객관적이고 확실한 신앙의 표준인 '잣대' 곧 하나님의 말씀이 권위를 가져야만 했다. 마르키온이 성서를 축소하려는 과오를 범했다면, 몬타누스는 성서를 넘어서려는 오류를 범한 것이다.

또한 초대교회는 교회의 조직을 정비하고 지도력을 강화함으로써 무분별하게 권위를 주장하는 시도들을 막고자 하였다. 이때부터 교회의 위계적인 직제가 자리를 잡아갔고, 특히 교회의 권위를 옹호하기 위해 사도전승 혹은 사도계승(apostolic succession) 이론이 등장하였다. 로마가톨릭에서 주장하는 사도전승이란 열두 사도가 예수로부터 받은 권위를 최초의 주교들에게 전하고, 그 이후로 역사적으로 중단됨

이 없이 계속해서 그 직책의 유효성이 전해지고 있는 것을 말한다. 이러한 사도전승 이론은 교회 안에서 발생하는 모든 문제를 정리하고 결정할 권리가 교회에 있다는 것이다. 초대교회 당시에는 특별히 로마, 안티오케이아, 예루살렘, 알렉산드리아, 콘스탄티노플 등의 도시들이 사도적인 권위를 두고 우위를 다투기도 하였다. 오늘날 프로테스탄트교회는 사도전승이란 사도적인 가르침의 계승을 말하는 것이지 위계질서의 계승을 말하는 것은 아니라는 입장을 취하고 있다.

분명 하나님의 성령은 교회라는 구조에 얽매이는 분은 아니다. 그러나 교회라는 울타리를 제거하고 나면 그 속에 있는 보화도 밖으로 쏟아지고 말 것이고, 우리가 체험하는 영이 누구의 영인지 분별할 수 없으며, 무질서에 빠질 우려가 매우 크다. 따라서 교회의 구조는 불가피하게 요구될 수밖에 없다. 그러나 그 구조가 우리를 살리는 구조가 아니라 '조직의 쓴맛' 만을 강요하는 구조라면 결코 은총의 통로가 될 수 없다. 이와 같이 성령과 구조는 서로를 견제하고 자극하는 건전한 긴장관계를 유지해야 할 것이다.

**뱀같이 지혜롭게,**
**비둘기같이 순결하게**

이단과 분파의 문제는 교회사에서 항상 있어왔다. 1-2세기에 등장한 영지주의, 마르키온주의, 몬타누스주의는 그 형태를 달리하면서 역사 속에서 계속해서 그 모습을 드러냈다. 영육을 분리시키는 이원론, 성서의 권위에 의문을 던지는 사조, 지나친 신령주의는 초대교회 때부터 지금까지 교회의 토대를 위협하고 있다.

그러나 이런 도전들에 대해 적절하게 대처하면서 오히려 그리스도의 교회는 더욱 든든히 서왔다. 이것은 교회의 주인이 그리스도이시며, 교회가 하나님의 백성들의 모임이기에 가능한 은혜였다.

교부들을 포함한 신앙의 선배들은, 이단은 우리의 영혼을 갉아먹기 때문에 우리의 육체를 죽이는 것만큼이나 무서운 것이라고 경고하였다. 사도 요한과 영지주의자인 케린토스(Cerinthos)의 이야기는 초대교회 때부터 이단을 얼마나 경계했는지를 잘 밀해준다. 사도 요한이 어느 날 제자들과 함께 목욕탕에 갔다가 케린토스와 그 무리가 그곳에 있는 것을 발견하였다. 사도 요한은 제자들에게 그들 주변에 얼쩡거려서는 안 되니 즉시 나가자고 말하였다. 그들은 하나님의 어떤 복도 누릴 수 없을 뿐만 아니라 그들이 신성모독을 계속 고집하는 한 하나님의 벌을 면할 수 없다는 이유에서였다. 그런데 요한과 제자들이 목욕탕을 나오자마자 그 건물이 무너져 케린토스와 그 무리는 한 사람도 살아남지 못하였다고 한다.

이단과 분파는 마치 이리와도 같아서 건강하게 자란 양들을 노리고 있다. 그래서 주님께서도 제자들을 파송할 때, "보라 내가 너희를 보냄이 양을 이리 가운데로 보냄과 같도다"고 말씀하시면서, "그러므로 너희는 뱀같이 지혜롭고, 비둘기같이 순결하라"(마 10:16)고 당부하셨다. 우리는 하나님의 말씀과 신앙의 고백으로써, 그들의 궤계(詭計)를 분별하고 물리칠 수 있어야 할 것이며, 하나님의 집(딤전 3:15)이자 그리스도의 몸(엡 1:23)이며, 성령의 전(엡 2:22)이자 진리의 기둥과 터(딤전 3:15)인 교회를 건강하게 지켜야 할 것이다.

제3장

# 거룩한 신념이냐, 형제 사랑이냐

**키프리아누스 vs 노바티아누스**

1장에서 언급한 대로 249년 황제의 자리에 오른 데키우스는 로마가 옛 신들을 저버려 옛 영광을 잃었다고 믿었다. 그래서 제국 전역에 옛 로마의 신들을 숭배할 것을 명하고, 그 신들을 숭배한 사람들에게는 증명서를 발급하였다. 그리스도교 신자들은 옛 로마의 신들을 숭배하든지, 뇌물로 증명서를 구입하든지, 순교의 각오로 신앙을 지키든지 선택을 해야만 했다. 초대교회의 많은 그리스도인들은 가혹한 칼의 박해에 대항하여 십자가의 순교정신으로 맞섰지만, 더 많은 수의 그리스도인들은 박해에 굴복하여 신앙을 저버렸다. 데키우스의 박해는 오래가지 못하고 251년 끝났지만, 이 2년간의 박해로 인해 초대교회는 매우 심각한 상황에 처하게 되었다. 데키우스의 박해 때에 신앙을 버린 사람들을 다시 교회로 받아들여야 하는가 하는 문제로 교회에 큰 내분이 생긴 것이다.

카르타고의 감독이던 키프리아누스

키프리아누스(Cyprianus)와 같은 사람은 비록 변절한 사람일지라도 회개를 하면 관용을 베풀어 교회의 교제에 참여할 수 있도록 길을 열어주고자 하였다. 그는 교회 밖에는 구원이 없으며 교회를 어머니로 모시지 않는 자는 하나님을 아버지로 모실 수 없다고 믿었기 때문에 이런 주장을 한 것이다. 그러나 노바티아누스(Novatianus)는 이 문제에 대해 보다 엄격하였다. 그는 용서하는 사랑도 중요하지만 교회의 순수성이 더 중요하다고 보았고, 따라서 배교자들을 교회에서 축출해야 한다고 주장하였다.

이로 인해 교회 안에 큰 분란이 일어났다. 노바티아누스 지지자들은 교황 코르넬리우스(Cornelius)가 키프리아누스를 옹호하자 이에 맞서 251년 노바티아누스를 대립교황(Antipope)으로 선출하기까지 하였다. 박해 시에 신앙을 저버린 사람들을 둘러싼 이런 갈등과 대립은 얼마 후 디오클레티아누스 황제 때에 다시금 재연되었다.

**고백자들 vs 배반자들**

디오클레티아누스(Diocletianus, 재위 284-305)는 재위 말기에 정치 불안이 가중되자 전통적인 로마 종교의 부흥에 힘쓰면서 황제숭배 이데올로기를 강화하였다. 이 정책의 일환으로 그는 303년 로마제국 전체에 걸쳐 그리스도교에 대한 박해를 단행하였다. 교회를 파괴하고, 고위 성직자를 추방하고, 성서를 몰수하는 칙령을 반포한 것이다. 성서를 로마 군인들에게 넘겨준 자들은 살아남았으나 그렇지 않은 사람들은 순교와 고난을 당하였다. 이 당시 평신도들은 거의 성서를 지니지 못했기 때문에 성서 몰수와 관련해서는 성직자들이 특히 많은 고초를 겪었다. 데키우스의 박해가 끝난 뒤에는 변절한 그리스도인들을 교회가 받아들일 수 있는가 하는 문제로 교회에 내분이 일어나더니, 디오클레티아누스의 박해가 끝난 뒤에는 로마 칙령에 따라 성서를 넘겨준 성직자들을 다시 받아들일 수 있는가 하는 문제가 대두되었다.

배교자들에게 엄격한 권징을 시행해야 한다고 주장하는 강경파들과 관용을 베풀 것을 주장하는 온건파들 사이에 분열이 일어났다. 박해의 시기에 고난을 견디고 신앙을 지켜낸 '고백자들'(confessors)은 성서를 넘겨준 '배반자들'(traditores)의 권위를 인정하지 않으려고 하였다. 이 와중에 카이킬리아누스(Caecilianus)가 312년 카르타고의 새로운 감독으로 선출되었는데, 고백자들은 이를 인정하지 않았다. 왜냐하면 카이킬리아누스에게 안수한 3명의 감독 중 한 사람인 펠릭스(Felix)가 배반자로 알려졌기 때문이다. 강경파인 고백자들은 배교한 성직자가 행한 안수는 효력이 없다고 믿었기 때문에 카이킬리아누스 대신에 마요리누스(Majorinus)를 새로운 감독으로 선출했으며, 그가 죽은 뒤에는 도나투스(Donatus)를 감독으로 세웠다. 이리하여 이들은 도나투스주의자들이라는 별명을 얻게 되었다. 도나투스주의는 초대교회에 큰 논쟁과 분열을 불러일으켰다.

**인효론 vs 사효론**

과연 배교한 감독이 행하는 안수와 성례가 효력이 있는가 하는 문제를 두고 신학적 논란이 일어났다. 도나투스주의자들은 성사(聖事)의 유효성이 그것을 시행하는 사람의 자격과 가치에 달려 있기 때문에 배반자들이 행한 성례는 효력이 없다고 주장하였다. 그러나 카이킬리아누스 지지자들은 성사의 효력은 그것을 행하는 사람의 자격 여부에 달려 있는 것이 아니라 성사 자체에서 발생하는 것이라고 주장하였다. 만일 안수나 세례나 성만찬의 효력이 그것을 베푸는 사람에게 달려 있다면 신자들은 자신이 받은 성사의 유효성에 대해 계속 회의할 수밖에 없기 때문이다. 성사를 행하는 사람에 따라서 그 효력이 좌우된다는 도나투스주의자들의 이론을 인효론(人效論)이라고 하고, 성사 그 자체에서 효력이 발생한다는 주장을 사효론(事效論)이라고 한다. 이후에 아우구스티누스는 사효론을 지지하면서 도나투스주의자들의 인효론을 반박하였다.

하지만 도나투스주의자들은 배교자들이 베푼 성례를 인정할 수 없었기 때문에 카이킬리아누스 진영의 목회자들에게서 세례를 받은 사람이 도나투스파에 들어올 경우 다시 세례를 주었다. 재세례를 행한다는 것은 신학적으로 큰 문제가 되는 행위였지만, 도나투스주의자들은 배반자들에게 받은 세례는 참된 세례가 아니기 때문에 무효이고, 따라서 자신들이 베푸는 세례는 재세례가 아니라 처음 세례라고 주장하였다. 이 논쟁은 16세기 종교개혁 시기에 소위 재세례파 논쟁에서 다시 불거진다. 도나투스주의자들의 주장은 성사의 유효성을 의심하도록 만들 뿐만 아니라 재세례 논쟁까지 불러일으키면서 초대교회 성직의 권위를 총체적으로 뒤흔들었다. 그들이 교회란 거룩한 믿음을 끝까지 고수한 알곡들의 모임이어야 한다는 신념으로 무장한 반면, 가톨릭교회는 박해로 인해 발생한 아픔을 치유하고 교회가 일치를 이루기 위해서는 용서와 사랑이 필요하다고 주장하였다.

**도나투스파 vs 가톨릭파**

특별히 아프리카 북부지역을 중심으로 도나투스주의자들이 요원의 불길처럼 세력을 확장시켜 갈 수 있었던 데에는 교회의 순수성에 대한 열망 이외에 또 다른 요인이 있었다. 그것은 다름 아니라 지역적이고 사회적인 배경에서 비롯되었다. 도나투스주의자들은 주로 누미디아(Numidia)와 모리타니아(Mauretania) 지역에 기반을 두고 있었으며, 카이킬리아누스 지지자들은 카르타고(Carthage) 주변 지역에 뿌리를 두고 있었다. 누미디아나 모리타니아는 농경지대로 아프리카의 토착전통을 유지하는 민족주의 성향이 강한 지역이던 반면에, 카르타고는 로마화된 도시로 상업을 통해 이익을 얻는 상류계층들이 모여 있는 로마 총독령이었다. 어떤 측면에서는 이런 사회·경제적 차이가 신학적 차이보다 더 중요한 분열의 원인이었을지 모른다. 도나투스파 교회는 하층 농민을 중심으로 한 아프리카 민족주의 정서에 근거하고 있었기 때문에, 로마화된 카르타고의 상류 그리스도인들의 지지를 받고 있는 카이킬리아누스에 대해 처음부터 호의적일 수가 없었던 것이다. 도나투스파 교회는 신학적 차이뿐만 아니라 이와 같은 사회·경제적 차이로 인해 아프리카 북부지역에서 로마가톨릭교회보다 더 큰 세력을 형성하게 되었다.

340년대 후반에 일부 도나투스주의자들이 당시 종말론적 사상을 품고 사회변혁을 추구한 키르쿰켈리온파(Circumcellions, '농촌의 오막살이를 전전하는 자들'이라는 말에서 유래되었다.)에 합세함으로써 사태는 새로운 국면으로 접어들었다. 키르쿰켈리온파는 그리스도를 위한 전사로 자처하면서 순수한 신앙을 위해 전장에서 죽는 것이야말로 명예로운 순교라고 생각하였다. 이들은 극단적으로 치달아 "주님을 찬양하라!"고 외치면서 지나가는 사람들을 무차별적으로 폭행하여 죽음에 이르게 하거나, 광적인 순교의 열정에 사로잡혀 스스로 절벽에서 뛰어내리는 등 맹목적인 인탈행위도 서슴지 않았다. 이것은 국가에 무력을 행사할 수 있는 빌미를 제공하였고, 그들은 자신들의 소망대로 소위 '순교'의 제물이 되었다. 이로 인해 결국 도나투스주의자들까지도 공권력의 박해를 받아 처형되거나 추방되는 비운을 겪었다. 도나투스도 이때 갈리아 지방으로 추방되어 355년 즈음에 사망하였다.

도나투스 사후에도 도나투스 추종자들은 계속 가톨릭파와 논쟁을 벌였다. 411년 카르타고에서 도나투스파와 가톨릭측이 모여 사흘에 걸쳐 논쟁을 벌였으나 도나투스파에 불리한 결론이 내려졌다. 이 회의에서 아우구스티누스는 사랑과 관용과 온유를 강조하면서 도나투스주의에 반대하였다. 결국 415년 로마 황제는 도나투스파를 이단으로 금지하고 이를 어길 시에는 사형에 처한다고 공표하였다. 이즈음 아우구스티누스가 '정당한 전쟁'(Just War)에 관한 이론을 발전시키게 된다. 아우구스티누스는 전쟁의 목적이 타당하고, 전쟁이 합법적인 권위에 의해 수행되고, 전쟁이 사랑이라는 동기에서 이루어진다면 정당화될 수도 있다는 결론에 도달하였다. 아우구스티누스는 한 사람을 살리기 위해서라면 썩어가는 팔 하나를 잘라내야 하듯이 교회 전체를 살리기 위해 도나투스파에게 무력을 행사하는 것 또한 사랑의 행위가 될 수 있다고 주장하였다.

428년 반달족이 아프리카를 정복하면서 아프리카 교회는 무너져내렸고 도나투스 논쟁도 막을 내리게 되었다. 그리고 7세기에 사라센에 의해 아프리카가 정복되면서 아프리카 교회 전체가 이슬람화되는 비극으로 끝이 나고 말았다.

**역사는 반복되는가**

도나투스파 논쟁은 교회가 어느 시대, 어느 장소에서나 직면하게 되는 실존적 갈등을 다룬 논쟁이었다. 거룩함과 순수함을 강조할 것인가, 아니면 사랑과 용서를 강조할 것인가? 옳다고 믿는 바를 위해 분리를 감수할 것인가, 아니면 보편적인 일치를 위해 인내하며 절충할 것인가? 국가 권력에 비판적인 태도를 취할 것인가, 아니면 국가와 더불어 하나님의 의를 이룰 것인가? 어떤 측면에서 보느냐 혹은 어떤 입장을 더 강조하느냐에 따라서 서로 다른 판단을 내릴 수 있다.

도나투스파 논쟁은 16세기에 와서 재세례파 논쟁으로 재연되었다. 재세례파라고 불리는 사람들은 세례란 스스로의 결단으로 신앙을 고백한 사람들이 받아야 하는 성례이고, 교회란 거룩한 사람들의 모임이며, 교회는 국가권력으로부터 분리되어야 한다고 믿었다. 따라서 이들은 아무런 의식도 없이 받은 유아세례는 참된 세례가 아니기 때문에 성인이 된 이후에 자기 스스로의 입으로 신앙을 고백한 다음 다시 세례를 받아야 한다고 주장하였다. 그리고 교회는 진정으로 신앙을 고백한 사람들의 거룩한 공동체이기 때문에 죄인들은 교회공동체에서 추방해야 한다고 믿었다. 이런 주장들은 모두 도나투스주의자들의 입장과 궤를 같이하는 것이다.

그러나 루터, 츠빙글리, 칼뱅과 같은 16세기의 종교개혁자들은 세례란 인간의 결단에 따른 결과라기보다는 하나님의 언약에 기초한 은혜의 선물이기 때문에 유아세례라 할지라도 참된 세례이며, 따라서 재세례를 행하는 것은 있을 수 없다고 반박하였다. 또한 오직 거룩한 사람들로만 구성된 교회는 천국에서나 있을 수 있고, 이 땅에 존재하는 가시적인 교회 안에는 알곡과 더불어 가라지도 있을 수밖에 없다고 주장하였다. 이것은 아우구스티누스가 도나투스주의자들을 반대

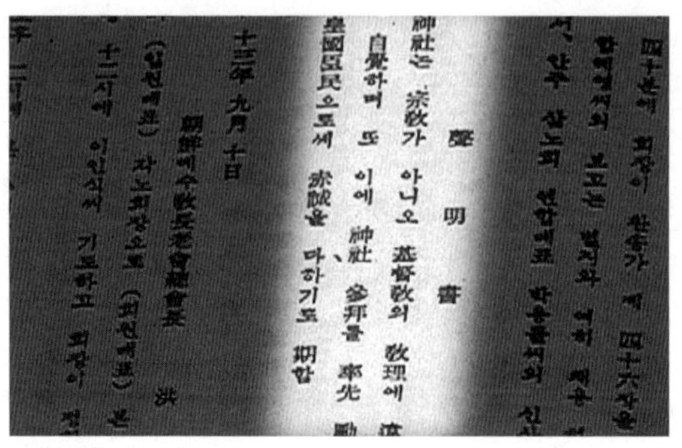

聲 明 書

神社는 宗敎가 아니오 基督敎의 敎理에 違
自覺하며 또 이에 神社、參拜를 率先勵
皇國臣民으로서 赤誠을 다하기로 期함

十三年 九月 十日

朝鮮예수敎長老會總會長 洪

1938년 제27회 장로교 총회에서 신사참배를 결의한 성명서

하면서 이 땅 위의 교회는 알곡과 가라지가 섞여 있는 혼합된 몸(corpus mixtum)이라고 주장한 것을 재확인하는 것이다. 또한 종교개혁자들은 교회가 국가를 배척하거나 국가로부터 분리될 것이 아니라 둘 다 하나님이 세우신 기관이므로 협력적 관계 혹은 적어도 상생적(相生的) 긴장관계를 유지해야 한다고 믿었다. 우리는 16세기 종교개혁의 역사에서도 4세기 도나투스파 논쟁의 메아리를 다시 듣게 되는 것이다.

한국교회사에서도 도나투스파 논쟁을 연상시키는 사건이 있었다. 신사참배(神社參拜)라는 일본 제국주의의 박해 이후에 일어난 장로교 고려파의 분열이 그것이다. 일제는 식민지 동화정책의 일환으로 한국인에게 신사참배와 신도(神道) 신앙을 강요하였다. 처음에는 신사참배를 거부하던 종교단체들도 일제에 굴복하기 시작해 가톨릭, 성공회,

성결교, 구세군, 감리교 등 모든 교단과 교파가 신사참배를 결의했다. 장로교회도 1938년 9월 10일 평양에서 제27회 총회를 열어 신사참배를 결의하기에 이른다. 물론 주기철 목사를 비롯한 많은 그리스도인들이 신사참배를 거부하여 순교당하거나 투옥되기도 했지만, 대부분은 일제의 탄압에 굴복하거나 심지어는 적극 협력하고 나섰다.

해방이 되자 신사참배 거부로 옥에 갇혔다가 출옥한 성도 20여 명이 평양 산정현교회에 모여 교회 재건을 위해 기도한 뒤 1945년 9월 20일 "한국교회 재건 기본원칙"을 발표하고 한국교회 전체의 회개를 촉구했다. 그러나 공식적인 회개와 참회는 이루어지지 않았고, 교회 지도자들은 미온적인 태도와 자기합리화로 얼버무려 넘어갔다. 장로교는 단지 1947년(33회 총회), 1948년(34회 총회), 1954년(40회 총회) 세 차례에 걸쳐 제27회 총회의 신사참배 결의는 일제의 강압에 의한 것이니 이를 취소한다는 결의를 했을 뿐이다. 이후에 개인적으로는 신사참배에 대해 참회하는 일들이 있었지만, 장로교회 전체 차원에서는 그것을 언급하는 것 자체가 금기시되어 왔다. 2008년 9월 24일 제93회 총회에서 열린 4개 교단(대한예수교장로회 통합, 합동, 합신, 한국기독교장로회) 연합예배에서 신사참배를 가결한 지 70년 만에 공개적으로 그 죄를 회개한 것은 대단히 의미심장한 일이다.

신사참배는 해방 후 한국 장로교회가 분열되는 이유가 되었다. 일제의 억압 하에서 '거룩한 신념'을 지킨 사람들이 결국 1951년 고려파로 분리해 나가게 되었다. 이는 신사참배가 남긴 지울 수 없는 후유증으로, 그 후 장로교회는 대한예수교장로회와 한국기독교장로회로

(1953), 대한예수교장로회 통합과 합동으로(1959) 나누어지는 등 계속 해서 핵분열을 해나갔다. 이후에도 정당성이 없는 사소한 이유들로 인해 분열이 계속 일어나면서 분파주의가 마치 한국 장로교회의 특징이라도 되는 듯한 인상을 남김으로써 교회의 사회적 공신력이 실추되고 이제는 선교에 거침돌이 되기에 이르렀으니 참으로 안타까운 일이 아닐 수 없다.

**하나의 그리고 거룩한 교회를 지향하며**

니케아신경은 "하나의, 거룩한, 보편적, 사도적" 교회를 고백한다. 교회는 하나 됨을 지켜야 하는 동시에 거룩성을 유지해야 한다. 그러나 현실에서는 이 두 원리가 서로 충돌을 일으킬 때가 있다. 노바티아누스 논쟁, 도나투스 논쟁, 재세례파 논쟁, 신사참배 논쟁은 모두 그러한 경우이다. 분명 교회는 그리스도를 머리로 하는 한 몸이기 때문에 분열은 정당하지 못하다. 하지만 "티나 주름 잡힌 것이나 이런 것들이 없이 거룩하고 흠"(엡 5:27) 없는 공동체여야 한다는 원리도 중요하다. 분명 이 땅에 존재하는 가시적인 교회 안에는 의로운 사람과 죄인이, 즉 알곡과 가라지가 섞여 있을 수밖에 없다. 그러나 사도신경과 니케아신경에서 고백하는 것처럼 "성도의 교제"(Communion of Saints)가 되어야 한다는 것 또한 사실이다.

교회의 하나 됨을 유지하고자 무조건 용서와 사랑만을 강조하여 성도들의 삶을 나태하고 해이하게 만드는 것도 능사가 아니며, 교회의 거룩성을 지키고자 지나친 엄격주의를 지향해 분파와 분열을 초래하는 것도 옳은 일이 아니다.

둘 중 하나만을 선택할 필요는 없고 그렇게 해서도 안 된다. 교회는 하나이면서 동시에 거룩한 공동체이기 때문이다. 하나님께서도 은혜의 하나님이면서 동시에 거룩한 하나님이시다. 성서도 "인애(love)와 진리(truth)가 같이 만나고 의(righteousness)와 화평(peace)이 서로 입 맞춘다"(시 85:10)고 하였으며, "사랑 안에서 참된 것을 말하라"(speaking thc truth in love, 엡 4:15)고 가르치고 있다.

오늘 한국교회의 현실을 곰곰이 생각해볼 때, 교회의 하나 됨과 거룩성이야말로 우리의 최우선적인 관심사가 되어야 한다는 조바심이 생긴다. 과연 우리는 "내가 거룩하니 너희도 거룩하라"(레 11:45)는 하나님의 명령에 얼마나 순종했는가? "그들을 진리로 거룩하게 하옵소서 아버지의 말씀은 진리니이다"(요 17:17)라고 간절히 기도하던 주님의 소망에 얼마나 부합하고 있는가? 또한 "성령이 하나 되게 하신 것을 힘써 지키라"(엡 4:3)는 말씀에 따라 교회의 하나 됨을 지키기 위해 얼마나 힘을 쓰고 용을 썼던가? 주님께서는 "아버지께서 내 안에, 내가 아버지 안에 있는 것 같이 그들도 다 하나가 되어 우리 안에 있게 하사 세상으로 아버지께서 나를 보내신 것을 믿게 하옵소서"(요 17:21)라고 간절히 기도하셨다. 과연 세상이 주님을 믿을 수 있도록 우리가 사랑으로 하나 된 모습을 보이고 있는가? 우리는 하나 됨도 지키지 못했고 거룩함도 지키지 못했음을 고백하지 않을 수 없다. 지금 이 시간이 '하나의' 교회를 향한 열정과 '거룩한' 교회를 향한 열심을 회복할 때이다. 그럴 때에 새로운 개혁과 부흥의 역사가 시작될 것이다.

제4장

# 콘스탄티누스는 13번째 사도였는가

교회사의 인물 가운데 콘스탄티누스(Constantinus, 재위 306-337)만큼 그 평가가 극명하게 나뉘는 사람도 드물 것이다. 한편으로 콘스탄티누스는 "하나님께서 교회 외적 문제를 감독하도록 임명하신 주교", "하나님께서 사랑하시는 황제", "감독들 중의 감독", 심지어 "13번째 사도"로까지 칭송받는다. 그러나 다른 한편으로는 "교회와 국가를 혼합시킨 장본인", "교회의 타락을 초래한 원흉", "국가의 이데올로기로 그리스도교를 이용한 황제"로 매도당하고 있다. 과연 진실은 어디에 있는 것인가?

콘스탄티누스가 언제 출생했는지는 정확하지 않다. 아마도 그는 육군 장교인 플라비우스 콘스탄티우스(Flavius Constantius)와 그의 아내인 헬레나(Helena) 사이에서 272년부터 288년 사이의 어느 해에 태어났을 것이다. 그의 집안은 3세기 후반의 전형적인 군사 지배 계급에 속하였다. 당시 로마는 한 사람이 다스리기에는 너무나 광활한 영토였기 때문에 크게 동과 서로 나누고 각각의 지역을 정제(正帝, Augustus)와 부제(副帝, Caesar) 두 사람이 통치하였다. 따라서 로마 전체를 통틀어 모두 4명의 황제가 있었다. 이 시기를 사두(四頭)정치체제 시기라고 부른다. 콘스탄티누스의 아버지 콘스탄티우스는 서로마의 정제인 막시미아누스(Maximianus) 밑에서 부제가 되었고, 이때 막시미아누스의 딸과 결혼하기 위해 헬레나와 이혼한 것으로 보인다. 어린 콘스탄티누스는 동로마의 정제인 디오클레티아누스(부제는 갈레리우스였다.)의 궁정으로 보내져서 그곳에서 어린 시절을 보냈다.

콘스탄티누스 대제

콘스탄티누스와 어머니 헬레나

이후 로마의 정치권력은 매우 불안정하였고, 4명의 황제 사이에 반목과 권력다툼이 치열하게 일어났다. 그 와중에 콘스탄티우스는 서로마의 정제가 되었다가 곧 황제의 자리에서 축출된 뒤에, 아들 콘스탄티누스와 함께 잉글랜드 북부지역 원정에 나섰다. 콘스탄티우스가 에보라쿰(지금의 잉글랜드 요크)에서 306년 사망하자, 콘스탄티누스는 병사들에 의해 후임 황제로 옹립되었다. 그 후 312년 서로마의 정제였던 막센티우스(Maxentius)를 밀비우스 다리에서 벌어진 전투에서 물리침으로써 서로마의 유일한 황제가 되었다.

**라바룸 (Labarum)**

콘스탄티누스는 자신의 승리를 그리스도께서 도와주신 덕분이라고 믿었다. 그리스도교 역사학자인 카이사레이아의 에우세비오스(Eusebios of Caesareia)에 의하면 콘스탄티누스는 막센티우스와 전쟁을 하기 전날 밤에 꿈에서 "이것으로 정복하리라."는 음성과 함께 X와 P를 겹쳐 쓴 문장을 보았다고 한다. 이것은 그리스어로 그리스도(Χριστὸς)의 처음 두 문자였다. 이것을 라바룸이라고 부르는데 나중에 그리스도교의 상징이 되었다. 잠에서 깨어난 콘스탄티누스는 즉시 병사들에게 모든 방패에 이 문양을 새길 것을 명령하였고, 결과적으로 밀비우스 다리 전투에서 막센티우스에게 승리하였다. 하지만 이 전투가 있은 지 3년 뒤에 세운 콘스탄티누스 개선문에는 이 문양이 새겨져 있지 않다. 대신 '영혼의 위대함과 신의 영감으로' 나라를 구했다고 적혀 있다. 개선문과 함께 콘스탄티누스의 동상도 세워졌는데, 콘스탄티누스가 십자가를 높이 쳐들고 있는 모습을 묘사한 동상에는 "이 구원의 상징 덕분에 저는 당신의 도시를 폭군에게서 구했고, 원로원과 로마 국민에게 자유를 되돌려주었습니다."라는 글이 새겨져 있다.

라바룸

로마에 있는 콘스탄티누스 개선문

십자가 문양의 기적 이야기는 많은 해석과 억측을 낳았다. 어떤 사람은 이것을 단순한 군사전략이나 콘스탄티누스의 승리를 종교적으로 정당화하기 위한 의도적인 사기로 보기도 하며, 다른 사람들은 착시현상 때문에 구름이 자연스럽게 만들어진 것을 초자연적 십자가 상징으로 착각했다고 말하기도 한다. 에우세비오스와 같은 사람은 콘스탄티누스가 하나님께 간절히 기도하며 잠이 들었을 때 하나님께서 꿈에 십자가의 상징을 보여주셨다고 전한다. 아무튼 이 기적적인 승리로 인해 이제 십자가는 압제와 모욕의 상징이 아니라 승리와 명예의 기장(旗章)이 되었다.

**밀라노칙령**
**(313년)**

콘스탄티누스는 막센티우스를 무찌른 직후에, 숱한 정치적 현안과 통치권 문제를 협의하기 위해 메디올라눔(지금의 이탈리아 밀라노)에서 동로마의 유일한 황제인 리키니우스(Licinius)를 만났다. 이 회담에서 타협의 산물로 얻은 성과가 이른바 "밀라노칙령"이다. 이 칙령의 골자는 그리스도교도에 대한 관용을 확대하고 그리스도교를 박해하던 시절에 몰수한 사유 및 공유 재산을 모두 되돌려준다는 것이었다. 콘스탄티누스가 교회와 성직자의 재정적·법률적 특권을 보장하고, 로마 시민이 마땅히 져야 하는 세금 및 부역의 면제 등에 관한 법률을 제정하고, 그리스도인들을 모욕하는 다양한 관습과 법령을 폐지한 것도 이 시기였다. 그는 그리스도인 노예들의 해방을 촉진했고, 교회에 유산을 기증하는 행위를 합법화했으며, 일요일을 국정 공휴일로 공포하였다. 그는 313년에 아프리카 속주 총독에게 보낸 서신에서 그리스도교 성직자는 "신에게 최고의 봉사를 자유롭게 바칠 수 있을 때 국가에 큰 이익을 가져다줄 것이 분명하기 때문에" 그들이 종교적 의무에 전념하는 것을 세속 관리들이 방해해서는 안 된다고 말했다. 밀라노칙령을 통해 마침내 로마제국에서 그리스도교에 가해졌던 기나긴 박해가 종식된 것이다.

로마제국의 서방과 동방에 2명의 황제만 남게 되었지만, 그들의 동맹도 그리 오래가진 못했다. 산에 호랑이 두 마리가 주인으로 있을 수 없듯이, 권력은 나누어 가질 수 없는 속성을 지니고 있다. 결국 두 황제의 세력은 서로 충돌하였는데 여러 차례의 전쟁을 거친 뒤에, 콘스탄티누스는 324년 아드리아노플(지금의 터키 에디르네)과 크리소폴리스(지금의 터키 위스퀴다르)에서 리키니우스를 패배시켜 동·서 로마의 유일한 황제가 되었다.

밀라노칙령

**도나투스 논쟁**

콘스탄티누스는 그리스도교 신앙이 로마제국을 지탱하는 새로운 기둥이 되어줄 것을 기대하였다. 또한 로마제국을 하나로 통합시켜주는 아교 역할을 해줄 것을 소망하였다. 때문에 어떤 사람들은 콘스탄티누스가 로마제국을 유지시키고 통합시키기 위한 하나의 이데올로기로서 그리스도교를 정치적으로 이용한 것이지, 진실한 신앙으로 그리스도교를 공인하고 장려한 것이 아니라고 주장하기도 한다. 어쨌든 콘스탄티누스의 최대 관심은 교회가 평화로운 가운데 제국에 새로운 활력을 불어넣고 도덕적인 버팀목의 역할을 해주는 것이었다. 그런데 로마제국의 속주인 북아프리카에서 도나투스(Donatus) 논쟁이 불거지면서 그리스도교 내에 큰 분란이 발생하였다. 도나투스주의자들이 이전의 박해 시에 변절한 사람들을 다시 교회로 받아들여서는 안 된다고 강력하게 주장함으로써 교회 내에 분열이 일어난 것이다.

도나투스주의자들은 로마교회로부터 박해를 받자, 이 문제를 콘스탄티누스에게 호소하였다. 이때 콘스탄티누스가 개인적으로 어떤 생각과 사상을 가졌는지는 313년부터 320년대 초까지 북아프리카의 도나투스파에 관해 쓴 일련의 문서에 뚜렷이 드러나 있다. 그는 도나투스주의자들에게 반대 입장을 가지고 있었다. 그가 가장 걱정한 점은 교회가 분열되면 로마제국도 분열될 것이고, 결국 그리스도교 신이 로마제국과 콘스탄티누스 자신에게 징벌을 내릴지도 모른다는 것이었다. 콘스탄티누스는 평화와 화해를 최우선 과제로 삼았으며, 진정한 종교를 전파하는 것이 자신에게 주어진 의무이며 황제의 지위를 바람직하게 이용하는 길이라고 확신하였다. 콘스탄티누스는 그리스도교가 로마제국의 모든 사람을 하나로 묶어주는 끈이 되어주기를 바랐다.

### 아레이오스 논쟁

도나투스 논쟁보다 더 심각하게 교회를 분열시킨 것은 아레이오스(Areios, 흔히 아리우스로 알려진 인물) 논쟁이었다. 알렉산드리아의 사제 아레이오스는, 예수 그리스도는 "영원으로부터 온 것이 아니라 무(無)로부터 만들어진 것"이라고 주장하면서, "아들이 존재하지 않는 때가 있었다."고 말하였다. 그러면서 아버지와 아들은 동일한 본질이 아니라 유사한 본질을 가지고 있다고 주장했다. 이에 반대하여 알렉산드리아의 주교 아타나시오스(Athanasios)는 아들은 무로부터 창조된 것이 아니라 아버지로부터 나신(begotten) 분이며, 시간 이전의 영원부터 계신 분이라고 주장하였다. 또한 아버지와 아들은 유사한 본질이 아니라 동일한 본질을 가지고 있다고 확신하였다. 하나님과 예수가 동일본질(homoousios)이냐, 유사본질(homoiousios)이냐가 쟁점이었다. 단지 이오타(i) 하나 차이 때문에 전체 교회가 분열의 위험에 직면하게 된 것이다.

그리스도 교회가 로마제국을 한데 묶어주는 아교의 역할을 해주리라 기대하던 황제에게 교회의 분열은 당혹스러운 것이었다. 더욱이 별로 중요해 보이지도 않는 문제 때문에 교회가 양분되는 상황을 콘스탄티누스는 이해할 수가 없었다. 그가 양측의 지도자들에게 보낸 편지는 이러한 심경을 잘 보여주고 있다. "이러한 차이들의 기원과 기초에 대

니케아공의회(325년)

해 세심한 탐구를 해본 결과 짐은 그 원인이 정말 하찮은 성격의 것이며, 그렇게 강렬한 논쟁을 할 가치가 전혀 없다는 사실을 발견하였다." 결국 콘스탄티누스는 제국 내의 주교들을 니케아로 불러들여 이 문제를 해결하고자 하였고, 이렇게 해서 역사적인 니케아공의회가 325년 6월 19일 황궁에서 개최되었다. 니케아공의회에서 그리스도는 "낳아진 것이지 창조된 것이 아니며", "아버지와 아들은 동일한 본질로 되어 있다."고 선포한 니케아신경이 발표되었다. 일단 아타나시오스가 승리한 듯이 보였지만, 이후에도 두 진영의 논쟁과 투쟁은 끊이지 않았다. 도나투스 논쟁과 아레이오스 논쟁을 다룸에 있어서 콘스탄티누스의 일차적 관심은 교회의 평화와 제국의 안정과 통일이었다.

**콘스탄티노플 건설**

콘스탄티누스는 당시 지중해와 흑해를 잇는 곳에 위치한 비잔티움(Byzantium)에 '새로운 로마'(Nova Roma)를 건설하고자 하였다. 왜냐하면 로마는 명목상으로는 제국의 수도였지만 그 중요성과 영향력이 쇠퇴하여 이제 제국의 중심 역할을 할 수가 없었기 때문이다. 330년 마침내 그는 비잔티움을 로마제국의 새로운 수도로 공포하였다. 337년 콘스탄티누스가 죽자 비잔티움은 '콘스탄티누스의 도시'라는 의미에서 콘스탄티노플(Constantinople)로 개명되었고, 이곳이 오늘날의 터키 이스탄불(Istanbul)이다. 콘스탄티노플은 세계 최초의 그리스도교 도시로서 이후 천 년이 넘는 세월 동안 동로마제국의 수도로서 존재하게 된다. 이 도시의 옛 이름이 비잔티움이었으므로 동로마제국은 비잔틴제국이라고 불리며, 그 문화는 비잔틴문화라고 불린다. 이 천도로 인해 로마는 더욱 약화되었고 결국 '야만족'들에게 점령되는 결과를 초래하였다.

콘스탄티누스는 새로운 수도를 세계의 중심으로 만들기 위해 많은 공공건물을 신축했으며, 그리스 신전에서 약탈해온 예술품들로 치장하였다. 이때 콘스탄티노플로 옮겨진 조상(彫像)들 가운데 가장 유명한 것이 아폴로 상이다. 이 기념물의 높이는 기둥을 포함하여 125피트 가량이었다. 그런데 이 조각은 더 이상 아폴로 상이 아니었다. 왜냐하면 원래의 머리를 자르고 그 대신 콘스탄티누스의 두상을 올려놓았기 때문이다. 나중에 히에로니무스(Hieronymus)는 콘스탄티누스가 제국 전체를 헐벗게 하여 콘스탄티노플을 옷 입혔다고 풍자하기도 하였다.

**과연 그리스도인이었는가**

콘스탄티누스가 정말 그리스도인이었는지 아니면 그리스도교를 정략적으로 이용한 사람이었는지에 대해서 논란이 있다. 313년 밀라노칙령으로 그리스도교에 대한 관용이 선포되기는 했지만, 그것은 어디까지나 그리스도교도 기존의 모든 이교가 누리던 자유를 동일하게 누릴 수 있도록 허락한 종교혼합주의 정신의 표현일 뿐이라는 시각도 존재한다. 분명 콘스탄티누스는 그리스도교에 대해 우호적인 법률을 제정하고, 교회의 성직자를 후원하고, 예배당을 건축하는 등 친(親)그리스도교적인 정책들을 실시하였다. 그러나 동시에 로마제국에 어려운 일이 생기면 이교적 관습대로 점쟁이들을 불러 자문을 구하였으며 죽는 순간까지 폰티펙스 막시무스(Pontifex Maximus, 이교의 최고 사제)라는 칭호를 유지하기도 하였다. 콘스탄티노플로 천도할 때에도 그는 순교자들의 하나님에게 은혜를 구하는 동시에 운명의 여신 포르투나(Fortuna)에게 가호를 빌었다. 그가 발행한 여러 주화에는 한쪽 면에는 그리스도의 이름이, 다른 쪽 면에는 태양신의 형상이 새겨져 있다. 어쩌면 콘스탄티누스는 옛 신앙과 새 신앙 사이에서 어정쩡한 태도를 취했는지도 모른다. 그는 두 시대와 두 종교의 과도기에 서 있던 인물이었다.

콘스탄티누스가 정말 그리스도인이었는지에 대한 논란은 그의 잔인성에서 기인한다. 그는 로마를 통일하는 과정에서 324년에 정적(政敵)이자 처남인 리키니우스를 처형했고, 후환을 없애고자 조카들마저도 죽였다. 또한 326년에는 아들인 크리스푸스(Crispus)를 아내 파우스타

(Fausta)와 간통했다는 죄목으로 체포하여 고문 끝에 처형했다. 크리스푸스는 끝까지 무죄를 주장했지만 재판도 없이 처형되었다. 후에 파우스타도 목욕을 하다가 죽은 것으로 위장하여 살해하였다. 크리스푸스-파우스타 사건의 실제 내막에 대해서는 여러 설이 있지만, 콘스탄티누스가 정적이나 자기 권좌에 방해가 되는 인물이라면 누구라도 가리지 않고 제거하는 잔인성을 보인 것은 그리스도인의 신앙과는 맞지 않기 때문에 그가 정말 그리스도인으로 회심했는지에 대한 논란이 끊이지 않는 이유가 된다. 콘스탄티누스의 어머니 헬레나가 성지순례를 떠난 것이나 예루살렘과 베들레헴에 예배당을 세운 것은 어떤 의미에서는 황실에서 일어난 비극을 속죄하기 위해서였을 것이다.

콘스탄티누스 주화들

만일 콘스탄티누스가 그리스도인이었다면 그는 언제 그리스도인이 되었을까? 이런 의문이 제기되는 이유는 그가 죽기 바로 직전에 세례를 받았기 때문이다. 콘스탄티누스는 페르시아 원정을 준비하던 중에 병으로 몸져눕게 되었고 이때 니코메데이아의 에우세비오스(Eusebios of Nicomedeia)에게 세례를 받았다. 때문에 일부 사람들은 그가 죽기 직전에야 그리스도인이 되었다고 말하기도 한다. 그러나 초대교회에서는 세례를 가능한 한 뒤로 미루려고 했으며 죽기 전에 세례를 받는 것이 드문 일이 아니었다. 교회가 세례는 원죄(原罪)와 더불어 자신이 지은 이전의 모든 자범죄(自犯罪)까지 씻어준다고 가르쳤기 때문에 사람들은 가능한 한 마지막에 세례를 받고자 했다. 따라서 콘스탄티누스가 세례를 죽기 직전에 받았다고 해서 그가 그때서야 그리스도인이 되었다고 말하는 데는 무리가 있다.

**콘스탄티누스에 대한 평가**

콘스탄티누스는 정치, 사회, 문화, 종교 모든 부분에서 중요한 업적을 이루어낸 탁월한 황제였다. 가히 콘스탄티누스 대제(Constantinus the Great)라고 칭할 만한 업적을 이루었다. 특별히 그리스도교와 관련해서 보자면 그는 최초의 그리스도인 로마 황제였으며, 313년 밀라노칙령으로 그리스도교를 공인하여 로마제국의 종교로 만들었고, 예수의 무덤이 있던 자리에 성묘(聖墓)교회를 짓는 등 수많은 예배당을 건축하였으며, 그리스도인들을 위한 법률을 제정하여 시행하였고, 도나투스 논쟁이나 아레이오스 논쟁에서 중재자의 역할을 자임했으며, 325년 니케아공의회를 통해 교회 전체 회의를 소집하여 주도하였고, 330년에는 콘스탄티노플을 새로운 수도로 정하여 비잔틴 문명을 일구어냈다. 이런 수많은 공로 때문에 동방정교회에서는 그를 어머니 헬레나와 함께 성인으로 추대하여 성 콘스탄티누스(Μὲγας κωνστάτινος)로 부르며 5월 21일을 축일로 정하여 공경하고 있다. 로마가톨릭교회는 콘스탄티누스를 성인으로 지정하지는 않았지만, 성 콘스탄티누스 대제(Sanctus Constantinus Magna)로 칭하고 있다.

당시의 역사가인 카이사레이아의 에우세비오스는 『교회사』라는 책에서 콘스탄티누스야말로 박해받던 교회를 구하기 위해 하나님이 세

잉글랜드 요크에 있는 콘스탄티누스의 동상

우신 인물이라고 극찬하였으며, 그를 통해 하나님의 나라가 도래할 것이라는 희망을 전하였다. 에우세비오스는 "동쪽과 서쪽을 그리고 전 지구상을 바라보고 하늘까지 우러러보아도, 나는 언제 어디서나 축복받으신 콘스탄티누스가 제국을 통치하는 것을 발견"한다면서 콘스탄티누스를 치켜세웠다. 에우세비오스의 눈에는 콘스탄티누스가 하나님의 섭리를 이루어줄 13번째 사도로 보였던 것이다. 이때부터 권력자와 국가를 적극 옹호하고 지지하는 소위 '어용신학'(official theology)이 시작되었다.

하지만 다른 한편에서는 콘스탄티누스 때부터 국가와 교회가 결합

됨으로써 교회가 본래적 생명력을 잃어버리고 타락하였으며, 국가에 종속되기 시작했다고 비판한다. 교회가 지하에서 지상으로 올라오게 되면서 특권과 특혜를 누리게 되었고 이로 인해 이름뿐인 위선적인 그리스도인이 양산되었고 가난과 십자가의 정신을 상실했다는 것이다. 이런 견해를 가진 사람들에게는 밀라노칙령이 오히려 교회를 망치는 계기가 되었으며, 니케아공의회는 국가가 교회를 통제하고 간섭하려는 매우 나쁜 선례를 남긴 시초인 것이다. 그리하여 세르베투스와 같은 인물은 니케아공의회가 열린 325년을 교회 타락의 기점으로 보고 있다. 이런 입장에 선 사람들은 콘스탄티누스 이후에 전개된 국가교회(state church)의 고리를 끊고 자유교회(free church)로 돌아가야 한다고 주장한다. 이것은 국가와 교회의 관계는 무엇이며 어떠해야 하는가에 대한 오래된 질문을 다시 숙고하도록 만든다.

교회사의 시기를 구분할 때, 콘스탄티누스 이후의 시기를 콘스탄티누스 시대(Constantinus Period)라고 부를 정도로 교회 역사에 미친 그의 영향력은 크다. 또한 신학사에서는 니케아 이전과 니케아 이후로 시기 구분을 할 만큼 교리의 발전에 있어서 니케아공의회는 결정적인 역할을 하였다. 콘스탄티누스에 대한 다음과 같은 평가는 귀 기울일 만하다. "그는 최초로 신앙을 옹호한 황제이자, 최초로 서방과 동방교회 전체를 후원한 황제였으며, 최초로 성지에 예배당들을 세웠고, 이교도이자 그리스도인이었으며, 정통 신자이자 이단이었고, 자유분방한 동시에 열광적이었던 인물로서, 모방이나 존경의 대상이라기보다는 기억하고 깊이 연구해야 할 대상이다."

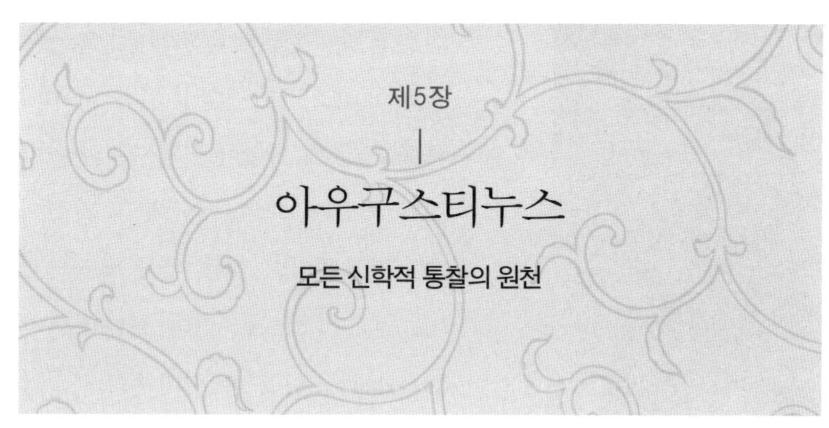

제5장

# 아우구스티누스

## 모든 신학적 통찰의 원천

교회 역사를 통틀어 아우구스티누스만큼 지속적으로 영향력을 행사하는 인물은 없다고 해도 결코 과장이 아닐 것이다. 일찍이 영국의 철학자 화이트헤드(Alfred N. Whitehead)는 "서양 철학사는 플라톤에 대한 일련의 각주"라는 말로 철학에서 플라톤이 얼마나 중요한 존재인지를 표현한 바 있다. 이와 비슷하게 다니엘 윌리엄스(Daniel D. Williams)는 "그리스도교 신학은 아우구스티누스에 대한 각주에 불과하다."라고 평한 바 있다. 그만큼 신학의 역사에서 아우구스티누스가 차지하는 비중이 지대하다는 뜻이다. 아우구스티누스만큼 가톨릭과 개신교 양 진영 모두에서 존경받는 인물도 드물 것이다.

그는 히포공의회(393)와 카르타고공의회(397)에서 성서가 현재의 형태로 확정되도록 영향력을 행사하였다. 또한 교회의 기초가 되는 신학적

히포의 감독 아우구스티누스

저술들을 내놓음으로써 안셀무스(Anselmus)나 아퀴나스(Thomas Aquinas)와 같은 중세 스콜라 신학자들의 아버지가 되었다. 그와 동시에 그 자신이 수도원공동체의 삶을 살아 베르나르(Bernard of Clairvaux)나 보나벤투라(Bonaventura)와 같은 신비주의 사상가들의 아버지로 자리매김하였다. 뿐만 아니라 루터(Martin Luther)와 칼뱅(Jean Calvin)을 비롯한 종교개혁자들에게 결정적인 영향을 미쳤기 때문에 종교개혁의 첫 선구자라는 칭호가 그에게는 결코 어색하지 않다. 어떤 교부도 아우구스티누스만큼 중세 가톨릭교회의 체계에 유익을 끼치면서 동시에 복음적인 종교개혁을 예비하지는 못하였다. 현대에는 리처드 니버(Richard Niebuhr)가 아우구스티누스를 문화의 변혁자로서의 그리스도를 옹호한 고전적 사상가로 제시한 바 있다. 참으로 아우구스티누스는 교회사에서 모든 신학적 통찰의 마르지 않는 샘의 역할을 하였다.

### 아우구스티누스의 생애

아우구스티누스의 생애를 알기 위해서는 두 권의 책을 참고해야 한다. 하나는 아우구스티누스 자신이 기록한 『고백록』이며, 다른 하나는 그의 친구이자 제자였던 포시디우스(Possidius) 감독이 쓴 『아우구스티누스의 생애』이다. 전자는 아우구스티누스의 어린 시절부터 시작하여 회심과 세례의 경험 그리고 고향인 북아프리카로 돌아오는 도중 어머니가 돌아가신 이야기까지(354-387)를 기록한 자서전적인 기록이며, 후자는 아우구스티누스가 회심하고 세례를 받은 날부터 죽는 날까지의 나머지 생애(387-430)를 집중적으로 다룬 기록이다. 이 두 책은 우리에게 아우구스티누스의 전 생애를 전해주는 두 기둥과 같다.

아우구스티누스는 354년 11월 13일 북아프리카의 작은 도시 타가스테(Tagaste, 오늘날의 알제리 수카아라스)에서, 이교도인 아버지 파트리키우스(Patricius)와 그리스도교도인 어머니 모니카(Monica) 사이에서 태어났다. 그는 태어날 때부터 이교와 그리스도교의 투쟁을 몸에 지니고 있었던 것이다. 타가스테에서 초등교육을 받은 뒤, 12살이 되던 해에 고향에서 남쪽으로 30km 정도 떨어진 마다우라(Madaura)로 가서 수학하다가, 16살이 되었을 때에는 로마니아누스(Romanianus)라는 독지가의 도움으로 대도시 카르타고(Carthago)로 유학을 가서 수사학을 공부하였다. 아우구스티누스는 카르타고에서 한 여자를 만나 동거를 시작하였고 18살이 되던 372년 아들 아데오다투스(Adeodatus, '하나님의 선물'이라는 뜻)를 낳기까지 하였다. 아우구스티누스는 육욕에 빠진 방탕한 생활을 하였고, 이원론적인 세계관에 기초한 마니교에 깊이 빠져 이후 9년간이나 이 종파에 몸담았다. 그런 와중에서도 수사학 공부에 몰두하여 동료들 중에서 두각을 드러냈다.

아우구스티누스는 카르타고에서 공부를 마친 뒤 375년 고향인 타가스테에서 1년쯤 수사학을 가르치다가 다시 카르타고로 돌아가 그곳에서 수사학 교사로 일했다. 그는 26살이 되던 380년 자신의 처녀작인 『아름다움과 적절성에 관하여』라는 책을 썼지만 별 성공을 거두지 못하였다. 아우구스티누스는 383년 카르타고를 떠나 로마로 가서 1년쯤 머물다가 384년에는 밀라노로 가서 수사학을 가르쳤다.

밀라노에서 그는 자신의 일생에 결정적인 영향을 준 암브로시우스(Ambrosius) 감독을 만나게 된다. 암브로시우스의 설교와 신앙적 확신은 어머니 모니카의 기도, 안토니오스의 전기, 바울의 서신서들과 함께 아우구스티누스를 회심시키는 중요한 동기가 되었다. 마침내 아우구스티누스는 32살이 되던 386년 밀라노의 한 정원에서 회심을 경험한다. 하나님 앞에서 실존적인 질문으로 고뇌하던 그는 "들고 읽으라!"(Tolle Lege!)는 어린아이의 노랫소리에 따라 성서를 들고 읽는데, "낮에와 같이 단정히 행하고 방탕하거나 술 취하지 말며 음란하거나 호색하지 말며 다투거나 시기하지 말고 오직 주 예수 그리스도로 옷 입고 정욕을 위하여 육신의 일을 도모하지 말라"는 로마서 13:13-14의 말씀과 만나게 된다. 이제 옛사람의 일을 버리고 예수 그리스도로 새옷을 입게 된 것이다. 마침내 아우구스티누스는 33살이 되던 387년 부활절에 암브로시우스에게서 세례를 받았다. "눈물의 자식은 망하는 법이 없다."는 말을 믿고 수십 년을 하루같이 간구해온 모니카의 기도가 응답되는 순간이었다.

밀라노의 감독 암브로시우스

아우구스티누스는 명예와 성공을 좇던 욕망에서 벗어났기에 더 이상 밀라노에 머물 이유가 없었다. 그는 고향으로 돌아가 수도원을 세우고 공동생활을 하려는 마음을 먹고 고향으로 가는 배를 기다리고 있었다. 하지만 그곳에서 사랑하는 어머니 모니카를 잃게 된다. 아우구스티누스가 세례를 받는 광경을 자랑스럽게 지켜본 모니카는 그해 가을 이제 세상에 아무런 미련이 없는 듯 하나님의 품으로 떠난 것이다. 아우구스티누스는 『고백록』에서 "내 눈앞에서 세상을 떠나신 어머니를 위해 내가 잠깐 울었던 것을 잘못이라 생각하여 나를 비웃지는 마십시오. 어머니는 내가 항상 하나님 앞에서 살도록 나를 위해 얼마나 오랫동안 우셨습니까?"라고 말한다. 아우구스티누스의 전기를 쓴 브라운(Peter Brown)은 1945년 이탈리아의 오스티아 항구에서 한 비문이 발견되었는데 그것이 모니카의 것임이 밝혀졌다고 전해준다. 아우구스티누스는 어머니를 잃은 뒤 로마로 가서 잠시 머물다가 388년 고향 타가스테로 돌아가 수도원을 설립하였다. 이때 그는 아들 아데오다투스를 잃는 슬픔을 또다시 겪게 된다.

아우구스티누스의 장례식

391년 아우구스티누스는 수도원의 일 때문에 고향에서 멀지 않은 히포(Hippo, 오늘날의 알제리 안나바)를 방문하게 된다. 여기서 그는 당시 히포의 감독이던 발레리우스(Valerius)의 강권에 의해 사제 안수를 받고, 395년에는 히포의 감독으로 성별을 받는다. 그리하여 430년 8월 28일 76살의 나이로 세상을 떠날 때까지 아우구스티누스는 35년 동안 히포의 목회자로서 의무를 다하는 한편 마니교주의자들, 도나투스주의자들, 펠라기우스주의자들과 논쟁을 하고, 『고백록』, 『삼위일체론』, 『하나님의 도성』을 비롯한 수많은 책을 저술함으로써 교회사에서 영원히 지울 수 없는 흔적을 남겼다.

아우구스티누스는 무엇보다 그리스도교 신학의 근간을 마련한 인물이었다. 그의 신학은 현실의 여러 문제들과 맞닥뜨리면서 체계를 잡아갔다. 그는 일생 동안 여러 차례의 논쟁을 겪었는데, 마니교, 도나투스주의, 펠라기우스주의, 그리고 이교도들의 도전에 응전하면서 자신의 신학체계를 형성하였다.

**마니교주의자들과의 논쟁을 통해 신론과 창조론을 확립하다**

혼란을 겪고 있던 젊은 시절 아우구스티누스는 마니교에 빠졌다. 페르시아의 마니(Mani, 216-277)에 의해 창시된 혼합주의적인 종교인 마니교는 그리스도교로부터는 구세주로서의 그리스도에 대한 믿음을, 불교로부터는 금욕적인 승려들의 질서를, 그리고 페르시아 종교로부터는 선과 악의 이원론을 채용하였다. 마니교도들은 물질계를 창조한 악한 신과 영혼을 창조한 선한 신이 있다고 믿었으며, 역사는 어둠과 빛의 투쟁이라고 생각했다. 특별히 그들은 인간의 운명이 별들에 의해 좌우된다고 믿었기 때문에 천문학과 점성술에 많은 관심을 가졌다. 진리에 대한 사랑과 대중의 인기에 대한 갈망 사이에서, 순결에 대한 열망과 육체적 정욕의 끌림 사이에서 좌절하던 아우구스티누스에게 선과 악의 적대적인 긴장 원리를 말하는 마니교의 가르침은 매력적이었다. 자신 안에 도사리고 있는 악하고 부정적인 정욕에 대해서, 별이나 육체를 탓함으로써 벗어날 수 있는 여지가 생기기 때문이었다. 그리하여 아우구스티누스는 9년 동안이나 마니교의 청중(hearers) 집단에 몸을 담았다.

하지만 천문학과 점성술의 모순을 발견하고, 당시 유명한 마니교 지도자였던 파우스투스(Faustus)와의 토론에서 실망하면서부터 그는 마니교의 공허한 찌꺼기들에서 점차 벗어났다. 더욱이 암브로시우스의 설교와 모니카의 끊임없는 기도가 결국은 아우구스티누스를 마니교의 굴레에서 벗어나게 하였다.

아우구스티누스는 『마니교도 파우스투스 논박』, 『마니교도들에 반대하여 창세기를 논함』, 『참 종교론』, 『악과 자유의지론』 등을 비롯한 다수의 책들을 통해 자신이 몸담았던 마니교의 허구를 비판하면서 하나님에 대한 바른 신학을 확립하였다. 그는 물질은 악하기 때문에 피조세계 역시 악한 것으로 간주한 마니교의 주장을 반박하고 피조세계가 하나님에 의해 무로부터 창조된 선한 것이라고 밝혔으며, 그들의 숙명적인 이원론을 배격하고 영적인 세계와 물적인 세계 모두를 주장하시는 한 분 하나님에 대해 가르쳤다.

**도나투스주의자들과의 논쟁을 통해 교회론과 성례론을 확립하다**

도나투스 논쟁에 대해서는 이미 앞에서 다루었기 때문에 여기에서는 요점만 간단히 언급하기로 하자. 아우구스티누스는 도나투스주의자들이 주장하는 완전한 자들로 이루어진 공동체로서의 교회 개념을 비판하면서 알곡과 가라지가 함께 섞여 있는 공동체로서의 교회를 옹호하였다. 가라지를 마지막 추수 때까지 뽑지 말라는 주님의 교훈은, 교회 안에서 온전하지 못한 성도들을 끝까지 사랑으로 끌어안고 교회의 통일성을 지켜나가야 할 당위성을 아우구스티누스에게 확인시켜 주었다. 그리고 세례와 성만찬의 효력은 그것을 집례하는 사람들의 도덕적 자격에 좌우되는 것이 아니라 성례 그 자체에서 발휘된다는 사실을 강조하였다. 도나투스주의자들과의 논쟁을 통해서 아우구스티누스는 올바른 교회론과 성례론을 정립하게 되었다. 아우구스티누스가 도나투스주의에 대해 반박하여 쓴 책들로는 『도나투스파에 반대한 세례론』, 『도나투스파에 반대하여 가톨릭 교인들에게 보내는 편지 또는 교회의 통일성에 대하여』, 『도나투스파에 대한 견책』 등 다수가 있다.

**펠라기우스주의자들과의 논쟁을 통해 죄론과 은총론을 확립하다**

아우구스티누스가 마니교주의자들과의 논쟁을 통해서 신론을 확립하고 도나투스주의자들과 논쟁하면서 교회론과 성례론을 수립했다면, 펠라기우스주의자들과의 논쟁을 통해서는 죄론과 은총론을 확립하였다. 도나투스주의는 북아프리카에 국한된 운동이었기 때문에 국지적인 것이었지만, 펠라기우스주의는 전체 그리스도교계에 심각한 위해를 가하는 보편적인 위협이었다. 이 위협은 영국 태생의 펠라기우스(Pelagius)에게서 유래되었다. 펠라기우스는 인간이 아담의 원죄를 지고 태어나는 것이 아니며, 따라서 인간은 선도 악도 행할 수 있는 자유의지를 가지고 있다고 주장하였다. 그는 은혜는 본래 인간 혼자의 힘으로 이룰 수도 있는 것을 좀 더 쉽게 이룰 수 있도록 도와주는 것이라고 보았다. 이런 주장은 하나님의 은총이 유용하기는 하지만 꼭 필요한 것은 아니라고 말하는 것이며, 인간의 원죄를 부인하는 심각한 결과를 낳았다. 아우구스티누스는 이런 펠라기우스의 견해에 반대하면서 인간의 죄의 심각성과 하나님의 은총의 절대 필요성을 주장하였다.

인간의 죄에 대해서 아우구스티누스는 『고백록』에서 배 서리(pear-stealing) 사건을 중요하게 언급하고 있다. 그가 말하는 핵심은 자신이 배를 서리한 것은 배가 고팠기 때문이 아니라 도둑질을 오락으로 즐겼기 때문이라는 것이다. 그는 죄 자체의 달콤함에 빠져 있었으며, 죄악 자체를 저지르는 데에서 쾌감을 느꼈던 것이다. 아우구스티누스에게 배 서리 사건은 창세기에서 인간이 선악과를 따먹은 사건과 같은 의미를 지녔다. 그것은 단지 자신만의 이야기가 아니라 모든 인간의 이야기이며, 특수한 것이 아니라 보편적인 것이었다. 아우구스티누스는 '천진난만한 어린이'라는 환상을 깨고, 인간의 본성이 얼마나 원죄에 물들어 있는지를 『고백록』에서 절절하게 보여준다. 이 죄를 해결하는 유일한 해결책은 하나님의 은혜뿐이다.

펠라기우스는 하나님은 스스로 돕는 자를 돕는다고 생각했지만, 아우구스티누스는 하나님은 스스로 도울 수 없는 자를 돕는다고 믿었다. 아우구스티누스는 자신이 너무도 깊이 죄에 빠져서 죄에서 벗어나고자 하는 의지마저도 없어지는 것을 몸소 경험했기 때문에, 우리 자신 안에는 우리를 구원할 만한 아무런 힘이 없다고 확신하였다. 만일 우리가 스스로를 구원할 수 있다면, 하나님의 은혜는 무용지물이 될 것이며 그리스도의 십자가는 어리석음으로 끝나고 말 것이기 때문이다. 아우구스티누스는 "오호라 나는 곤고한 사람이로다. 이 사망의 몸에서 누가 나를 건져내랴"는 바울의 질문에 대해 오직 우리 주 예수 그리스도를 통한 하나님의 은혜뿐이라고 답하고 있다. 구원은 하나님의 은혜로 말미암아 주어지는 과분한 선물이며 우리는 그 선물에 대해 감사할 수 있을 따름이다. 아우구스티누스가 펠라기우스주의에 반대하여 남긴 책으로는 『죄의 벌과 용서 및 유아세례에 관하여』, 『영과 문자』, 『인간의 본성과 은혜에 관하여』, 『그리스도의 은혜와 원죄에 관하여』, 『은혜와 자유의지에 관하여』, 『에클라눔의 율리아누스를 비판함』 등이 있다.

**이교도들과의 논쟁을 통해 종말론과 국가론을 확립하다** 특별히 이교도들에 대항하여 저술한 『하나님의 도성』은 변증가로서의 아우구스티누스의 모습을 잘 보여준다. 410년에 서(西) 고트족의 알라리크(Alaric)가 군대를 이끌고와서 로마를 약탈하는 일대 사건이 일어나자 이교도들은 로마가 고대의 신들을 버리고 그리스도교를 받아들였기 때문에 이런 일이 생겼다고 주장하였다. 이에 답하기 위해 아우구스티누스가 쓴 책이 바로 『하나님의 도성』이다. 아우구스티누스는 413년에 이 책을 쓰기 시작하여 13년이 지난 426년에야 전체 22권으로 완성하였다. 1-5권은 이교의 신들이 행복을 가져다준다는 주장을 반박하고 있고, 6-10권은 내세에서의 행복을 위해 이교 신들을 숭배해야 한다는 주장을 반박하며, 11-14권은 하나님의 도성의 기원을, 15-18권은 하나님의 도성의 발전을, 19-22권은 하나님의 도성의 마지막을 다루고 있다. 이 책은 루터의 두 왕국 사상에 직접적인 영감을 제공하였으며, 교회와 국가의 관계나 종말론에 있어서 교과서와도 같은 역할을 해왔다.

**우리 마음이 당신 안에서 쉴 때까지는 편안하지 못하나이다** 아우구스티누스의 대표적인 저술 『고백록』은 그가 감독이 된 뒤에 쓴 자서전적인 기록으로 그의 책들 가운데서 지금까지도 가장 사랑받는 책이다. 이 책은 토마스 아 켐피스(Thomas à Kempis)의 『그리스도를 본받아』와 존 번연(John Bunyan)의 『천로역정』과 견줄 만한 인기를 누려왔다. 아우구스티누스는 이 책에서 자신이 얼마나 큰 죄인인지를 고백함으로써 하나님만을 찬양해야 한다는 것을 모든 성도에게 이야기하고자 하였다. 그가 로마의 관료였던 다리우스(Darius)에게 『고백록』과 함께 보낸 편지에서 "내 과거의 생활에서 좋게 생각한 면이 있으면 나를 찬양하지 말고 내가 찬양하고 싶은 하나님을 나와 함께 찬양하자."고 말하고 있다. 이 책은 과거 자신의 죄를 자복하는 참회록인 동시에 하나님의 은혜만을 높이려는 찬미록이기도 하다. 마니교도와 도나투스주의자들과 논쟁을 벌이던 와중에 자신의 약점을 고스란히 드러낸다는 것이 대단히 위험하고 어리석은 일일 수도 있지만 그는 이 모든 것을 무릅쓰고 자기를 성찰하는 용기를 보여주었다.

또한 『고백록』은 그리스도인들이 세상에서 어떻게 살아야 하는가에 대한 방향을 제시해주는 책이다. 콘스탄티누스에 의해 그리스도교가 공인된 이후 이제 그리스도인이 된다는 것은 박해보다는 특권을 의미하게 되었다. 따라서 소위 무늬만 그리스도인인 사람들(nominal Christians)이 넘쳐나게 되었다. 이런 상황에서 그리스도인들에게 요구된 것은 철저한 참회와 결단이었다. 이런 필요에서 아우구스티누스는

『고백록』을 저술하게 된 것이다. 아우구스티누스는 생애 말년에 자신의 신학적 저술들의 오류들을 고백하고 수정하거나 철회하는 『재고록』(*Retractationes*)을 출판하였는데, 여기서 그는 "나의 『고백록』은 나의 나쁜 점이나 좋은 점을 말함으로써 하나님의 선하심과 의로우심을 찬양하고 있다. 나의 『고백록』은 사람들을 움직여 그들의 마음과 사랑을 하나님께 돌리는 도구이다."라고 말한다. 이처럼 『고백록』은 어떤 그리스도인이 되어야 하며, 그리스도인이라면 어떻게 살아야 하는지를 알려주는 나침반 역할을 한다.

아우구스티누스와 히에로니무스

『고백록』의 주제를 한마디로 말하라면, 책의 가장 첫 부분에 나오는 구절을 인용할 수 있을 것이다. "당신은 우리를 당신을 향해서 살도록 창조하셨으므로, 우리 마음이 당신 안에서 쉴 때까지는 편안하지 못하나이다." 인간은 세상의 명예와 재물과 욕정에서가 아니라 오직 하나님의 품 안에서만 안식을 누릴 수 있도록 창조된 존재임을 우리에게 말하고자 한 것이 바로 『고백록』이다.

**은총의 박사 아우구스티누스**

아우구스티누스를 논쟁만 일삼던 신학자로 여겨서는 안 된다. 그는 무엇보다도 히포의 목회자였다. 아우구스티누스는 오직 하나님과 영혼에 관심을 가진 목자였다. 그의 『독백』의 한 구절은 이 사실을 잘 보여준다.

> 아우구스티누스: 나는 하나님과 영혼에 대해 알고 싶다.
> 이성: 더 이상 알고 싶은 것은 없는가?
> 아우구스티누스: 절대로 없다.

그는 391년 히포의 사제가 된 이후로 430년 세상을 떠날 때까지 거의 40년을 히포의 목회자로서 설교하였으며, 교리문답과 교육에 관여하였고, 수도원생활을 하면서 수도원을 돌보았으며, 많은 사람들을 심방하고 위로하였고, 수많은 사람들과 편지를 교환하였으며, 신학적인 책들뿐이 아니라 실천적이며 금욕적인 글들을 통해 교인들을 양육하였다. 그는 『절제』, 『금식의 유익』, 『믿음과 노동』, 『선한 과부의 삶』, 『거룩한 처녀성』, 『결혼생활의 축복』 등의 실제적인 문제를 다룬 수많은 책을 저술하기도 한 목회자였다. 때문에 오늘날에도 우리가 어떤 문제에 부딪힐 때 아우구스티누스에게로 가보면 이미 그가 지금 우리가 고민하는 문제에 대해서 고심한 끝에 써놓은 교훈이 있음을 발견하고는 새삼 놀라게 된다.

우리는 아우구스티누스를 특별히 '은총의 박사'라고 부른다. 그가 남긴 유산 중 은총론이 가장 중요하고 위대한 유산이기 때문이다. 일찍이 워필드(Benjamin B. Warfield)는 "종교개혁은 아우구스티누스의 교회론에 대한 아우구스티누스의 은총론의 승리"라고 말한 바 있다. 중세 로마교회가 아우구스티누스의 교회론에 입각하여 위계질서와 의식체계를 발전시켰다면, 종교개혁자들은 아우구스티누스의 은총론을 재발견함으로써 오직 은혜에 의한 믿음을 통한 구원을 주창하였다. 아우구스티누스에게 '은총의 박사'라는 이름이 주어진 것은 참으로 정당하다. 그는 펠라기우스주의자들과의 논쟁에서 보여준 것처럼 '오직 은혜'를 주장한 종교개혁의 선구자이다. 종교개혁자 루터가 아우구스티누스 수도원에 속한 사람이라는 사실도 단지 우연만은 아닐 것이다.

아우구스티누스가 살던 시대도 오늘날처럼 분열과 혼란의 시기였다. 그 혼란의 중심에서 아우구스티누스는 하나님의 은총이라는 관점으로 자신이 만난 문제들을 극복하고자 한 사람이었다. 오늘날에도 인간의 분열된 영혼 내에서 또는 분열된 그리스도교 교회들 사이에서 또는 다툼으로 분열된 우리 사회 내에서 그리스도교적인 해결책을 추구하는 사람들이라면 누구든지 아우구스티누스에게서 해답의 실마리를 찾을 수 있을 것이다. 그는 지금도 모든 신학적 통찰과 영감의 원천이다.

# 제2부 중세교회 이야기

Chapter 2

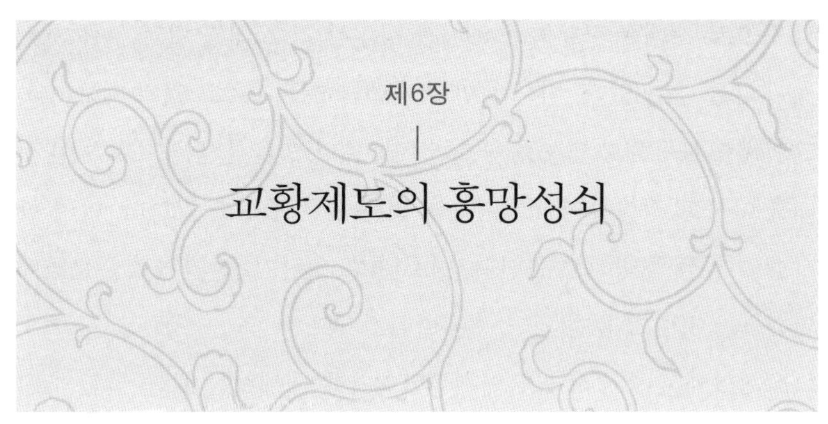

제6장

# 교황제도의 흥망성쇠

### 역사에서 시대 구분의 문제

역사에서 시대를 구분하는 문제는 언제나 까다롭고 껄끄러운 주제이다. 시대 구분은 장구한 역사를 보다 명료하게 이해하는 데 도움을 주기도 하지만, 올바른 역사 이해를 방해하기도 하기 때문에 과연 역사의 시대 구분이 필요한 것인지 또 유용한 것인지를 두고서 논란이 있다. 우리는 편의상 시간을 과거, 현재, 미래로 나누어서 이야기하지만 사실상 시간은 나뉨이 없이 연속하여 흐르고 있다. 과거와 연결되지 않은 현재는 없고, 현재가 없는 미래도 없는데, 우리가 지나온 시간을 과거·현재·미래로 구분하고 나누어서 이야기한다면 불필요한 오해와 억측이 생길 여지가 있을 것이다. 우리가 교회사를 다룰 때에도 초대교회사, 중세교회사, 종교개혁사, 근대교회사 등으로 시대를 구분하곤 하지만 사실상 각 시대는 칼로 무를 자르듯이 나눌 수가 없다. 역사는 언제나 연속성을 지니고 있기 때문이다. 그럼에도 불구하고 역사를 중요한 사건이나 인물을 중심으로 하여 시대를 나누고 정리하여 이야기하는 것은 많은 장점을 갖는다. 마치 한 사람의 일생에 대해서 유년기, 청소년기, 청년기, 장년기로 구분하여 이해하는 것이 도움이 되는 것과 마찬가지다.

교회사에서 중세시대가 언제부터인가에 대해서는 보는 사람의 시각에 따라 차이가 날 수 있다. 정치적인 면을 중시하는 사람은 476년 서로마제국의 멸망을 가장 중요하게 꼽을 것이다. 그러나 동로마에 속한 사람이라면 서로마의 멸망이 그리 중요하지 않을 수도 있다. 종교적인 면을 중시하는 사람이라면 590년 교황 그레고리우스 1세의 등장에 주목할 것이다. 그레고리우스 1세야말로 '중세교회'라고 부를 수 있는 특징들을 교회에 부여한 인물이기 때문이다. 혹자는 일곱 에큐메니칼 공의회가 끝난 787년을 혹은 샤를마뉴가 교황 레오 3세로부터 신성로마제국 황제의 관을 받은 800년을 혹은 로마가톨릭과 동방정교회가 분리된 1054년을 중세의 기점으로 말할 수도 있을 것이다. 여기서는 그레고리우스 1세가 교황으로 등장한 590년부터 마르틴 루터의 종교개혁이 일어난 1517년에 이르기까지 1,000년의 시간을 중세라고 부를 것이다. 하지만 역사의 연속성을 고려할 때 이것도 설명의 편의를 위한 임시적인 시대 구분임을 기억해야 할 것이다.

**교황제도,**
**중세를 떠받치는 기둥**

중세시대를 관통하면서 통일성과 지속성을 제공한 두 조직체가 있었는데 교황제도와 수도원제도가 바로 그것이다. 수도원제도에 대해서는 제7장에서 살펴보겠고, 여기서는 교황제도의 기원과 발전 그리고 분열과 쇠락의 역사에 대해 살펴보고자 한다. 본래 '교황'(pope)이라는 단어는 '아버지'(father)를 의미하는 것으로서, 존경받는 모든 감독을 가리키는 용어였다. 서방에서 이 칭호가 로마 감독에게만 독점적으로 쓰인 것은 11세기의 일이지만, 동방에서는 이 칭호를 로마 감독의 전유물로 여긴 적이 없었다. 하지만 오늘날에는 교황이라는 칭호가 초대 로마 감독으로부터 시작하여 모든 로마 감독을 지칭하는 용어로 사용된다. 교황은 로마의 주교, 예수 그리스도의 대리자, 사도 베드로의 후계자, 전체 교회의 최고 주교, 바티칸 시국(市國)의 원수(元首) 등으로 표현되어 왔다.

과연 로마 주교만이 베드로의 유일한 계승자인지, 아니면 다른 지역의 주교들과 베드로의 계승자라는 명예를 나누어 갖는 것인지를 두고 논란이 벌어졌다. 초대교회에서는 로마와 더불어 안티오케이아, 예루살렘, 알렉산드리아, 콘스탄티노플이 서로 우위를 주장하였다. 로마의 주교는 베드로가 순교한 도시인 로마의 주교만이 베드로의 계승자이며 주님께서 맡기신 양들에 대해 유일한 권위를 갖는다고 주장하였고, 다른 도시들의 주교들은 로마 주교에게 명예로 상석을 부여할 수는 있지만, 그에게 모든 지역의 교회에 대한 독점적인 권위를 허용할 수는 없다고 주장하였다. 백보 양보하더라도 로마 주교가 주장하는 수위권

초대교회의 5대 중심지

(首位權)은 동등한 권위를 지닌 여러 주교들 사이의 명예로운 첫째 자리(first among equals)라고 할 수 있을 뿐이었다. 또한 “너는 베드로라 내가 이 반석 위에 내 교회를 세우리니”(마 16:18)라는 그리스도의 말씀에 대해 서로 다른 해석을 하였다. 로마에서는 반석이 곧 베드로니 베드로의 계승자인 로마 주교의 권위 위에 교회가 서야 한다고 주장했고, 어떤 사람들은 반석은 베드로 개인을 말하는 것이 아니라 그의 신앙고백을 의미한다고 했고, 또 다른 사람들은 반석은 그리스도를 의미한다고 주장하였다. 서방의 유명한 신학자 아우구스티누스도 초기에는 반석을 베드로로 해석하였다가, 후에는 그리스도로 간주하였다. 이처럼 초대교회 시대는 로마 주교만이 홀로 교회에 대한 수위권을 주장할 수

없는 시기였다. 그러다가 로마의 주교에게 교황으로서의 힘이 실리게 된 것은 그레고리우스 1세가 등극하면서부터이다.

**그레고리우스 1세 (재위 590-604)**

그레고리우스(Gregorius) 1세는 종종 초대교회의 마지막 교부(敎父)이자 중세교회 최초의 교황이라 불리는 유능한 인물이었다. 그는 로마의 부유한 원로원 가문에서 태어났지만, 모든 재산을 가난한 사람들에게 나누어주고 베네딕투스 수도원의 수사가 되어 지극히 검소한 생활과 철저한 금욕생활을 하였다. 교황으로 즉위한 뒤에도 수도사와 같은 생활을 계속하면서 스스로를 "하나님의 종들의 종"(Servus Servorum Dei)으로 자처하며 문란해진 교회의 기강을 바로잡았다. 그는 성직매매를 근절시키고, 성직을 받은 후의 결혼을 금하고, 성직자의 생활을 위한 규범을 확립하는 등 개혁적 조처들을 단행하였다. 그레고리우스는 또한 전례에도 관심을 가져 그레고리우스 성가를 편찬했다고 전해진다. 그레고리우스 성가는 라틴어 가사를 무반주로 남성이 부르는 가톨릭의 예배음악으로서 교회의 미사와 수도원의 성무일과에서 지금까지 사용되고 있다. 뿐만 아니라 그레고리우스는 수도사였던 아우구스티누스(유명한 신학자와는 다른 사람이다.)를 잉글랜드로 보내 앵글족과 색슨족에게 복음을 전함으로써 그리스도교 선교의 문을 열기도 하였다. 신학자로서 그레고리우스는 연옥의 교리를 공식화하였으며, 베네딕투스의 전기를 집필하는 등 많은 저술을 남김으로써 최후의 교부라는 영예로운 칭호도 얻게 된다.

그레고리우스 1세는 서방교회에서 암브로시우스, 아우구스티누스, 히에로니무스에 이어 '교회박사'로 인정받았으며, '전례의 아버지', '수도원의 아버지'라는 칭호도 얻었다. 로마교회는 그에게 '대'(大)라는 칭호를 수여하여 그레고리우스 대제(Gregorius the Great)라고 불렀다. 그레고리우스에 관한 일화에 따르면, 폭도들이 그의 서재를 파괴하려고 할 때 페트루스라는 성직자가 과거에 그레고리우스가 집필할 때 성령께서 비둘기 모양으로 그의 머리에 머물러 계신 모습을 직접 보았다고 말함으로써 그의 서적들이 훼손되지 않았다고 전해진다. 이 일 후에 그레고리우스는 비둘기로 상징되기도 하였다. 박스만(R. Baxmann)의 표현처럼, "그레고리우스는 이전 시대의 라틴교회가 교회정치와 교의, 목회와 예배에 관하여 쌓아놓은 것을 집대성하여 다음 시대를 위해서 어지간해서는 빗나가지 않는 규범들을 세워놓았다."

그레고리우스 1세의 머리에 비둘기의 모습이 보인다.

**그레고리우스 7세**
**(재위 1073-1085)**

그레고리우스 7세는 토스카나 출생으로 본명은 힐데브란트(Hildebrand)이다. 그는 로마의 수도원에서 성직 교육을 받았고, 교황 레오 9세하에서 교황 특사로 일하는 등 많은 교황들의 배후에서 오랫동안 교황청의 실세 역할을 하였다. 그러다가 1073년에 마침내 직접 교황의 자리에 올랐다. 그레고리우스 7세가 이루고자 노력한 두 가지 일은 교황의 절대적 지위를 확립하는 일과 교회의 도덕 개혁이었다.

그레고리우스 7세는 무엇보다 교황의 통치권과 권한을 강화함으로써 실추된 교회의 권위를 회복하고자 하였다. 그는 교황청을 중앙집권화하고, 모든 교회에 대한 교황의 수위권을 주장하고, 교권(敎權)이 속권(俗權)보다 우월하다고 천명하였다. 이제 교황은 그리스도교 세계 전체(비록 동방교회에서는 인정하지 않겠지만)를 보살피는 임무를 부여받았고, 지상의 모든 군주보다 우위에 있으며, 하나님에 대해서만 책임을 질 뿐 어떤 사람에 의해서도 간섭받지 않는 존재가 되었다. 그레고리우스 7세에 이르러서 비로소 교황절대주의가 살과 피를 얻게 된 것이다. 교황청은 "한 목자 아래 한 양떼"라는 구호 아래 온 세계를 통일하고자 하였다. 여기서 목자는 당연히 교황을 말한다. 교황은 자신의 권위가 온 세상의 모든 사람에게 미치기를 원했다. 이런 교황권 강화 노력은 불가피하게 왕권과 충돌을 일으키게 되었으니 그것이 유명한 신성로마제국의 황제 하인리히 4세와의 충돌 이야기이다.

교황의 상징인 삼중관을 쓰고 있는
그레고리우스 7세의 모습

문제의 핵심은 성직자 임명권을 누가 가지느냐 하는 데 있었다. 당시에는 왕이 자신의 영토 안에 있는 주교들과 수도원장을 임명하는 것이 관행이었다. 그러나 새로 교황이 된 그레고리우스는 국왕이 성직 임명을 하는 관습은 성직매매를 낳아 교회를 타락시킬 뿐만 아니라 교회가 국가에 종속되는 결과를 초래하기 때문에 성직 임명권은 국왕이 아니라 교황에게 속해야 한다고 선언하였다. 이에 반대하여 하인리히는 1076년 1월 24일에 교황의 폐위를 선언하는 법령을 선포하였고, 한 달 뒤에 교황은 하인리히를 파문하는 교서를 공포하였다. "성부와 성자와 성령의 이름으로 그리고 성 베드로의 권위와 힘에 의하여 그리고 교회의 안전과 명예를 수호하기 위해 나는 국왕 하인리히를 금령 아래 두노니 그가 독일이나 이탈리아를 통치하는 것을 금지하노라. 나는 또한 그에게 충성을 맹세했거나 맹세하고자 하는 일체의 서약들을 무효화시킨다. 그리하여 그가 국왕으로서 복종받는 것을 금한다." 당시 민심은 교황의 편이었고 결국 하인리히는 자신의 지위를 유지하기 위해서 유난히도 추웠던 1077년 1월 눈이 덮인 카노사의 성 앞에 맨발로 무릎을 꿇고 교황 그레고리우스 7세에게 용서를 빌었다. 중세교회 역사를 통해 누가 더 높은지를 다투던 국왕과 교황의 줄다리기가 교황의 한판승으로 결판이 난 것이다. 역사는 이를 '카노사의 굴욕'이라고 부른다.

그레고리우스 7세는 밖으로 교황권을 강화했을 뿐만 아니라 안으로 교회의 도덕 개혁을 위한 고삐를 바짝 죄었다. 그는 성직매매와의 전쟁을 선포했으며 성직자들의 성적 부패를 일소하고 독신을 강요하

카노사의 굴욕

였다. 그는 돈으로 성직을 사들인 사제들을 면직시켰고, 성직자의 결혼을 금하고, 결혼한 사제들에게는 아내를 내보내거나 미사 집례를 중단할 것을 요구하였다. 이미 결혼한 사제들의 반발이 예상보다 거세지자 그레고리우스는 평신도들에게 결혼한 사제들의 미사에 참석하지 말도록 명령하기까지 하였다. 이것을 교회사에서는 그레고리우스 개혁(Gregorian Reform)이라고 부르는데, 이는 중세시대에 일어난 중요하고도 광범위한 교회 개혁운동이었다. 교황의 강력한 정책에 밀린 나머지 성직자들의 독신제도가 수립되긴 했지만 은밀한 축첩과 방탕이 결혼생활을 대체하게 되었다. 이런 은밀한 부패와 타락은 시간이 갈수록 심해져서 16세기에 이르면 결국 종교개혁을 촉발시키는 원인이 되기도 하였다.

### 인노켄티우스 3세 (재위 1198-1216)

인노켄티우스(Innocentius) 3세의 재위 기간은 중세 교황제도의 절정기이자 황금기에 해당한다. 바우어(Baur)의 말처럼 "인노켄티우스 3세와 더불어 교황제는 절정에 올랐으며, 교황제도의 긴 역사에서 다른 어떤 시기도 그렇게 장구한 평화와 그렇게 영화롭고 찬란한 권력을 누린 적이 없다." 그는 도미니쿠스 수도회와 프란체스코 수도회 같은 탁발수도회를 승인하였으며, 1215년 제4차 라테란공의회를 소집하였고, 제4차 십자군원정과 중세의 알비파 이단을 진압하기 위한 십자군을 이끌었으며, 이단을 심문하기 위한 종교재판소를 세웠다. 인노켄티우스는 교황을 태양에, 군주를 달에 비유하였다. 마치 태양이 낮을 주관하듯이 교황은 영혼들을 다스리는 반면에, 군주는 달이 밤을 주관하듯이 인간의 육체를 다스린다는 것이다. 그리고 달이 태양으로부터 빛을 받고, 규모와 밝기에 있어서 태양에 미치지 못하듯이, 군주의 권세는 보다 본질적인 교황의 권세로부터 위엄과 광채를 얻어 반사하는 것이라고 주장하였다. 인노켄티우스는 '그리스도의 대리자' 라는 교황의 칭호에다 '하나님의 대리자' 라는 칭호를 덧붙였다.

인노켄티우스의 업적 중에서 중요한 것은 제4차 라테란공의회를 개최한 것이다. 이 공의회에서 성찬식의 빵과 포도주가 사제의 축성을 통해 그리스도의 살과 피로 변한다는 화체설 신앙을 공포했고, 모든 가톨릭 교인들은 적어도 1년에 한 번은 고해성사를 받고 부활절에는 성찬식에 참여해야 한다고 규정했다. 또 십자군에 참여하는 자와 자금을 기부하는 자에게 완전 면벌을 약속함으로써 제4차 십자군원정이 가능하도록 만들었고, 이단들을 진압하기 위한 종교재판소의 설치를 승낙하였다. 그는 교회생활을 위한 교회법을 수집하고 편찬하여 출판했으며, 독일의 왕권 문제와 프랑스와 영국의 전쟁 문제를 조정하는 정치력을 발휘하기도 했고, 탁발수도회들을 승인함으로써 교회 내에 개혁적인 기운을 불어넣기도 하였다. 인노켄티우스는 중세에서 가장 중요한 인물 중 한 사람으로서, 자부심 강한 사제요, 유능한 군주요, 예리한 정치가요, 냉철한 법률가였다.

인노켄티우스 3세가 교회에 끼친 유익만큼이나 해악도 컸다. 그가 주도한 제4차 십자군원정은 성지 탈환이라는 본래의 목적은 상실한 채, 동방의 그리스도교 도시들을 파괴하고 콘스탄티노플제국을 전복시켜서 서방교회와 동방교회 사이에 아직까지도 해결할 수 없는 깊은 원한을 남기는 참극을 초래하였다. 알비파 이단을 정벌한다는 이유로 단행된 프랑스 남부 도시들에 대한 십자군원정은 비록 신앙의 이름으로 포장되기는 했지만 30년에 걸쳐 수만 명을 학살하는 만행이었다.

인노켄티우스 3세

'이단적 부패에 대한 심문'을 표방하며 종교재판을 주창한 것은 아마도 유럽 문명사에서 가장 불행한 장면 중 하나일 것이다. 고문이 자백을 받아내기 위한 정당한 방법으로 간주되었으며, 살아 있는 이단을 죽이는 데 만족하지 못하고 죽은 자들까지도 무덤을 파헤쳐 시신을 화형에 처하는 일이 자행되었다. 종교재판에서는 그리스도의 사랑은 사라지고 무자비한 학살만 남게 되었다. 1216년 인노켄티우스 3세는 성지 해방을 위한 새로운 십자군원정을 준비하던 도중 자주 앓던 열병으로 갑자기 죽음으로써, 교회사에 명암을 남긴 채 역사의 무대 뒤로 사라졌다.

**보니파키우스 8세**
**(재위 1294-1303)**

중세시대 교황권이 세속 권세보다 위에 있음을 명시한 마지막 문서는 보니파키우스(Bonifacius) 8세가 1302년에 반포한 『우남 상탐』(*Unam Sanctam*, '하나의 거룩한' 이라는 뜻)이라는 교서이다. 이 교서는 "하나의 거룩한 가톨릭적이며 사도적인 교회가 있으며, 그 교회 밖에는 구원도 없고 죄의 용서도 없다."라는 문장으로 시작한다. 그리고 영적인 생명이 육적인 생명보다, 정신이 몸보다 고귀한 것처럼 영적인 권력은 명예나 위엄에 있어 지상의 세속적인 권력보다 귀하고 우위에 있다고 주장한다. 따라서 지상의 권력이 올바른 길에서 벗어날 때에는 영적인 권력에 의해 제지되고 심판을 받아야 하지만, 영적인 권력은 인간에 의해서가 아니라 오로지 하나님에 의해서만 판단을 받는다고 말한다. 교서의 제일 마지막에는 "우리는 또한 모든 인간의 구원에 절대적으로 필요한 일체의 교리는 로마 교황의 권위 아래 있음을 선언하고, 비준하고, 정의하는 바이다."라고 천명한다.

보니파키우스 8세

보니파키우스에게서 점점 강해지고 있는 유럽의 민족주의 정서에 대항할 수 있는 유일한 길은 그리스도교적 정서 위에서 교황의 권한을 정당화시켜 줄 수 있는 법적이며 사상적인 무장이었을 것이다. 그런 면에서 보니파키우스는 중세시대의 어느 교황도 감히 요구해보지 못한 절대적 교황권을 제시하고자 하였다.

그러나 이는 당시의 유럽 세계에서 진행되는 정치적 현실과는 동떨어진 주장이었다. 보니파키우스는 허구적인 교황권 이론들을 내세우면서 새 시대의 정신을 억눌러보려고 했으나 결국 실패하고 말았다. 교황의 절대적 지배권은 더 이상 현실이 아니라 소망에 불과한 것이었다. 보니파키우스를 정점으로 하여 교황권은 급속도로 세속의 권력에 밀리기 시작했다. 프랑스 왕 필리프 4세에 의해 1303년 보니파키우스 8세가 이단 혐의로 고발당한 채 쫓겨나 사망하고, 1305년에 프랑스인 출신 교황 클레멘스 5세가 선출되자 교황청은 필리프 4세의 뜻에 따라 아비뇽으로 옮겨졌다. 당대인들은 보니파키우스의 재위를 "그는 여우처럼 와서 사자처럼 다스리다가 개처럼 죽었다."라고 평가하였다.

**아비뇽 교황시대** 클레멘스 5세가 프랑스의 아비뇽(Avignon)에 거주하기 시작한 후 교황들은 계속해서 로마가 아니라 아비뇽에 머물러 있었나. 이후 그레고리우스 11세(재위 1370-1378)가 1377년 로마로 돌아오기까지 약 70년 동안 교황청이 프랑스 왕의 지배를 받는 소위 '아비뇽 교황시대'가 이어진다. 이 시기 동안에 7명의 교황이 재위했는데, 모두가 프랑스인이었다. 교황청이 프랑스의 일개 기관이 될 지경에 이르고, 아비뇽 교황청이 탐욕과 매수와 방탕의 복마전으로 손가락질 받게 되면서 교황에 대한 존경심은 뿌리째 흔들렸다. 아비뇽은 "모든 악의 하수구, 모든 범죄의 소굴, 서방의 바빌로니아, 고통의 샘, 진노의 처소, 오류의 학교, 거짓의 신전, 두려운 감옥, 지상의 지옥"이라고 일컬어졌다.

그레고리우스 11세에 와서야 교황청은 로마로 복귀하게 된다. 오랫동안 로마를 떠나 있던 교황청이 로마로 돌아오게 된 가장 중요한 이유는 더 머뭇거릴 경우 이탈리아 내의 영토를 영구히 상실하게 될지도 모른다는 위기감이 크게 작용했지만, 시에나의 카테리나(Caterina of Siena)와 같은 사람들의 열렬한 설득과 노력도 한몫 하였다. 카테리나는 신비적인 영적 체험과 가난한 자와 병자를 향한 헌신으로 인해 성녀로 추앙을 받았으며, 1970년 교황 바오로 6세에 의해 '교회박사'라는 칭호를 얻은 중세의 대표적인 여성 지도자이다. 여성으로서 '교회박사'라는 명예를 받은 사람은 1970년 선포된 아빌라의 테레사(Teresa of Avila)와 시에나의 카테리나, 1997년 선포된 소화 테레사로 알려진 리지외의 테레즈(Thérèse of Lisieux), 그리고 2012년 선포된 빙엔의 힐데가르트(Hildegard of Bingen) 4명뿐이다.

교황청이 로마로 돌아왔다고 문제가 해결된 것은 아니었다. 1378년 그레고리우스 11세가 죽자 뒤를 이어 우르바누스 6세가 교황이 되었으나, 아비뇽 측은 이를 인정하지 않고 또 다른 교황 클레멘스 7세를 선출하였다. 동시에 2명의 교황이 생긴 것이다. 로마 계열과 아비뇽 계열의 분열로 인해 1409년 피사에서 모인 교회회의에서는 양측의 교황을 모두 폐하고 제3의 인물인 알렉산더 5세를 교황으로 선출하였지

그레고리우스 11세의 로마 귀환

만 양측이 모두 사임을 거부함으로써 교황이 모두 3명이나 되는 기현상까지 벌어졌다. 교회에 대분열이 일어난 것이다. 이 상황에서 교황의 권위라는 것은 더 이상 기대할 수도, 찾아볼 수도 없었다. 이런 상황에서 대두된 것이 콘스탄츠 공의회(1414-1418)에서 표출된 '공의회 우위설'이다. 이것은 교황 개인의 결정보다도 모든 주교의 회의인 공의회의 결정이 보다 우위에 있다는 이론으로서, 교황권이 약화되고 실추된 역사적인 위기 상황에서 나온 가톨릭교회의 이론적 산물이다.

이에 따라 콘스탄츠 공의회는 3명의 교황을 모두 폐위시키고 마르티누스 5세를 새로운 교황으로 선출하였다. 교황제도는 지금까지도 계속하여 이어져오고 있지만, 중세시대의 막강한 권력으로서의 교황청은 더 이상 존재하지 않는다.

**다스림인가, 섬김인가**

수도원제도와 더불어 중세교회를 지탱하던 기둥인 교황제도는 중세 전체를 통해 흥망성쇠를 경험하였다. 교황의 권력은 '카노사의 굴욕' 사건에서 보듯이 황제를 발아래 굴복시킬 정도로 강력하기도 하였고, '아비뇽 유수' 사건에서 보듯이 일국의 왕의 시녀 노릇을 할 만큼 초라하기도 하였다. 교황의 권력이 강했던 때라고 하여 반드시 교회가 교회다운 시기였다고 말할 수는 없다. 오히려 박해받던 초대교회가 교회다움을 더 잘 유지하고 있지 않았던가! 예수 그리스도께서는 섬김을 받으려 함이 아니라 섬기려 오셨기에, 그리스도인들의 공동체인 교회의 권위는 모든 사람을 다스릴 때가 아니라 모든 사람을 섬길 때 자연스레 생기는 것이다. 교회정치는 꼭 필요하다. 그러나 다스리기 위해서가 아니라 섬기기 위해서 필요하다.

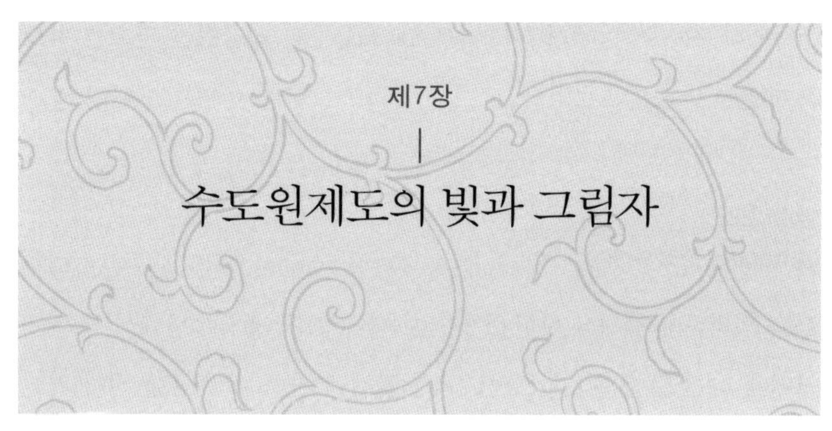

제7장

# 수도원제도의 빛과 그림자

콘스탄티누스가 그리스도교를 공인함으로써 지하에 숨어 있던 그리스도인들은 지상으로 올라오게 되었고, 이전에 박해받던 교회는 이제 특혜를 누리는 집단이 되었다. 이런 상황의 변화를 모든 사람이 기뻐한 것은 아니다. 그리스도교의 공인으로 말미암아 이전처럼 순교를 각오하고 믿음을 지키는 진실한 신자들은 찾아보기 어렵게 되고 무늬만 그리스도인인 신자들이 양산되지 않을까 우려하는 사람들이 있었다. 이처럼 그리스도교 신앙이 좁고 험한 십자가의 길이 아니라 넓고 편안한 영광의 길로 변해버린 상황을 비판적으로 인식한 사람들은 수도원운동에서 교회의 희망을 찾고자 하였다.

이집트의 사막은 바로 이 수도원운동의 요람이었다. 수도사(monk)라는 단어는 고독이라는 의미의 그리스어 모나코스(monachos)에서 유래하였다. 수도사들에게 하나님과 만나기에 가장 적합한 장소는 바로 고독한 사막이었던 것이다.

**안토니오스**
**(Antonios, 251?-356)**

수도원운동의 아버지라 불리는 안토니오스는 부유한 가정에서 태어났지만, 20세가 되던 해에 주님께서 부자 청년에게 하신 말씀 "네가 온전하고자 할진대 가서 네 소유를 팔아 가난한 자들에게 주라 그리하면 하늘에서 보화가 네게 있으리라 그리고 와서 나를 따르라"(마 19:21)는 말씀에 은혜를 받고 이를 그대로 실천하였다. 그리고 평생을 무덤에서, 동굴에서, 사막에서 고독한 수도자의 삶을 살았다. 안토니오스는 자신이 묻히는 장소를 비밀로 하고 자신의 전 재산인 겉옷 한 벌은 알렉산드리아의 감독 아타나시오스(Athanasios, 295?-373)에게 전하라고 유언하였다. 아타나시오스가 쓴 『성 안토니오스의 생애』는 안토니오스의 수도생활에 대해 잘 알려주고 있다.

안토니오스의 생애에서 인상적인 두 가지 이야기가 전해진다. 첫째는 안토니오스와 파울로스(Paulos)의 만남이다. 이집트 테베의 파울로스는 안토니오스보다 먼저 수도생활을 시작한 인물이다. 까마귀가 파울로스에게 하루도 거르지 않고 반 덩어리의 빵을 물어다주었는데, 어느 날 안토니오스가 파울로스를 방문하자 까마귀가 손님이 온 것을 알았는지 한 덩어리의 빵을 가져다주었다고 한다. 역사상 최초의 수도사였던 파울로스에 대해서는 히에로니무스(Hieronymus)가 쓴 『은수자 파울로스의 생애』에 잘 나와 있다. 히에로니무스에 따르면 파울로

사막의 수도자 안토니오스(왼쪽)
까마귀가 한 덩어리의 빵을 파울로스와 안토니오스에게 가져다주고 있다.(오른쪽)

스는 자신이 평생 입던 종려나무 잎사귀로 만든 겉옷을 안토니오스에게 물려주었고, 안토니오스는 부활절과 오순절에만 그 옷을 입었다고 한다. 두 번째 이야기는 안토니오스가 100살이 되던 해에 아레이오스 논쟁과 관련하여 당시 대도시였던 알렉산드리아를 방문했을 때의 일이다. 많은 사람들이 그에게 알렉산드리아에 머물러줄 것을 청하자 그는 "고기가 물을 떠나면 죽듯이, 은둔지를 떠난 수사도 죽게 마련입니다."라는 말을 남기고 사막으로 돌아갔다고 한다. 필자는 오래전에 이집트 사막의 성 안토니오스 수도원을 방문한 적이 있다. 1,700년의 역사를 지닌 성 안토니오스 수도원에서 아직도 수사들의 삶이 이어지고 있는 것을 보면서 한 사람이 역사에 얼마나 큰 영향을 미칠 수 있는지를 절감하였다.

**파코미오스**
**(Pachomios, 292?-346)** 안토니오스나 파울로스가 고독한 수도생활을 한 데 비해, 파코미오스는 처음으로 공동 수도생활을 시작하였다. 파코미오스의 수도원에 가입하려면 누구나 전 재산을 포기하고, 규율에 절대 복종하며, 상호봉사의 원칙에 따라 육체노동을 해야 했다. 그리고 식생활에서 고기는 일체 금지되었다. 수도사들의 일상생활은 노동과 예배로 이루어졌다. 경건생활의 이상으로는 "쉬지 말고 기도하라"는 바울의 명령을 채택하여, 빵을 굽거나 농사를 지으면서도 시편을 노래하고 성서구절을 암송하며 소리 내어 혹은 침묵으로 계속 기도하였다. 파코미오스의 『수도규칙』은 히에로니무스에 의해 라틴어로 번역되어 널리 소개되었는데, 동방 수도원제도의 아버지라 불리는 카이사레이아의 바실레이오스(Basileios, 329-379)의 『수도규칙』과 서방 수도원제도의 아버지 누르시아의 베네딕투스(Benedictus, 480?-547?)의 『수도규칙』에 적지 않은 영향을 미쳤다.

**마르티누스**
**(Martinus, 316-397)** 수도원의 이상을 일반화시키는 데 가장 뛰어난 모범을 보인 인물은 마르티누스였다. 세베루스(Sulpitius Severus)가 쓴 『성 마르티누스의 생애』는 수세기에 걸쳐 서유럽에서 가장 널리 읽힌 영향력 있는 책이었다. 마르티누스가 군인으로 있던 어느 날 헐벗고 병든 거지를 만났다. 당시 가진 돈이 없었던 마르티누스는 자신의 군용외투(cape, cappella)를 벗어 반으로 잘라 그 한쪽을 거지에게 주었

다. 전설에 따르면 그 후 군용외투 반쪽을 걸친 예수님이 마르티누스의 꿈속에 나타나 "나의 형제들 가운데 가장 작은 자에게 베푼 것은 곧 나에게 베푼 것이다."라고 말씀하셨다고 한다. 바로 이 사건에서 현재 우리가 작은 교회를 지칭할 때 사용하는 '채플'(chapel)이라는 말이 유래되었고, 작은 교회를 섬기는 목회자를 뜻하는 '채플린'(chaplain)이라는 말도 생겼다. 후에 마르티누스는 투르의 감독으로 선출되었는데, 감독이 된 뒤에도 그는 수도원적인 생활태도를 유지하였다. 그의 명성과 모범으로 인하여 많은 사람들은 진정한 감독이라면 바로 마르티누스와 같아야 한다고 확신하게 되었다. 그리하여 처음에 감독들의 세속성과 사치에 대한 저항으로 발생한 수도원운동이 결국 성직제도가 추구해야 할 이상으로 자리매김하게 된 것이다.

**베네딕투스**
**(Benedictus, 480?-547?)**

서방에서 수도원제도를 확립한 사람은 누르시아의 베네딕투스이다. 베네딕투스가 529년에 세운 몬테카시노(MonteCassino, '카시노 근처의 산'이라는 뜻) 수도원은 베네딕투스회의 모체이자 본부가 되었다. 서방의 수도원운동은 동방의 수도 전통과 비교할 때 보다 실질적이고, 공동체적이며, 교회와 세상에 활력을 제공하고 개혁하려는 경향이 강했다. 베네딕투스가 작성한 『수도규칙』은 서방 수도원의 기본 뼈대를 결정지었다. 최근에 작자미상의 『스승의 수도규칙』이 베네딕투스의 『수도규칙』보다 먼저 저술되어 영향을 끼쳤다는 주장이 제기되고 있지만, 설사 그렇다고 하더라도 베네딕투스의 『수도규칙』의 영향력과 중요성이 훼손되거나 감소되는 것은 결코 아니다.

베네딕투스는 기도가 수도생활의 핵심이라고 여겼기 때문에 하루에 8번 예배를 드리고 기도하는 것을 원칙으로 삼았다. 이를 거행하는 것을 성무일과(聖務日課)라고 부른다. 베네딕투스는 수도생활에서 기도와 더불어 노동을 강조하였다. "기도하고 일하라"(Ora et Labora)는 표어는 모든 베네딕투스회 수도사들의 기본 정신이었다. 베네딕두스회 수도사들은 아무리 사소한 일이라도 순번을 정해 공평하게 일하였다. 수도원 내에서 우선순위를 정해야 할 일이 생기면 해당 공동체에 얼마나 오래 머물렀는지에 따라 결정하였다.

서방 수도원제도의 아버지
누르시아의 베네딕투스

베네딕투스회 수도원에 들어가기 위해서는 세 가지 서약을 했는데, 첫째는 수도회에 영구히 귀의하겠다는 것이고, 둘째는 자발적 가난과 정절을 지키겠다는 것이고, 셋째는 대수도원장에게 절대 복종하겠다는 것이었다. 이를 통해서 베네딕투스 수도회는 질서를 유지하면서 영속성을 지닐 수 있었다. 수도사들은 고깔이 달린 검정색 겉옷을 입었고, 하루에 300g의 빵과 포도주 반 병을 양식으로 받았다. 매일 새벽 2시에 일어나 해가 진 후 잠들 때까지 예배와 기도, 독서, 노동으로 꽉

짜인 일상을 보냈다. 매일이 경건의 생활이라 여겼기 때문에 이들은 주일도 다른 날과 똑같이 보냈다.

**클뤼니 수도회**

초기 수도원의 순수한 이상은 시간이 가면서 점차 무뎌졌고, 교회는 물론이고 수도원까지도 신앙의 거점이라기보다는 어두운 미신의 온상으로 변질되어 갔다. 이러한 상황에서 타락하고 부패한 교황청과 수도원에 일대 개혁의 바람을 불러일으킨 것이 바로 클뤼니(Cluny) 수도원운동이었다. 클뤼니 수도원은 910년 아키텐의 공작인 기욤(Guillaume de Aquitaine)이 자신의 사냥터였던 클뤼니를 수도원 부지로 제공하면서 출발되었다. 클뤼니 수도원의 덕망 있는 수도원장들은 모든 성직자가 독신주의를 지켜야 한다고 강조하였으며, 가장 시급하게 근절해야 할 문제로 성직매매를 꼽았다. 이들의 지도 아래 클뤼니 수도원은 베네딕투스의 규율을 온전히 따름으로써 개혁의 불을 지폈다.

클뤼니 수도회는 점차 성장하여 한때 클뤼니에 400명이 넘는 수도사가 살았다. 12세기 중엽에는 최전성기를 맞아 전 유럽에 1,500개의 분원이 생겨날 정도로 큰 세력을 이루었으며, 이 수도회에 속하지 않은 수도원들조차 클뤼니회의 수도 관습을 채택하는 곳이 많을 정도였다. 이 수도회의 대수도원장 중에서 오도, 마욜루스, 오딜로, 위그 등 4명이 성인의 반열에 올랐고, 그레고리우스 7세, 우르바누스 2세, 파스칼리스 2세 등이 교황으로 선출되었을 정도로 영예를 누렸다. 그러나 13세기부터는 점차 쇠퇴하기 시작해 시토 수도회에 개혁의 주도권을 넘겨주게 되었다. 클뤼니 수도회는 그 후에 계속해서 쇠락의 길을 걸었다. 그러다가 프랑스혁명이 일어난 직후인 1790년 해산당하였으며, 현재는 과거의 규모를 짐작하게 해주는 약간의 유적지만 남아 있을 뿐이다.

클뤼니 수도회가 베네딕투스의 규율에 철저하려고 노력한 것은 사실이지만, 베네딕투스의 규율과 다른 면도 있었다. 베네딕투스에게 육체노동은 영성생활만큼 중요한 것이었지만, 클뤼니 수도회에서는 수도사가 노동에서 떠나 영성생활에만 전념하는 것을 보다 이상적인 것으로 보았다. 어쩌면 육체노동과 영성생활을 나눈 이 점이 바로 수도원운동을 본래의 궤도에서 이탈시킨 주범일지도 모르겠다. 또한 클뤼니 수도회는 베네딕투스와는 달리 가난의 문제에 대해 모호한 입장을 취하고 수도원의 재산축적을 용납함으로써 개혁운동의 실패에 가장 결정적인 원인을 제공하였다.

**시토 수도회**

시토(Citeaux)회는 베네딕투스의 수도규칙에 충실하고자 한 또 다른 수도회였다. 시토 수도회는 1098년 로베르투스(Robertus)에 의해 부르고뉴의 디종 근처 시토에서 개원한 수도원에서 비롯되었다. 시토 수도회는 12세기에 클레르보의 베르나르(Bernard of Clairvaux, 1090-1153)라는 걸출한 인물로 인해 크게 융성하였는데 베르나르의 영향력이 지대하였기 때문에 시토 수도회는 종종 베르나르파라고 불린다.

베르나르는 1113년에 시토 수도회에 가입한 뒤 수많은 수도원을 세웠으며, 아벨라르(Pierre Abélard, 1079-1142)와 신학적 논쟁을 벌였고, 십자군 원정을 독려하였으며, 교황청보다 높은 권위를 바탕으로 교회개혁을 주도하였다. 로마가톨릭교회는 그를 성인인 동시에 교회의 가르침에 결정적인 영향을 끼친 '교회박사'(Doctor Ecclesiae)로 선언하였다. 신학적으로 베르나르는 매우 보수적인 입장을 견지하였지만, 몇 가지 점에서는 로마교회의 입장에서 벗어날 만큼 자유로운 주장을 펴기도 하였다. 그는 마리아의 무원죄 잉태설을 부정하였고, 세족식을 성례들 가운데 하나로 간주하였으며, 세례 받을 기회가 없을 경우 세례가 구원에 절대적으로 필요한 것은 아니라고 주장하기도 하였다.

클레르보의 베르나르

베르나르는 또한 그리스도에 관한 명상에 전념한 신비주의자였다. 베르나르가 작시한 찬송시 중에서 3곡이 현재 우리가 사용하는 찬송가에 포함되어 있는데 85장(구주를 생각만 해도), 145장(오 거룩하신 주님), 262장(날 구원하신 예수님)이 그것이다. 이 3곡은 모두 예수 그리스도에 대한 묵상이다. 이와 같은 베르나르의 그리스도 중심성 때문에 종교개혁자 루터조차도 베르나르가 수사 서약보다는 그리스도께서 값없이 베푸신 구원의 은혜를 더욱 의지했다고 높이 칭송하였다. 또한 루터는 "자신이 설교에 참조하는 모든 박사 가운데 베르나르가 가장 뛰어나며 심지어 아우구스티누스도 능가하는데, 그 이유는 그가 그리스도를 가장 훌륭하게 전하기 때문"이라고 말하였다. 수도사들에 대해 매우 비판적이던 루터도 "베르나르는 누구보다도 예수를 사랑했다." 고 말할 만큼 베르나르는 그리스도 중심적인 신비주의자였다.

시토 수도회는 베르나르 외에도 2명의 교황 유게니우스 3세와 베네딕투스 12세를 배출하는 등 중세시대에 큰 영향력을 행사했지만 13세기로 접어들면서부터 프란체스코와 도미니쿠스가 세운 탁발(托鉢) 수도회들의 왕성한 활동의 그늘에 가리게 되었다. 프랑스혁명 이후에는 클뤼니회와 마찬가지로 탄압을 받아 쇠락의 길로 접어들었다.

### 프란체스코 수도회 (작은 형제들의 수도회)

이 위대한 수도회의 창설자인 프란체스코(Francesco, 1181?-1226)의 본명은 지오반니(Giovanni)이다. 그의 아버지가 프랑스와 상거래를 하였고 어머니는 프랑스 여인이었기 때문에, 그의 고향인 이탈리아의 아시시에서는 그를 작은 프랑스인, 즉 '프란체스코'라고 불렀다. 그리하여 지오반니는 '아시시의 프란체스코'라고 불리게 되었다. 그는 철저한 자발적 가난과 이를 통한 기쁨의 생활을 추구하였다. 프란체스코가 친구와 나눈 대화는 이를 잘 보여준다. "왜 그렇게 기뻐하고 있지?" "결혼했기 때문이지!" "누구하고?" "가난이라는 귀부인!" 프란체스코는 1209년에 뜻을 같이하는 11명의 동료들과 함께 『삶의 방식』이라는 수도 회칙을 정하고 교황 인노켄티우스 3세에게 구두 허락을 받아 산 다미아노 성당에서 '작은 형제들의 수도회'를 설립하였다. 그 후에 수도 회칙을 개정하여 1223년 교황 호노리우스 3세에게서 정식으로 수도회 인가를 받았다.

프란체스코 수도사들의 생활은 설교하고(preaching), 찬양하고(singing), 구걸하는(begging) 것이었다. 복음을 전파하고, 하나님께 찬양하고, 복음적인 가난의 삶을 사는 것이 그들의 목표였다. 이를 통해 13세기 교회와 수도원 개혁운동에 동력을 제공하였다. 프란체스코는 아시시 귀족의 딸인 클라라(Clara, 1194-1253)를 제자로 받아들여 여성들을 위한 수도회 클라라회를 설립하도록 도왔으며, 팔레스타인 방문을 위해 술탄을 설득하기도 했다. 또한 그는 우리가 잘 알고 있는 "주여 나를 평화의 도구로 써주소서"로 시작되는 〈평화를 위한 기도〉를 썼고, 모든 자연을 형제자매라 부르며 자연에 대한 뜨거운 사랑을 경

아시시의 성녀 클라라(왼쪽)
오상(五傷)의 흔적을 받는 아시시의 프란체스코(오른쪽)

건한 심정으로 담아낸 〈태양의 찬가〉라는 시를 작시하기도 하였다. 특히 프란체스코가 예수 그리스도를 닮기를 간절히 사모하며 기도하다가 1224년 그리스도께서 십자가에서 입으신 오상(五傷, 양손과 양발과 옆구리의 상처)의 흔적을 받게 되었다는 이야기는 유명하다. 이처럼 프란체스코의 명성에 힘입어 수도회는 급속하게 성장하였다. 보나벤투라(Bonaventura), 둔스 스코투스(Johannes Duns Scotus), 윌리엄 오컴(William Ockham) 등도 프란체스코 수도회 출신들이다.

그러나 프란체스코가 죽은 뒤 상황은 달라졌다. 프란체스코를 흠모하여 수많은 사람들이 유산을 남기면서 수도회가 부유해지자, 프란체스코가 남긴 가난의 유언을 지켜야 한다는 '엄수파'와 상황이 변했으니 재산의 소유권은 아니더라도 사용권은 가져야 한다는 '온건파'가 대립하게 되었다. 엄수파 중 일부는 피오레의 요아킴(Joachim da Fiore, 1132?–1202)의 가르침을 수용하면서 '성령파'로 불리게 되었다. 16세기에 이르면 수도회의 재산소유를 부인하는 '작은 형제회', 재산소유를 인정하는 '콘벤투알회', 철저한 청빈과 엄격한 생활을 강조한 '카푸친회' 등으로 나누어지게 된다.

**도미니쿠스 수도회**
**(설교자들의 수도회)**

프란체스코와 동시대인으로서 또 다른 중요한 인물이 바로 스페인 출신의 도미니쿠스(Dominicus, 1170–1221)이다. 일찍이 이탈리아 르네상스의 선구자인 단테(Alighieri Dante)는 프란체스코를 사랑으로 세상을 타오르게 한 '열정'으로 묘사하고, 도미니쿠스를 세상에 빛을 가득 채운 '광명'으로 묘사하였다. 프란체스코가 학문이 겸손을 와해시킬까 두려워한 반면, 도미니쿠스는 학문의 탐구를 강조하였다. 왜냐하면 이를 통해서만 이단을 반박하고 정통신앙을 지킬 수 있다고 믿었기 때문이다. 프란체스코가 온유하고 겸손한 것으로 유명했다면, 도미니쿠스는 냉철하고 근엄하다는 평을 들었다.

도미니쿠스회는 1216년 교황 호노리우스 3세의 정식 인가를 받은 뒤 급속히 유럽 전역으로 퍼졌으며, 프란체스코회와 더불어 중세교회와 수도원을 지탱하는 근간이 되었다. 도미니쿠스 수도회는 설교, 교훈, 교육 그리고 신학 탐구에 열중하여 특별히 많은 학자들을 배출한 수도회가 되었다. 중세의 대표적인 스콜라 신학자 아퀴나스(Thomas Aquinas)와 알베르투스(Albertus Magnus), 신비주의 신학자 사보나롤라(Girolamo Savonarola), 에크하르트(Meister Eckhart), 타울러(Johannes Tauler) 등이 바로 도미니쿠스 수도회 출신들이다.

프란체스코회와 도미니쿠스회에는 기존의 수도회들과 구별되는 몇 가지 특징이 있다. 절대 청빈의 표현으로 탁발(구걸)을 표방했다는 점, 세상으로부터 유리되기보다는 세상 안으로 뛰어들었다는 점, 평신도 형제회라는 점, 교육활동에 힘을 쏟았다는 점, 교황청에 직속되었다는 점이다. 교황청에 직속됨으로써 얻는 이익도 있었지만, 수도회가 정치화되거나 종교재판소의 수족이 되어 수구세력의 방패막이로 변질되는 폐단이 일어나기도 하였다. 때문에 15세기 초반의 위대한 교사였던 장 제르송(Jean Gerson)은 교회를 박해하는 네 장본인으로 독재자, 이단, 적그리스도, 탁발 수도회를 언급하기까지 하였다.

**수도원운동의 명암**

수도원운동은 4세기 초에 시작되어 종교개혁시대에 이르기까지 1,000년이 넘는 기간 동안 중세교회를 떠받치는 기둥 역할을 하였다. 수도원이 남긴 족적은 교회사 전반에 너무나 깊이 각인되어 있기에, 교회사에 관심이 있는 사람이라면 어느 누구라도 수도원에 무관심할 수 없을 것이다. 수도원은 제도권 교회에 대한 비판과 대안을 제시하면서 어두운 현실을 밝히는 등불이었고, 교회사에 큰 영향을 남긴 위대한 성인과 학자들과 선교사들을 배출한 학교였으며, 가난한 사람들과 병든 사람들을 돌보는 구빈원이기도 하였다.

그러나 수도원이 역사를 통해 적극적이고 긍정적인 역할만을 한 것은 결코 아니다. 다른 측면에서 수도원은 종종 개인적 영웅주의에 기초한 극단적 금욕주의라는 함정에 빠지기도 하였다. 누가 더 오래 금식했는지, 누가 더 극심한 고행을 견뎌냈는지 하는 영웅담이 횡행했다. 시리아의 '기둥 위의 성자' 시메온(Symeon)은 높이가 10m를 넘고 직경은 겨우 90cm밖에 되지 않는 기둥 위에서 36년 동안 살았다고 하고, 소 시메온(Symeon the younger)은 무려 68년을 기둥 위에서 지냈다고 한다. 어떤 사람은 일절 먹지도 않고 말하지도 않는 극단적인 금욕생활을 하다가 치아에서 벌레가 기어나왔다고 하며, 또 다른 사람은 멧돼지의 가죽도 뚫는다는 아프리카 모기가 우글거리는 습지에서 오랜 세월 맨몸으로 고행하였고 그러다 모기에 너무 많이 물려 얼굴을 알아볼 수 없게 되자 목소리로 겨우 그 사람인지를 식별할 수 있었다고 한다. 마치 무슨 기인열전을 읽는 느낌이다. 이와 같은 도덕적 영웅주의는 영적 허영심을 만족시키고 기껏해야 자기 의를 자랑하도록 만들 뿐이며 복음이 가르쳐준 구원의 도리와는 무관한 것이다. 더욱이 후대로 갈수록 수도원은 미신과 무지와 방탕의 산실로 변해버렸다. 필립 샤프(Philip Schaff)는 "수도원이 초창기에 끼친 유익이 후기의 해악과 저울질할 때 과연 남는 것이 있을지 의문이 든다. 후기에 그들은 게으름과 오만과 무지의 대명사였다."라고 평가하였다. 이처럼 역사상 수도원제도에는 빛과 그림자가 공존하였다.

**영성 르네상스**

수도원운동은 단지 고대와 중세교회의 유산만은 아니다. 개신교 종교개혁자 루터가 아우구스티누스회 수도사인 동시에 베르나르 예찬자였다는 사실만으로도 수도원운동이 종교개혁과 깊은 연관을 가지고 있음을 능히 짐작할 수 있다. 사실상 16세기 개신교 종교개혁자들은 수도원의 학생이자 수도원제도의 자녀였다. 가톨릭교회 내에서도 16세기에 아빌라의 테레사(Teresa of Avila, 1515-1582)를 통해 카르멜 수도회(Carmelite)의 개혁이 일어나고, 로욜라의 이냐시오(Ignacio of Loyola, 1491-1556)를 중심으로 한 예수회(Jesuits)의 활동에 힘입어 수도 전통을 새롭게 정비하고 발전시키는 움직임이 있었다.

오늘날에는 '영성 르네상스'라고 할 만큼 영성과 경건에 대한 관심이 고조되고 있다. 이에 따라 신비주의 사상이나 수도원운동이 새롭게 각광을 받고 있다. 신학교에서는 영성 훈련을 실시하면서 영성과 관련된 교과목들을 인기리에 개설하고 있으며, 교회 현장에서도 영성 훈련과 관련된 프로그램들을 운영하고 있다. 이러한 때에 수도원운동의 공과(功過)를 잘 구별하여 긍정적인 것들은 잘 발전시켜 나가면서 역사에 나타났던 부정적인 함정에는 빠지지 않도록 각별히 주의해야 할 것이다. 또한 성속(聖俗)을 분리시키는 이원론적인 영성 이해보다는 기도와 생활, 관상과 실천을 통합시킬 수 있는 통전적 영성을 형성해가야 할 것이다.

제8장

# 하나님이 원하신다! 하나님이 원하신다?

## 중세의 십자군전쟁(1096-1291)

**성전(聖戰)인가, 침략(侵掠)인가** 중세의 전성기에 일어난 십자군전쟁은 교회사에서 가장 흥미로우면서도 암울한 장면 중 하나에 속한다. 십자군전쟁은 당시 이슬람 세력 아래 있던 성지 예루살렘을 탈환하려는 목적으로 서방의 교황이 주창하고 왕들과 기사들과 민중들이 열렬히 호응하여 일으킨 전쟁으로, 1096년 1차 십자군 원정으로 시작해 1291년 서방이 점령하고 있던 아크레가 함락되기까지 근 200년 동안 지속되었다. 이 전쟁에 참가한 사람들이 십자군이라고 불리게 된 것은 이들이 옷과 깃발에 십자가를 새겨넣고 출정하였기 때문이다. 서방 그리스도교의 입장에서 본다면 십자가를 앞세운 성전(聖戰)이겠지만, 이슬람의 입장에서는 프랑크인들의 침략이요 약탈행위였다. 이슬람교인들이 이 전쟁을 프랑크인들의 침략이라고 부르는 이유는 십자군에 참여한 주력군이 프랑스인들이었기 때문이다. 과연 십자군전쟁은 왜 일어났고, 어떻게 진행되었으며, 무슨 결과를 남겼는가? 그리고 우리는 십자군을 어떻게 바라보아야 하는 것일까?

**십자군전쟁의 동기**

십자군전쟁이 일어나게 된 직접적인 동기는 1095년 동방의 황제였던 알렉시우스 콤네누스(Alexius Comnenus)가 교황 우르바누스(Urbanus) 2세에게 지원을 요청하기 위해 보낸 편지였다. 당시 알렉시우스는 이슬람 세력에게 예루살렘과 안티오케이아(안디옥)와 에데사를 빼앗기고 자신의 권좌마저 위협을 받고 있었기에, 서방으로부터 얼마간 군사적인 원조를 받고자 했다. 그런데 서방은 소규모의 지원군을 파병한 것이 아니라 성지 예루살렘을 이슬람의 수중에서 되찾을 목적으로 엄청난 규모의 십자군을 파병하였다. 아마도 알렉시우스 자신도 예상을 뛰어넘는 엄청난 규모의 군대에 적잖게 놀랐을 것이다.

알렉시우스의 편지가 표면적인 동기로 작용한 것은 사실이지만, 이 전쟁의 배후에는 보다 실질적인 다양한 동기가 숨어 있다. 첫째로, 교황은 십자군 파병을 통해 동방교회를 서방교회에 흡수하고자 하는 욕심을 품었다. 일찍부터 라틴어를 사용하던 서방교회와 그리스어를 사용하던 동방교회는 언어적인 차이뿐만 아니라 문화적, 의식적, 교리적 차이들로 인해 갈등을 빚다가 1054년 공식적으로 결별을 맞은 터였다. 교황 우르바누스는 이번 기회에 대규모의 십자군을 동방에 보내어 서방의 위력을 과시하고 로마교회의 우위를 보여줌으로써 동방교회를 서방교회 안으로 끌어들이고자 한 것이다. 이를 통해 온 세계에 흩어져 있는 전체 교회에 대한 로마 교황의 수위권을 분명하게 천명하려는 의도가 있었다.

둘째로, 사람들의 시선을 밖으로 돌림으로써 당시 서유럽에 팽배하던 반목과 갈등을 잠재우고 내부적인 평화를 모색하려는 의도가 있었다. 당시 서유럽은 중세 봉건 영주들과 기사들 사이에 전쟁이 지나치게 빈발하는 상황에서, 비전투원에 대한 공격을 금지하거나 특정한 축일에는 전투 행위를 하지 못하도록 하는 등 소위 "신의 평화" 운동이 전개되고 있는 실정이었다. 이런 때에 십자군전쟁은 내부의 전쟁 열기를 외부로 방출시킬 수 있는 좋은 구실이었다. 더욱이 하나님의 영광과 그리스도교의 대의를 위한다는 명분까지 더해진다면 금상첨화가 아닐 수 없었다. 또한 십자군 출병은 당시 봉건적인 장자상속법으로 인해 장남에게만 부친의 영지가 상속되어 불만에 차 있던 차남 이하 아들들의 눈을 동방으로 돌리게 해주었고 그들에게 그것은 새로운 기회로 다가왔다. 여기에 십자군에 참여하면 죄를 사면해주고, 부채를 탕감해주고, 세금을 면제해주는 등 여러 혜택을 베푼다고 교황청이 발표하자 기사들뿐만 아니라 수많은 평민들까지 동방으로 떠나는 십자군에 자원하게 되었다.

셋째로, 예루살렘 성지의 회복이라는 목표가 십자군의 핵심적인 동기였다. 당시 서유럽에는 성지순례가 유행처럼 번져 있었다. 특히 예수 그리스도의 자취가 남아 있는 예루살렘 순례는 순례자들에게 영적인 복락뿐 아니라 현실적인 행복까지 가져다주는 것으로 여겨져 일생의 목표와 같은 것이었다. 예루살렘은 세상의 중심에 위치한 거룩한 하나님의 도시로 여겨졌다. 그런데 이슬람이 예루살렘을 차지하고서 순례자들을 박해한다는 흉흉한 소문이 돌아 서방의 민심을 술렁이게 했다. 이 소문은 다분히 과장된 측면이 있는 것으로 보이는데, 당시 순례자들로 인한 경제적 수입에 의존하고 있던 이슬람이 순례자들을 박해하기란 사실상 어려운 일이었고 설사 박해가 있었다고 하더라도 그것은 몇몇 예외적인 경우에 불과한 일이었기 때문이다. 그러나 예루살렘을 되찾기 위해 십자군을 파병하려는 교황의 입장에서 이 박해의 소문은 너무나 유용한 전쟁의 명분거리였고, 거기에 살과 피를 붙여서 더욱 증폭시킬 필요가 있었다.

넷째로, 정치적이며 경제적인 동기가 십자군 파병을 부채질하였다. 일부에서는 오래전부터 진행되어 온 레콩키스타(Reconquista, 국토회복운동으로 8세기 초 이베리아 반도 대부분을 점령한 이슬람교도들로부터 영토를 되찾기 위해 중세 그리스도교 국가였던 스페인과 포르투갈이 벌인 전투)의 연속선상에서 십자군을 이해하고자 하였다. 이들에게는 그리스도교의 요람과 같은 예루살렘을 회복하는 일이야말로 매우 시급하고 필요하고 정당한 일이라 여겨졌다. 또한 동방의 비단과 종이와 향료를 가져다가 장사하여 한 밑천 잡으려는 장사치들과, 팔레스타인과 콘스탄티노플에 보존되어 있는 성유물에 관심을 가진 사람들도 각자의 관심 때문에 십자군의 대열에 참여하였다.

중세시대의 TO 지도. 중세인들은 둥근 땅에 T형으로 바다가 있으며, 중앙에는 영원의 도시 예루살렘이 있다고 믿었다.

우르바누스 2세가 클레르몽공의회를 주관하고 있는 모습

이처럼 다양한 동기들이 한데 얽혀서 마침내 십자군 원정을 낳았다. 1095년 11월 클레르몽공의회에서 우르바누스 2세는 십자군전쟁을 호소하는 감동적인 설교를 하였다. 이 설교를 들은 군중들은 한 목소리로 "그것이 하나님의 뜻입니다."(Deus Le Volt)라고 화답하였고, 교황은 "과연 그것이 하나님의 뜻입니다. 여러분은 십자가의 군병들입니다. 가슴이나 어깨에 피 묻은 십자가를 착용하십시오. 다시는 취소할 수 없는 서약의 증표로, 하나님의 도움이 결코 여러분을 버리지 않는다는 표지로 그것을 착용하십시오."라고 말하였다. 이렇게 십자군 전쟁은 시작되었다.

**십자군전쟁의 전개**

클레르몽공의회가 열린 이후 얼마 지나지 않아 제1차 십자군(1096-1099)이 예루살렘 탈환을 목표로 출정하였다. 그런데 본대에 앞서서 수많은 농민들과 군중들로 구성된 십자군이 먼저 출발하였고, 이 군중십자군의 지도자는 프랑스 아미앵 출신의 은자(隱者) 피에르였다. 이들은 예루살렘으로 가는 방향을 몰라 무작정 동쪽으로 가다가 독일의 마인츠에서 유대인을 학살하는 만행을 저지르게 되는데, 이것이 서유럽에서의 반(反)유대주의의 효시였다. 이들 군중십자군은 베오그라드를 비롯하여 가는 곳마다 약탈을 일삼다가 결국 니케아 부근의 제리고르돈 요새와 키보토스 요새에서 전멸당하고 만다. 하지만 레몽, 고드프루아, 보에몽과 같은 유명한 기사들이 이끄는 본대가 뒤이어 와서 작은 승리에 도취해 있던 니케아와 안티오케이아를 공략하여 점령한다. 안티오케이아 전투는 대단히 힘들었지만, 다행히도 이슬람 군영에서 망루를 지키던 피루즈(Firouz)라는 자의 배신 덕분에 성을 함락할 수 있었다. 또한 안티오케이아에서 십자가에 달리신 예수를 찔렀던 병사 롱기누스의 창을 발견하게 되면서 십자군의 사기가 충천하여 1099년 7월 15일 마침내 예루살렘을 함락시키는 데 성공하게 된다. 그러나 그곳에서 이어진 약탈과 살육은 십자군의 이름에 지울 수 없는 오점을 남긴다. 당시 예루살렘 성전 지역에서 학살당한 사람들의 피가 사람들의 무릎까지, 말의 고삐까지 차올랐다고 전해진다.

제1차 십자군이 예루살렘을 정복하면서 동방에 서방의 식민지가 세워지게 되었다. 이것은 서유럽 식민주의 역사에 첫 장을 여는 일이었다. 예루살렘에 세워진 라틴 왕국의 최초 수장은 부용의 고드프루아(Godefroy)였는데, 그는 왕이라는 칭호 대신에 '성묘(聖墓)의 수호자'로 불리고자 했다. 고드프루아가 1년밖에 살지 못하고 죽자 그의 동생이자 에데사의 백작인 보두앵이 1100년 성탄절에 베들레헴의 예수탄생교회에서 새로운 왕으로 즉위하였다. 그 후 예루살렘의 라틴 왕국은 1187년 10월 2일 살라딘에게 점령될 때까지 87년 동안 존속하게 된다. 제1차 십자군은 성지 탈환이라는 목표는 달성하였지만, 유대인과 이슬람교도들에 대한 무자비한 살육으로 인해 빛을 잃었다.

십자군은 예루살렘뿐만 아니라 에데사, 안티오케이아, 트리폴리스에도 식민 국가를 건설하였는데, 1144년 이슬람에 의해 에데사 백작령이 무너지자 제2차 십자군(1147-1148)이 출정하였다. 이때 십자군

원정을 독려한 사람이 시토 수도회의 지도자인 클레르보의 베르나르(Bernard of Clairvaux)였다.

베르나르의 설교에 감화를 받은 독일 황제 콘라트 3세와 프랑스 왕 루이 7세를 중심으로 많은 참가자들이 모였고, 루이의 왕비였던 엘레오노르와 여러 귀부인들도 십자군 부대에 동참하였다. 하지만 십자군은 내부의 반목으로 인해 아무런 성과도 거두지 못한 채 이슬람군에게 패배하고 말았다. 원정 실패 소식을 전해 들은 베르나르는 십자군과 그리스도교 세계에 만연한 죄를 하나님께서 심판하신 것이라고 평하였다.

1187년 이슬람의 영웅 살라딘에 의해 예루살렘을 빼앗기게 되자, 성지 재탈환을 위해 잉글랜드의 사자심왕 리처드 1세, 프랑스의 존엄왕 필리프 2세, 독일의 붉은수염왕 프리드리히 1세를 중심으로 제3차 십자군(1189-1192)이 결성되어 지중해 항로를 이용하여 출정하였다. 그러나 원정 도중 프리드리히는 사고로 익사하고 필리프 2세는 1191년 아크레를 탈환하자 자신의 임무가 끝났다면서 귀국해버려 3차 십자군은 사실상 '리처드의 십자군'이 되고 만다. 사자심왕 리처드는 어차피 예루살렘을 점령해봤자 얼마 가지 못해 다시 이슬람 세력에게 빼앗길 것이라고 판단해 살라딘과 휴전협정을 체결하였고, 이로써 예루살렘 재탈환 작전은 실패로 끝나고 말았다. 십자군 이야기 중에서 가장 유명한 제3차 십자군전쟁은 영화 〈킹덤 오브 헤븐〉(Kingdom of Heaven)의 배경이 된다.

제4차 십자군(1202-1204)은 흔히 '방향전환 십자군'이라고 불린다.

성지 예루살렘을 탈환하려는 본래의 목적에서 벗어나서 동방의 중심이던 콘스탄티노플을 점령하고 거기에 라틴제국을 건설하는 엉뚱한 결과를 초래하였다. 베네치아인의 상업지상주의에 이끌려 같은 그리스도인 형제들의 나라인 헝가리와 콘스탄티노플을 공격하는 어처구니없는 일이 벌어진 것이다. 1204년 4월 12일 콘스탄티노플은 십자군의 무자비한 약탈과 고삐 풀린 욕정에 희생되었고, 성 소피아 성당의 보물들을 비롯하여 수많은 유물들이 서유럽으로 옮겨졌다. 이렇게 해

제4차 십자군이 콘스탄티노플을 공격하고 있다.

서 세워진 콘스탄티노플의 라틴제국은 1261년 비잔틴제국의 반격으로 멸망될 때까지 57년간 지속되었다. 이 사건으로 인해 동방과 서방교회의 골은 회복할 수 없을 정도로 깊어졌으며, 그 와중에서 많은 힘을 소진할 수밖에 없었던 비잔틴제국은 결국 1453년 이슬람 세력에 의해 완전히 멸망당하고 만다. 서유럽과 이슬람 제국 사이에서 완충 역할을 해주던 비잔틴제국이 멸망하자 두 세력은 이제 직접적으로 부딪힐 수밖에 없게 되었다. 2001년 로마 교황 요한 바오로 2세는 그리스를 방문하여 과거 십자군에 의한 침략과 학살 그리고 약탈행위에 대해 동방교회에 정식으로 사과하였다.

제5차 십자군(1217-1221)도 성지 예루살렘을 향한 것이 아니라 이슬람의 본부 격인 이집트를 공격했다는 점에서 방향전환 십자군이었다. 이 십자군은 헝가리, 독일, 노르웨이, 덴마크 그리고 예루살렘의 라틴왕국이 협력하여 이집트 북부 도시 다미에타를 점령하는 성과를 거두었다. 이집트는 다미에타와 예루살렘의 교환을 조건으로 십자군의 철수를 요구했으나 십자군은 지원파병을 약속한 독일의 프리드리히 2세를 믿고 이 조건을 거부하였다. 결국 십자군은 이슬람 군대의 반격과 나일 강의 홍수 때문에 다미에타마저 빼앗기고 패퇴하고 말았고, 지원군 파병의 약속을 지키지 않은 프리드리히 2세는 교황에게 파문을 당했다. 당시 아시시의 성자 프란체스코가 1219년 십자군과 함께 무방비 상태로 이집트로 가서 이슬람 지도자인 술탄 말리크 알 카밀(Malik-al-Kamil)을 만나 평화로운 해결을 도모하다가 포로로 잡힌 일이 있었는데, 술탄은 그를 성인으로 여겨 풀어주었다.

제6차 십자군(1228-1229)은 교황으로부터 파문을 당한 프리드리히 2세가 뒤늦게 이집트 원정에 나선 것으로, 공식 십자군으로 간주하지 않는 경우도 있다. 당시 이집트의 술탄 알 카밀은 내란으로 골치를 썩고 있던 상황인지라 프리드리히 2세의 교묘한 외교술책에 휘말려 피를 흘리지 않고 평화조약을 체결하였다. 이로써 프리드리히는 예루살렘의 통치권을 넘겨받고 1229년 예루살렘에 무혈 입성하였다. 예루살렘 성지를 회복한다는 십자군의 본래 목적에서 보자면 이번 원정은 성공한 셈이다.

하지만 파문당한 황제와 현지 제후의 대립, 출신지를 달리하는 여러 사람들 사이의 불화가 표면화되어 왕국은 무정부상태의 혼란에 빠지게 되고, 결국 1244년 예루살렘은 15년 만에 다시 이슬람의 손에 넘어가고 만다. 십자군이 예루살렘 회복이라는 당초의 목적을 달성한 기간은 제1차 십자군 원정으로 인한 점령기(1099-1187)와 제6차 십자군원정으로 인한 점령기(1229-1244)뿐이었다.

제7차 십자군(1248-1254)과 제8차 십자군(1270)은 성(聖) 루이로 알려진 프랑스 루이 9세의 신앙심에서 비롯되었다. 루이는 수도사의 경건과 기사도를 겸비한 인물로 그리스도교 군주의 전형과 같은 인물이었다. 십자군전쟁과 관련이 있는 지도자들 가운데 클레르보의 베르나르를 제외하고는 유일하게 성인의 반열에 오를 정도로 신앙심이 깊은 군주였다. 루이 9세는 "예루살렘의 열쇠는 카이로에 있다."는 전략개념 아래 이집트와 튀니스(튀니지의 수도)를 향해 진격했으나 1250년에 포로로 잡혀 막대한 배상금을 지불하고서야 겨우 석방되었고, 1270년

원정에서는 튀니스에서 병사하고 말았다. 이후 십자군이 점령한 안티오케이아, 트리폴리아를 이슬람에게 차례로 내어주게 되었고, 1291년에는 팔레스타인에 남은 예루살렘 왕국의 마지막 거점이던 아크레마저 함락당함으로써 사실상 십자군전쟁은 막을 내렸다.

**십자군전쟁의 결과와 평가**

거의 200년 동안 지속된 십자군전쟁은 긍정적이든 부정적이든 그리스도교 세계와 이슬람 세계에 엄청난 파급 효과와 후유증을 남겼다. 십자군이 끼친 긍정적인 영향을 굳이 찾아본다면 첫째로, 서유럽인들의 시야를 넓혀주었다는 점이다. 당시 자신들의 세계 안에만 갇혀 있던 서유럽인들은 십자군 참전을 통해 비잔틴과 이슬람 문화를 경험하게 되었고, 이로 인해 학문과 문학 등 정신사 전반에 걸쳐 자극을 받아 새로운 사고의 지평을 열게 되었다.

둘째로, 십자군은 사람들로 하여금 일신과 가족의 안위만을 생각하는 이기적인 삶에서 벗어나서 숭고한 공동의 대의를 위해 신앙심을 발휘하는 경험을 하게 만들었다. 비록 그 대의가 누군가의 의도에 따라 얼마간 조작된 것이라고 할지라도 말이다. 무엇보다 제1차 십자군의 성공은 서유럽인들에게 자신감을 고취하는 데 이바지하였다.

셋째로, 십자군은 경제적인 측면에서는 새로운 무역활동의 무대를 제공함으로써 서유럽에 번영을 가져다주었고, 정치적으로는 민족주의가 싹틀 수 있는 여건을 마련해주었다. 그러나 이러한 효과들은 모두 서유럽인의 입장에서 볼 때만 의미가 있으며, 그나마 십자군 원래의 목적이 아니라 모두가 부수적으로 일어난 현상일 뿐이다.

이에 반해 십자군전쟁의 부정적인 폐해는 훨씬 심각했다고 할 수 있다. 첫째로, 십자군은 교황권의 쇠퇴에 영향을 미쳤다. 처음에 십자군이 일어날 때 교황권의 성장에 힘입은 바 컸는데, 이제 이 십자군이 퇴락하고 약화되자 교황권도 덩달아 쇠퇴하게 되었다. 결국 교황의 권위가 십자군의 흥망에 좌우되는 형국이 된 것이다.

둘째로, 십자군이 급속히 발전시킨 면벌부 제도가 교회에 올무가 되었다. 교황은 십자군에 참여하는 사람뿐만 아니라 그 부모에게까지 벌의 사면을 약속하고 또한 물질로 십자군을 후원하는 사람들에게도 동일한 면벌을 약속하는 등 사면권을 남발하였다. 1209년 인노켄티우스 3세 때에는 프랑스 남부의 알비파 이단을 정벌하기 위해 떠나는 십자군에게도 면벌을 약속하였고, 1300년에는 보니파키우스 8세가 주재한 희년 행사의 일환으로 로마를 순례하는 모든 사람에게까지 대사면(大赦免)을 허용하였다. 이와 같은 면벌부의 남발로 인해 이후 로마가 톨릭은 종교개혁자들의 공격을 자초하게 된다.

셋째로, 십자군은 그리스도교와 이슬람교 사이의 적대감을 고조시켜 이슬람 근본주의가 성장하는 데 한몫하였다. 두 세계 사이에 지금껏 지속되고 있는 적대적 긴장관계는 바로 십자군전쟁의 쓰라린 경험에서 연원된 것이다.

넷째로, 십자군은 서유럽 식민주의 역사의 첫 출발인 동시에 유대인 박해의 시작이었다. 예루살렘과 콘스탄티노플을 약탈하고 세운 라틴제국은 유럽의 제국주의적인 식민지 개척의 신호탄과도 같았으며,

십자군이 저지른 유대인 박해의 망령은 이후 역사 속에서 반복적으로 등장하게 되었다.

십자군전쟁은 당시 지배층의 정치적 욕심, 기사계급의 물질적 욕구, 순진한 민중들의 종교적 열망 등이 한데 뒤섞여 만들어낸 거대한 집단적 욕망의 분출이었다. 마치 온 세상이 마법에 걸린 것처럼 십자군에 열광하던 그 당시에도 십자군에 대한 반대의 목소리는 있었다. 요아킴(Joachim da Fiore)은 교황들이 업적을 쌓기 위한 구실로 십자군을 이용한다고 비판하였으며, 룰루스(Raymundus Lullus)도 무력 사용에 반대하면서 "성지 정복은 그리스도와 사도들이 사용하신 방법으로만 시도해야 한다. 그 방법이란 기도와 눈물이요, 우리 목숨을 드리는 것이다."라고 주장하였다. 또한 일군의 사람들은 십자군이 겪게 된 재앙들은 그것이 하나님의 뜻이 아니었음을 입증하는 것이라고 선포하였다.

십자군이 내걸었던 기치의 관점에서 볼 때 십자군은 분명 실패하였다. 성지 예루살렘을 결국 얻지 못했다는 점에서 실패였고, 이슬람의 진격을 항구적으로 저지하지 못했다는 점에서도 실패였으며, 동방과 서방의 분열을 치유하지 못했다는 점에서 또한 실패였다. 더군다나 이 전쟁이 서유럽인, 비잔틴인, 아랍인, 유대인 모두를 불행하게 만들었다는 사실은 그 실패를 더욱 공고하게 한다. 하지만 무엇보다 십자군이 그리스도교의 본질인 사랑을 버리고 전쟁을 신성한 것으로 만들려고 했다는 점에서 그것은 그 출발점에서부터 실패일 수밖에 없었다.

**전쟁은 경험해보지 않은 사람들에게만 달콤하다**

11세기 말에서 13세기까지 거의 200년에 걸쳐 이루어진 "십자가와 초승달의 충돌"*은 그리스도교와 이슬람교라는 두 종교의 충돌을 넘어서 그리스도교 문명과 이슬람 문명의 충돌이었다. 2001년 9·11테러 발생 이후 미국의 부시 대통령이 이라크 전쟁을 시작하면서 이 전쟁을 십자군전쟁에 비유한 것이나 이슬람 무장 세력의 미국에 대한 테러 위협이 계속되고 있는 것에서 알 수 있듯이 어쩌면 십자군전쟁은 단지 과거의 역사가 아니라 현재진행형이다. 인문주의자들의 왕자라 불리는 에라스무스(Erasmus)는 십자가와 전쟁이라는 단어는 결코 함께할 수 없다고 주장한다. 어떻게 거룩한 전쟁이 있을 수 있는가? 도대체 정당한 전쟁이 어떻게 가능하단 말인가? 에라스무스는 "전쟁은 경험해보지 않은 사람들에게만 달콤하다."라고 말하면서 다음과 같이 주장한다.

> 그리스도는 자신을 암탉에 비유하셨지만, 그리스도인들은 매처럼 행동한다. 그리스도는 양을 치는 목자였지만, 그리스도인들은 이리처럼 서로를 잡아 찢는다. …당신 형제의 뱃속에 칼을 찔러 넣으면서 어떻게 '우리' 아버지라고 말할 수 있는가?…확실히 우리가 많은 사람

* 십자가가 그리스도교의 상징이듯이, 이슬람교의 창시자인 무하마드(Muhammad)가 계시를 받을 때 하늘에 떠 있었다는 초승달은 이슬람교의 상징이다. 히스토리 채널에서는 2005년 11월 11일과 18일에 4부작 다큐멘터리 "십자군전쟁, 초승달과 십자가의 충돌"을 방영한 바 있다.

십자군 시대의 동전

을 죽여가면서 스스로 그리스도인이라고 하는 것은 옳지 못하다. 그리스도인이라면 오히려 많은 사람을 구원해야 한다. 무수한 이교도를 지옥으로 보내지 않고 그들을 그리스도인으로 만들어야 하며, 잔인하게 저주와 파문을 던질 것이 아니라 경건한 기도와 마음으로 그들의 안녕을 빌어야 할 것이며, 그들에게 더 올바른 정신을 주시도록 하나님께 구해야만 한다.

"역사에서 배우지 못한 자는 다시 그 역사를 반복해서 살 수밖에 없다."라는 말이 있다. 십자군전쟁은 교회는 칼로 승리를 거둘 수 없고 다만 사랑과 섬김으로만, 말씀과 기도로만 승리할 수 있다는 사실을 우리에게 분명히 가르쳐준다. 이 진리를 배우지 못한다면 우리는 또 다시 십자군전쟁에 휘말릴지도 모를 일이다.

# 제3부 종교개혁 이야기

Chapter 3

제9장

# 믿음을 통한 은총에 의한 구원

루터 종교개혁의 배경과 의미

## 종교개혁의 시대적 배경

종교개혁이 일어난 유럽의 15-16세기는 변화와 격동의 시기였다. 사회 제반 영역에서 급격한 변화의 움직임들이 있었고, 그것들이 직접 또는 간접적으로 종교개혁의 발생과 진행과정에 많은 영향을 미쳤다. 다음의 몇 가지를 대표적인 것으로 들 수 있겠다.

먼저, 지리상의 발견이다. 에스파냐와 포르투갈이 주도한 지리상의 발견으로 인해 사람들은 유럽 밖에 다른 세상이 있다는 것을 알게 되었다. 때마침 발달한 항해술, 값비싼 향료와 사치품을 얻고자 하는 경제적인 욕구, 이교도들을 개종시키려는 종교적인 동기 등이 복합적으로 작용해 유럽 사람들은 바다를 건너 새 세상으로 나아갔다. 1492년에는 콜럼버스(Columbus, 1451-1506)가 현재의 아메리카 대륙인 서인

콜럼버스

바스코 다 가마

마젤란

도제도를 발견하였고, 바스코 다 가마(Vasco da Gama, 1469-1524)는 1497년에 아프리카의 희망봉을 돌아 인도로 항해하였다. 루터와 비슷한 시대를 살았던 포르투갈의 항해가 마젤란(Magellan, 1480-1521)은 배를 타고 세계를 일주하기도 하였다. 전에는 유럽이 세상의 전부였으나 이제는 유럽보다 훨씬 넓은 아메리카, 아시아, 아프리카 대륙이 있다는 사실을 알게 되었다. 우물 안 개구리가 우물 밖의 넓은 세계를 알게 된 것과 마찬가지였다. 지리상의 발견으로 인해 유럽 밖에서 귀중품들이 쏟아져 들어오자 가격혁명이 일어나고, 해외시장의 확대에 따라 상업혁명이 발생하는 등 유럽 사람들의 삶에는 큰 변화가 촉발되었다.

과학의 영역에서도 획기적인 발전이 이루어졌다. 지금까지 사람들은 태양이 지구 주위를 돈다는 프톨레마이오스의 천동설을 믿어왔는데, 코페르니쿠스(Copernicus, 1473-1543)라는 과학자가 나타나 지구가 태양의 주위를 돈다는 지동설을 주장하였다. 사람들은 지구가 엄청나게 빠른 속도로 돌고 있다는 것이 도무지 믿기지 않았다. 하지만 후에 케플러(Kepler, 1571-1630)는 코페르니쿠스의 이론을 수학적으로 증명하였고, 갈릴레이(Galilei, 1564-1642)는 천문학적인 증거들을 제시하였다. 이것은 하늘과 땅이 뒤바뀌는 것과 같은 엄청난 변화였다. 그래서 지금도 우리는 결정적이고 근본적인 변화가 생길 때 코페르니쿠스적 전환이 일어났다고 말한다.

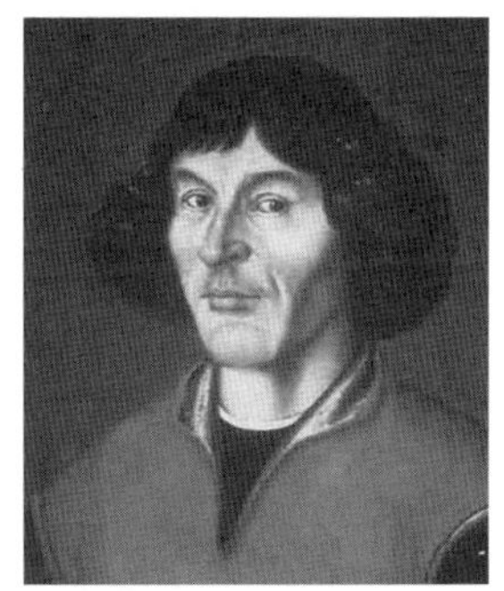

코페르니쿠스

정치적인 영역에서는 유럽 전체에 미치던 교황의 권위가 약화되고 각 나라의 왕이나 영주들의 권한이 강화되었다. 지금까지 교황은 종교적인 문제에서뿐만 아니라 세속적인 문제들에서도 지배력을 행사해왔지만, 민족주의적인 정서가 강화되면서 각 나라는 자기 영토 안에서 교황의 세속적인 권한을 제한시키려고 하였다. 루터의 종교개혁이 성공할 수 있었던 이유 중 하나도 그의 주장이 독일의 민족주의 정서에 부합했기 때문이다. 당시 독일 사람들이 낸 많은 세금과 헌금이 교황이 있는 이탈리아 로마로 흘러들어가 성 베드로 성당 건축에 몽땅 들어가고 있었다. 루터는 "이러다간 머지않아 로마의 모든 교

케플러

갈릴레이

회, 궁전, 성벽, 다리를 세우는 일에 우리 돈을 바쳐야 할 판입니다."라고 비판함으로써 독일 사람들의 환호를 받았다.

사회문화적인 영역에서 중요한 것은 인쇄술의 발달이다. 인쇄술의 발달은 종교개혁이 성공하는 데 일등공신이었다. 루터가 종교개혁을 시작한 비텐베르크는 당시에 2,500명 정도밖에 살지 않는 작은 시골이었다. 만일 인쇄술이 없었다면 루터의 주장은 기껏해야 2,500명 정도에게 입에서 입으로 전해지다가 잊혀졌을 것이다. 그런데 때마침 구텐베르크가 인쇄기를 발명하면서 루터가 쓴 많은 책들이 유럽 전체로 퍼져나갈 수 있었다. 인쇄술이 발명되기 전에는 개인이 책을 소유한다는 것은 거의 불가능했다. 성서 한 권을 만들려면 200-300마리의

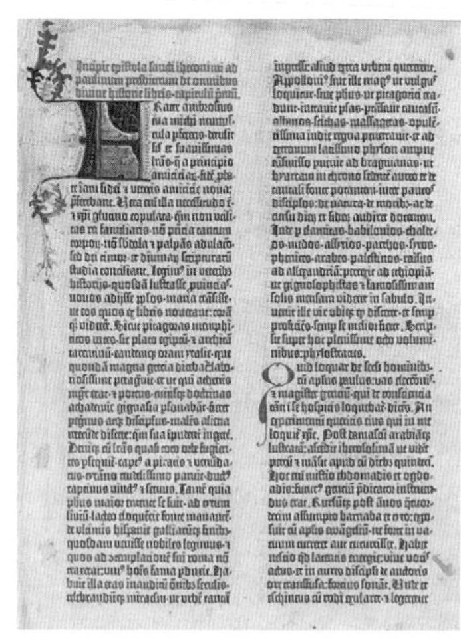

구텐베르크(1397-1468)와 그의 인쇄기로 인쇄된 구약성서

양을 죽여 그 껍질을 벗겨 말린 다음 그 위에 일일이 손으로 써야만 했다. 그러나 이제는 인쇄술 덕분에 유럽 어디에서나 손쉽게 루터의 글을 읽고 "옳소"라고 말할 수 있게 된 것이다. 그래서 루터는 인쇄술이야말로 "온 세계에 참된 종교를 전하라고 하나님이 허락하신 최상의 선물"이라고 말하였다. 그 당시 루터의 책은 유럽에서 성서 다음가는 최고의 베스트셀러였다.

종교적인 측면에서는 중세 가톨릭의 타락과 부패를 지적할 수 있다. 중세시대에는 교황이 황제보다 높은 권위를 주장하였다. 교황은 태양, 황제는 달에 비유되었다. 그러나 절대 권력을 주장하던 교황이 타락의 길을 걷게 되면서 교황의 권위는 추락하였다. 종교개혁이 일어나기 얼마 전에는 3명이 서로 진짜 교황이라고 주장하는 지경에까지 이르렀다. 그리고 로마가톨릭교회는 부족한 재정을 메우기 위해 '면죄부'(가톨릭교회에서는 죄가 아니라 벌의 면제라고 말하면서 면벌부라고 부른다.)를 만들어 대규모로 팔기 시작했다. 면죄부란 죄를 면하게 해주는 종이 문서로, 그것을 사기만 하면 천국에 갈 수 있고 이미 죽은 부모님도 천국으로 모실 수 있다고 유혹했다. 말하자면 면죄부는 돈으로 사는 천국행 입장권이었다. 루터에게 이런 일은 말도 되지 않는 거짓말로 여겨졌다. 루터는 "만일 교회가 사람들을 천국으로 인도할 수 있는 능력을 지니고 있다면 치사하게 돈을 받고 그렇게 할 것이 아니라 거룩한 사랑으로 그렇게 해야 한다."고 주장하면서 "면죄부를 사는 것보다 가난한 사람을 구제하는 것이 훨씬 낫다."고 말하였다. 상식을 지닌 많은 사람들에게 루터의 말은 백번이고 옳은 말로 들렸다.

이처럼 16세기의 종교개혁은 지리상의 발견, 과학의 발전, 민족주의의 대두, 인쇄술의 발달, 로마가톨릭교회의 타락과 같은 여러 가지 시대적인 변화의 와중에서 일어난 필연적인 사건이었다. 종교개혁의 출발에 루터가 중요한 역할을 한 것은 사실이지만, 그의 주장이 여러 사람들의 동의를 얻고 널리 전파될 수 있었던 것은 그 당시 모든 상황이 종교개혁이 일어날 수밖에 없도록 무르익어 있은 덕분이다. 말하자면 '때가 차매' 종교개혁이 일어난 것이다. 루터 자신도 이처럼 엄청난 변화를 일으키게 되리라고는 상상하지 못했을 것이다.

**종교개혁의 싹,**
**르네상스 인문주의**

종교개혁을 이야기할 때 꼭 언급해야 할 것이 르네상스 운동이다. 르네상스 인문주의운동은 종교개혁이 일어나기 직전인 1350-1550년에 이탈리아에서 시작해 북부 유럽으로 확산된 사상, 문학, 예술 전반의 변화를 일컫는다. 르네상스라는 단어는 '재생' 혹은 '부흥'을 의미한다. 르네상스 사상가들은 고대 그리스와 로마의 문화를 이상적인 것으로 여겼으며, 인간을 중요하게 생각하는 인문주의 경향을 지니고 있었다.

최초의 인문주의자 페트라르카, 르네상스의 3대 천재라 불리는 레오나르도 다 빈치, 미켈란젤로, 라파엘로, 위대한 조각가 도나텔로, 베드로 성당의 설계자 브라만테, 인문주의자들의 왕자 에라스무스 등이 르네상스 사상의 대표자들이다. 이 중에서 루터의 종교개혁과 가장 관계가 깊은 인물은 에라스무스이다. 종교개혁운동은 한편으로는 르네상스 정신의 영향을 받아들이고 다른 한편으로는 르네상스 정신에 맞서면서 발전하였다.

르네상스와 종교개혁운동은 모두 "근원으로 돌아가자"라는 표어를 내걸었다. 인문주의자들과 종교개혁자들은 모두가 중세의 잘못된 관행들을 비판하면서 중세 이전으로, 다시 말하면 고대로 돌아가야 한다고 주장하였다. 따라서 그들은 고대 저술가들의 작품들을 열심히 연구하였고, 그리스도교 신앙에서 가장 근본이 되는 성서의 연구에 힘을 기울였다.

원래 구약성서는 히브리어로, 신약성서는 그리스어로 기록되어 있었지만 중세 가톨릭교회는 오랫동안 라틴어로 번역한 성서를 사용해 왔다. 인문주의자 에라스무스는 근원으로 돌아가자는 정신에서 라틴어 성서 대신 그리스어로 된 신약성서를 1516년에 출판했는데, 이것은 루터가 종교개혁의 불씨를 점화시키기 1년 전이었다. 이것은 1,000년 이상 라틴어 성서만을 사용하던 로마가톨릭교회에는 엄청난 충격이었다. 게다가 에라스무스는 새로 펴낸 그리스어 신약성서에서 라틴어 성서의 잘못된 부분들을 많이 지적하기까지 하였다. 에라스무스의 그리스어 신약성서는 루터의 사상과 신학에도 큰 영향을 미쳤다. 따라서 루터는 에라스무스를 "우리의 자랑이자 우리의 희망"이라고 불렀다.

르네상스와 종교개혁의 또 다른 공통점은 비판정신이었다. 인문주의자들과 종교개혁자들은 기존의 질서에 대해서 의문을 제기하면서 정말 그것이 옳은 것인지를 비판적으로 탐구하였다. 그리하여 인문주

마르틴 루터(1483-1546)와 그의 아내 카타리나 폰 보라(1499-1552), 에라스무스(1466?-1536)

의자 로렌초 발라는 소위 "콘스탄티누스의 기증문서"가 위조된 엉터리 문서라는 것을 밝혀내었다. 로마의 콘스탄티누스 황제가 4세기 무렵에 교황에게 유럽을 지배할 수 있는 권리를 넘겨주었다고 기록하고 있는 그 문서가 실상은 중세에 만들어진 가짜라는 것을 밝힌 것이다. 에라스무스는 중세 가톨릭교회의 부패와 타락에 대해서 강력하게 비판하였다. 그는 『그리스도교 병사의 필독서』, 『우신예찬』과 같은 책을 통해서 중세교회의 폐단을 비판하고, 교회와 그리스도인의 참된 모습이 어떠해야 하는지를 제시하였다. 루터도 발라와 에라스무스의 이런 비판정신을 이어받아, 지금껏 지나치게 당연시되어 온 중세 가톨릭교회의 신학과 면죄부 사상 등에 대해 강력히 반대하였다. 이런 점에서 에라스무스는 루터의 길을 예비한 선구자였다.

그러나 인문주의자들과 종교개혁자들 사이에는 분명한 차이점도 있었다. 인문주의자들은 인간을 긍정적으로 본 반면, 종교개혁자들은 인간의 본성이 죄에 물들었다고 부정적으로 보았다. 에라스무스가 1524년에 『자유의지론』이라는 책을 통해 인간의 자유의지를 옹호하자, 루터는 이듬해에 『노예의지론』을 통해 이를 반박하면서 인간의 의지보다 하나님의 은혜를 강조하였다. 또 인문주의자들이 종교문제에서 평화와 관용을 강조했다면, 종교개혁자들은 진리와 일치를 강조하였다. 이런 점들은 르네상스와 종교개혁의 차이를 대변하고 있다.

이처럼 차이가 나는 측면이 분명히 있음에도 불구하고, 종교개혁운동은 그 목적과 방식 면에서 르네상스와 비슷했다. 이런 의미에서 가장 위대한 인문주의자 에라스무스는 "종교개혁의 알을 낳았다."는 평가를 받는다. 에라스무스가 종교개혁의 알을 낳았고, 그 알을 루터가 부화시켰다는 것이다.

**믿음을 통한 은총에 의한 구원**

그러면 루터의 종교개혁 사상의 핵심은 무엇이었는가? 루터는 "죄인인 내가 어떻게 거룩하신 하나님의 구원을 받을 수 있을까?"라는 근본적인 질문에 대한 답을 찾지 못해 불안과 두려움 가운데 있었다. 이것을 해결하기 위해 그는 중세 가톨릭교회가 마련한 방식을 따라 자기 스스로를 괴롭히기도 하고, 사제를 찾아가 아주 작은 죄까지 고백하기도 하고, 수도원에서 금식과 기도의 힘든 훈련을 받기도 하고, 선행을 행하기도 하였지만, 결코 만족할 만한 해답을 얻을 수가 없었다. 그러다가 성서를 읽고 연구하면서 불현듯 자신의 문제에 대한 답을 얻게 되었다.

루터가 발견한 해답은 인간이 선한 행위나 면죄부로는 절대로 구원에 이를 수 없고, '오직 믿음'으로, 더 정확하게 말하면 하나님께서 베푸신 은혜를 믿음으로 받아들일 때에만 의롭게 되고 구원을 얻을 수 있다는 것이었다. '믿음에 의한 칭의'(justification by faith), 정확하게 말하면 '믿음을 통한 은총에 의한 칭의'(justification by grace through faith)야말로 루터 사상의 핵심이다. 이것은 구원이 우리 안에서 나올 수 없고, 우리 밖에서 즉 하나님에게서 온다는 코페르니쿠스적인 방향전환이었다. 이것은 루터의 '새로운' 발견, 사실상 아우구스티누스의 은총론의 '재발견'이었다. 하나님께로부터 오는 은혜의 결정적인 표징이 바로 십자가이다. 그래서 루터는 자신의 신학을 한마디로 '십자가의 신학'이라고 말한다. 루터는 가톨릭교회의 겉으로 드러난 부패를 공격하기보다 그 내부의 잘못된 신학의 핵심을 공격한 것이다. 다시 말해 급소를 찌른 것이다.

당시 독일 지역의 면죄부 판매책을 맡았던 테첼(Johann Tetzel)은 면죄부는 "죄인들을 세례보다 더 깨끗하게 만들며, 타락 이전의 아담보다 더 순결하게 만든다."고 선전했으며, "헌금함 바닥에 동전이 짤랑하고 떨어지는 순간에 연옥에 갇혀 있던 영혼은 화살처럼 솟아오른다."고 약속하였다. 그러나 루터는 복음의 새로운 발견을 통해 면죄부의 허구성을 깨닫고, 1517년 10월 31일 비텐베르크 성(城) 교회 문에 면죄부와 로마교회의 관습을 반박하는 95개 조항을 게시하였다. 이것이 16세기 종교개혁을 점화시키는 불꽃이 되었다.

보름스 성당(위)과 루터가 "내가 여기 섰나이다."라고 고백한 장소(아래)

이에 대해 교황 레오 10세는 1520년 칙령을 발표하여 "한 마리 산돼지가 주님의 포도원을 짓밟았다."고 선언하였다. 그러나 루터는 이 교황의 칙령을 불태워버림으로써 돌아올 수 없는 강을 건넜고, 결국 그는 신성로마제국의 황제 카를 5세에 의해 1521년 보름스 제국의회에 소환되었다. 황제는 최종적으로 루터에게 "그대는 자신의 견해를 철회하는가, 철회하지 않는가?" 라고 물었다. 루터는 "나의 양심은 하나님의 말씀에 의해 사로잡힌 바 되었습니다. 나는 철회할 수도 없거니와 철회하지도 않겠습니다. 왜냐하면 자기의 양심에 불복하는 것은 옳은 것도, 안전한 것도 아니기 때문입니다. 하나님이여, 내가 여기 섰나이다. 나를 도우시옵소서. 아멘." 이라고 대답하였다. 이제 루터는 교회와 국가 모두의 적이 되고 말았다.

발트부르크 성 안에 있는 루터의 방

다행히 루터는 작센 선제후 프리드리히(Friedrich the Wise)의 도움으로 발트부르크 성에 몸을 피해 거센 불길을 잠시 피해갈 수 있었다. 발트부르크 성에 은신해 있으면서 루터는 신약성서를 독일어로 번역하였는데, 이것은 이후 종교개혁운동이 확산되는 데서 엄청난 의미를 지니는 일이었다. 이전에는 성서가 라틴어로 되어 있어서 일반 교인들이 성서를 읽지 못하고 사제들이 가르쳐주는 대로 따르기만 했지만, 이제는 루터가 번역한 독일어 성서를 개개인이 직접 읽고 하나님의 뜻을 알 수 있게 되었다.

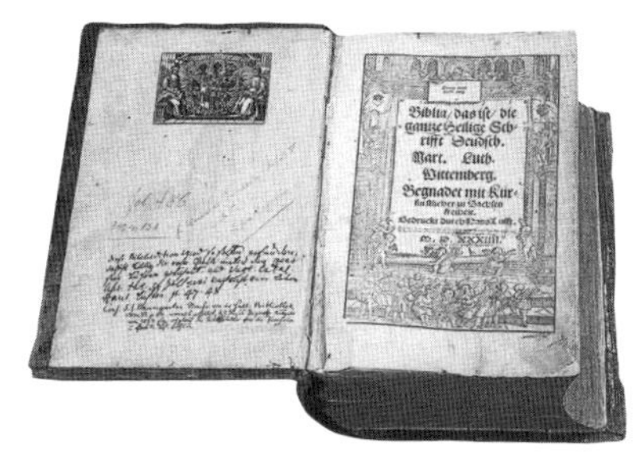

루터의 독일어 성서

흔히 종교개혁의 3대 표어를 "오직 은혜", "오직 믿음", "오직 성서"라고 말한다. 역사가들은 종종 오직 은혜와 오직 믿음의 교리가 종교개혁의 내용적인(material) 원리였다면, 오직 성서의 교리는 종교개혁의 내용을 담는 외형적인(formal) 원리였다고 지적한다. 그만큼 성서에의 의존성은 종교개혁의 본질적인 측면이었다. 루터의 독일어 성서번역은 독일어 문법이 형성되는 데도 결정적인 영향을 미쳤다는 평가를 받고 있다.

루터의 성서관은 철저하게 그리스도 중심적이었다. "성서의 말씀들 속에서 여러분은 그리스도가 놓여 있는 강보를 발견할 것입니다. 그 강보의 천들은 단순하고 작으나 그 안에 누워 있는 보물인 그리스도는 귀합니다." 또 루터는 '정경 중의 정경'이라는 개념을 지니고 있었다. 은혜와 믿음으로 구원을 얻는다는 복음을 가장 분명히 나타낸 로마서나 갈라디아서가 바로 '정경 중의 정경'에 속하는 것들이었다. 루터에게 성서는 그리스도인들을 신앙의 삶으로 인도하는 매일의 안내서이자 예수 그리스도 안에서 하나님 자신에 대한 완전한 계시의 증언이다.

루터의 사상 가운데 주목해야 할 또 다른 가르침이 '만인제사장' 교리이다. 루터는 이 교리를 통해 '하나님 앞에'(Coram Deo) 서 있는 개인의 가치를 발견하고 존중하도록 만들었다. 중세 가톨릭교회는 사제만이 제사장이고 일반 교인들은 사제를 통해 하나님을 만나야 한다고 주장했지만, 루터는 모든 그리스도인이 사제를 거치지 않고 직접 하나님께 기도하고 하나님을 만날 수 있는 제사장이라고 가르쳤다. 전에는 사제들만 하나님의 부르심을 받고 일하는 사람들로 여겼으나, 루터는 모든 직업이 하나님께서 부르신 소명이라고 가르쳤다. 전에는 교회에서 성만찬을 할 때 사제들만 빵과 포도주를 취하고 일반 교인들에게는 빵만 주었는데, 이제는 모든 개인에게 빵과 포도주 모두를 분배하였다. 루터는 모든 사람이 각자의 기능은 다를지라도 신분에 있어서는 똑같은 하나님의 자녀요 왕 같은 제사장이라고 주장하였다. 루터의 만인제사장 교리는 중세의 집단적 세계관이 근대의 개인적 세계관으로 뒤바뀌는 계기로 작용하였다.

루터는 종교개혁을 진행하면서 한편으로는 로마가톨릭주의자들과 맞서야 했고, 또 다른 한편으로는 급진주의자들과 싸워야만 했다. 루터는 개혁이라는 이름으로 기존의 질서를 무너뜨리려는 모든 형태의 혁명주의자들을 경계하였다. 그는 국가조차도 거부하고 새로운 세상을 만들려는 천년왕국론자들에 대해 그리스도인이 지녀야 할 무기가 있다면 그것은 칼이 아니라 십자가라고 주장하였다. 루터는 교회와 마찬가지로 국가도 하나님이 세우신 기관이므로 공직자를 세우고 폐하는 것은 우리의 몫이 아니라 하나님의 권한이라고 생각했기 때문에, 국가 권력자에 대한 저항에 대해서 매우 신중하고 보수적인 태도를 견지한 것이다. 이런 루터의 태도는 결국 당시의 농민전쟁이나 토마스 뮌처(Thomas Müntzer)의 급진적인 혁명사상에 대해 반대하도록 만들었다. 무엇보다 루터가 급진주의자들을 반대한 것은 혼란을 야기하는 방법으로는 교회와 세상을 개혁하려는 종교개혁의 본래 목적을 이룰 수 없다는 현실적이고 실제적인 판단 때문이었다.

로마가톨릭교회와 급진주의 분파와의 투쟁 외에, 루터는 프로테스탄트 개혁 진영 내부에서도 갈등을 경험하였다. 그것은 다름 아닌 스위스 취리히의 종교개혁자 츠빙글리와의 갈등이었다. 두 사람의 갈등의 핵심에는 성만찬에 대한 서로 다른 이해가 자리 잡고 있었다. 루터는 성만찬 시에 예수 그리스도가 떡과 포도주와 함께 육체적으로 임재한다고 주장한 반면, 츠빙글리는 떡과 포도주는 하나의 상징이며 그리스도의 고난을 기억하게 하는 기념물이라고 주장하였다. 성만찬에 대한 신비적 이해와 합리적 이해가 서로 충돌한 것이다. 두 종교개혁자가 성만찬에 대한 이해에서 서로 간의 차이를 좁히지 못하고 갈등할 수밖에 없었던 것은 단지 떡과 포도주에 대한 생각의 차이 때문이 아니라 그 안에 임재하는 그리스도에 대한 이해의 차이, 다시 말하면 신앙의 핵심이라 할 수 있는 그리스도론의 차이가 개입되어 있었기 때문이다.

**루터가 미친 영향**

1546년 루터가 죽었을 때 그의 침상에서 작은 쪽지가 발견되었는데 거기에는 "우리는 거지들이다. 이것은 진리이다."라고 적혀 있었다. 참으로 우리에게서 나온 선한 것이라고는 아무것도 없다. 우리는 철저히 거지들이다. 작은 것이라도 귀한 것이 우리 안에 있다

비텐베르크 성 교회(왼쪽)와 루터가 95개 조항을 게시한 교회의 문(오른쪽)

면 그것은 우리의 것이 아니라 하나님의 선물이다. 특히 구원이라는 측량할 수 없는 보물은 하나님의 은혜로 거저 주어진 선물이다. 루터에게서 복된 소식은 그리스도 예수 안에서 하나님이 거지가 되셨다는 것이다. 우리를 부요하게 하기 위해서 말이다.

그의 동료였던 멜란히톤(Melanchthon)은 루터의 장례식 설교에서, 인류의 역사를 통해서 그리스도교의 복음을 우리에게 명확하게 전달해준 5명이 있는데, 바로 이사야, 세례 요한, 바울, 아우구스티누스, 루터였다고 말했다. 이것은 루터가 그리스도교 역사에서 차지하는 비중과 영향력이 어떠한지를 단적으로 보여주는 말이다. 유명한 루터 연구가 알트하우스(Paul Althaus)는 루터를 '대양'이라고 묘사한 바 있다. 참으로 그의 사상은 아무리 퍼내어도 마르지 않는 바다와도 같다. 루터가 종교개혁을 시작했던 독일의 비텐베르크 성 교회에 가보면 교회 문에는 루터가 1517년 게시한 95개 조항이 동판에 새겨져 있고, 교회 첨탑에는 루터가 직접 쓴 "내 주는 강한 성이요 방패와 병기되시니"라는 찬송가(585장) 가사가 새겨져 있다. 루터는 죽었지만 지금도 우리에게 계속하여 말하고 있는 것이다.

제10장

# 오직 하나님의 뜻이 이루어지이다

## 개혁교회의 아버지 츠빙글리의 생애와 사상

**출생에서 교육까지**

츠빙글리(Huldrych 혹은 Ulrich Zwingli)는 루터(1483년 11월 10일)보다 7주 정도 늦은 1484년 1월 1일 스위스 장크트갈렌 주에 속한 토겐부르크 지방의 빌트하우스(Wildhaus)라는 작은 마을에서 태어났다. 굳이 루터보다 7주 정도 늦게 태어났다는 점을 지적하는 이유는 루터의 영향을 받은 종교개혁자 정도로 치부되는 것에 대해 츠빙글리 자신이 억울함을 토로하고 있는 것에 필자도 어느 정도 동의하기 때문이다. 출생연도만을 보면 1483년과 1484년으로 1년이 차이 나는 것 같지만 실제로는 겨우 7주밖에 차이가 나지 않는데 멀리 떨어져 있던 사람에게서 무슨 그리 큰 영향을 받았겠느냐는 이유 있는 항변이라 할 것이다.

어린 시절 츠빙글리는 신앙심 깊은 부모와 삼촌에게서 가톨릭 교육을 받았다. 베센의 사제였던 그의 삼촌 바르톨로뮤(Bartholomew)는 새로운 인문주의 학문에 호감을 가진 인물이었다. 이는 이후 츠빙글리가 인문주의 사상에 대해 개방적이었던 것과 무관하지 않을 것이다. 10살 즈음에 바젤의 라틴어 학당으로 옮긴 츠빙글리는 거기서 라틴어 문법, 음악, 변증법을 배우게 된다. 그 후 베른에서 라틴 문학을 배운 후, 빈과 바젤 대학에서 수학하였다. 이 당시에 그는 인문학에 심취하여 고전을 열심히 공부하였다. 이것이 그가 종교개혁자들 중에 가장 인문주의적 경향을 폭넓게 받아들이는 계기가 되었을 것이다.

또한 츠빙글리는 음악적인 재능을 발전시켜 류트(가장 오래된 현악기의 하나로 만돌린과 모양이 비슷하다.), 하프, 바이올린, 플루트, 나팔과 같은 악기들을 수준급으로 연주하였다. 이 때문에 후에 가톨릭주의자들은 그를 가리켜 "복음주의 류트 연주자, 피리 부는 사나이"로 비꼬아 부르기도 하였다. 후에 츠빙글리는 취리히에서 자신이 목회하던 그로스뮌스터 교회의 오르간을 분해하여 폐기하는 등 음악에 대해 배타적인 태도를 취하기도 하였다. 학창 시절 만난 레오 유트(Leo Jud)와 콘라트 펠리칸(Konrad Pellican)과 같은 동료들은 나중에 취리히에서 츠빙글리의 든든한 동역자가 되어주었다. 츠빙글리는 바젤에서 1504년 학사학위를, 1506년 석사학위를 취득하였다.

취리히의 종교개혁자
츠빙글리(1484-1531)

**글라루스와 아인지델른의 사제**

츠빙글리는 1506년 9월 콘스탄츠에서 사제로 안수를 받고, 고향인 빌트하우스에서 첫 미사를 집전하였다. 그리고 고향에서 그리 멀지 않은 글라루스(Glarus)의 성직자로 청빙을 받아 그곳에서 1516년까지 10년을 목회하였다. 이때의 츠빙글리를 특징짓는 세 가지 흐름이 있다. 첫째는, 애국주의이다. 그는 스위스인들이 용병으로 고용되어 당시의 여러 전투에서 희생되는 것에 대해 강하게 저항하였다. 츠빙글리의 최초의 저작들, 『수소의 우화』나 『미로』와 같은 작품들은 바로 이 용병제도에 대한 반론이다. 용병제도에 대한 츠빙글리의 이런 반대는 그가 글라루스를 떠나 아인지델른(Einsiedeln)으로 가야만 하는 이유가 되기도 했다. 둘째는, 스콜라주의의 영향이다. 츠빙글리는 가톨릭의 사제답게 스콜라신학에 정통하였다. 그의 서재의 도서목록은 그가 토마스 아퀴나스와 둔스 스코투스의 저작들에 익숙했음을 보여준다. 이처럼 츠빙글리가 아퀴나스와 스코투스로 대변되는 중세 스콜라신학의 옛길(via antiqua)에 익숙했다는 사실은 윌리엄 오캄이나 가브리엘 비엘의 사상인 새길(via moderna)에 익숙했던 루터와의 차이를 예고하는 것이다. 셋째는, 인문주의의 영향이다. 글라루스에 머물던 시절 츠빙글리는 로마와 그리스의 고전들과 교부들의 저작들을 광범위하게 읽었다. 이런 인문주의적 성향은 1515년 혹은 1516년 '인문주의자들의 왕자'인 에라스무스를 만나면서 더욱 심화되었다. 츠빙글리가 이교도의 고전을 높이 평가하고, 교회의 폐해를 비판하고, 성서 연구에 헌신하고, 외적인 형식보다 내적인 경건을 강조하고, 원죄에 대해 온건한 견해를 지니며, 성만찬에 대해 상징적인 해석을 제시한 것 등이 모두 직간접적으로 에라스무스에게서 기인되었을 것이다. 이후 츠빙글리는 에라스무스의 반(半)펠라기우스적인 견해에 반대를 표하면서 예정론을 확고하게 주장하기도 했지만, 루터와 달리 끝까지 에라스무스에 대한 존경심을 잃지 않았다. 이처럼 글라루스 시기에 츠빙글리는 애국자요, 신학자요, 인문주의자로서의 모습을 형성하였지만 아직 프로테스탄트 종교개혁자의 면모는 보이지 않았다.

1516년 츠빙글리는 글라루스를 떠나 아인지델른으로 목회지를 옮겼다. 아인지델른은 기적을 행사한다는 유명한 검은 동정녀 마리아 상이 있는 순례 여행의 중심 도시였다. 이곳에서 츠빙글리는 성서 연구에 매진하였다. 마침 1516년 출판된 에라스무스의 그리스어 신약성서를 필사하면서 인쇄업자들의 오자들을 수정하기도 하고, 여백에 자신의 견해를 각주로 달아두기도 하였다. 그 필사본의 마지막에는 "이 서신서들은 축복받은 하나님의 어머니의 땅인 아인지델른에서 토겐부르크 출신의 스위스 사람 츠빙글리에 의해 1517년 6월에 씌어졌다. 기쁨 속에 완결되었다."라고 기록되어 있다. 또한 츠빙글리는 면죄부 판매에 대해 반대하고, 성모마리아보다는 그리스도를 예배하라고 가르치고, 교황제도에 대해서도 성서적인 근거가 빈약하다고 비판하였다. 이런 정황들 때문에 일부 역사가들은 츠빙글리의 종교개혁이 루터보다 이른 1516년에 시작되었다고 간주하기도 한다. 그러나 그것은 너무 성급한 판단이다. 왜냐하면 츠빙글리가 가톨릭의 폐해들에 대해서 비판하고 있기는 하지만 그것은 종교개혁자로서라기보다는 에라스무스주의자 혹은 가톨릭 내의 앞선 진보주의자로서의 비판이었기 때문이다. 그는 여전히 교황청으로부터 성직록을 받고 있었으며(1520년에 성직록을 거부한다.), 1518년에도 교황청 목회자로 임명되는 등 로마가톨릭의 울타리 안에 머물고 있었다.

**취리히의 개혁자**

츠빙글리는 자신의 35번째 생일인 1519년 1월 1일 취리히의 그로스뮌스터 교회의 목회자로 부임하였다. 독일어를 사용하는 스위스 도시들 중에서 가장 번창한 도시였던 취리히는 리마트 강이 가로지르는 아름다운 곳으로, 당시 인구는 7,000명 정도였고 스위스 외교의 중심지였다. 츠빙글리의 후계자인 하인리히 불링거(Heinrich

취리히 전경. 왼쪽에 그로스뮌스터 교회의 두 탑이 보인다.

Bullinger)는 "종교개혁이 시작되기 전 취리히는 그리스의 고린도와 같은 곳이었다." 고 회고하였다.

취리히 시(市)의 문장

취리히에서의 사역을 시작하면서 츠빙글리는 마태복음에 대한 연속적인 강해설교를 시작하였다. 이후 그는 계속해서 한 권의 성서를 택하여 그 책을 처음부터 끝까지 빠짐없이 설교하는 방식으로 성서 전체를 설교해나갔다. 이것은 가톨릭교회나 루터가 교회력에 따라서 미리 주어진 본문만을 선택적으로 설교하던 방식과는 분명히 다른 것이었다. 츠빙글리는 선택적인 본문 설교는 하나님의 말씀 전체를 보지 못하도록 만들 뿐만 아니라 설교자의 입맛에 따라 선호하는 본문만을 설교하게 된다는 점에서 하나님의 말씀을 대하는 올바른 태도가 아니라고 생각했다. 따라서 그는 모든 말씀을 빠짐없이 처음부터 끝까지 강해하는 설교의 전통을 새롭게 세운 것이다. 이것은 지금까지도 개혁교회의 중요한 전통으로 자리 잡고 있다. 불링거에 따르면 츠빙글리는 외모가 준수하고, 체격이 큰 편이고, 안색이 좋았으며, 그리 강한 것은 아니지만 음성은 듣기 좋고 음률이 있어서 가슴에 와 닿았다고 한다.

츠빙글리가 목회를 시작한 지 얼마 되지 않아 1519년 8월과 1520년 2월 사이에 취리히에 흑사병이 돌아 인구의 3분의 1에 달하는 사람들이 죽는 일이 벌어졌다. 츠빙글리는 목자로서 매일 병자들을 헌신적으

츠빙글리가 목회하던 그로스뮌스터 교회(왼쪽)와 바서 교회(오른쪽)

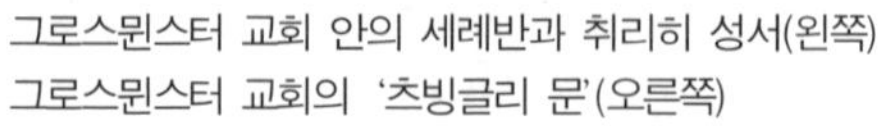

그로스뮌스터 교회 안의 세례반과 취리히 성서(왼쪽)
그로스뮌스터 교회의 '츠빙글리 문'(오른쪽)

로 돌보다가 1519년 9월 말경에 자신도 앓아눕고 말았다. 이때 그가 지은 시들은 그가 얼마나 하나님을 의지하고 있었는지를 잘 보여준다.

주님, 나를 도우소서
나의 힘, 나의 반석이시여
문 밖에서는
죽음이 문 두드리는 소리

나를 위해 못 박히신
당신의 손을 높이 들어서
죽음을 정복하시고
나를 구원하소서

그러나 당신의 음성이
내 생애의 한낮인 지금이라도
내 영혼을 부르신다면
나는 순종하겠나이다

신앙과 소망 안에서
이 땅을 포기하고
천국을 얻고자 하나니
나는 당신의 것이니이다

다행히 하나님의 은혜로 츠빙글리는 회복되었고 이 경험은 그가 오직 하나님만을 의지하고 하나님의 뜻에만 순종하도록 만드는 중요한 계기로 작용하였다. 1520년에 교황청의 성직록을 거부하는 결단을 내린 것도 이 경험과 무관하지는 않을 것이다.

**사순절 소시지 사건**

1522년 사순절에 취리히의 유명한 출판업자 프로샤우어(Christoph Froschauer)를 비롯한 몇몇 사람들이 모여 소시지를 먹는 '사건'이 발생했다. 지금으로서는 무슨 사건이라 할 만한 것인가 싶겠지만 당시에는 사순절에 소시지를 먹었다는 것은 큰 사건이었다. 중세 가톨릭은 사순절 기간에 육식을 금하는 전통을 지켰는데, 소시지는 돼지고기로 만들어졌기 때문에 이것을 먹는 것은 결국 사순절의 육식 금지 전통을 깬다는 의미였다. 로마교회 측에서는 사순절의 금식 규례를 어긴 자들을 처벌해야 한다고 주장했고, 츠빙글리는 사순절에 육식을 금하는 것은 아무런 성서적 근거가 없으며 하나님이 주신 음식은 무엇이나 먹을 자유가 있다고 주장하였다. 루터의 종교개혁이 면죄부에 대한 신학적인 반대에서 시작된 것이라면, 츠빙글리의 종교개혁은 사순절에 육식을 할 수 있는가 하는 실제적인 문제에서 출발되었다. 이것이 도화선이 되어 1523년 1월과 10월에 가톨릭과 개혁진영 사이에 공개논쟁이 벌어졌고, 시의회는 결국 츠빙글리의 손을 들어주었다. 모든 사람에게 그리스도교의 참된 신앙을 설명하고 옹호할 좋은 기회라고 판단한 츠빙글리는 학문적인 언어인 라틴어가 아니라 일상어인 독일어로 자신의 주장을 67개 조항으로 정리하여 해설까지 덧붙여 출판하였다. 67개 조항은 교회적인 조치들뿐만 아니라 사회적인 모든 개혁 프로그램을 포괄하고 있어서 츠빙글리의 종교개혁이 전면적이고 포괄적이었다는 사실을 보여준다.

**급진주의자들과의 논쟁**

츠빙글리는 취리히의 목회자로 오면서부터 로마가톨릭 내의 보수적인 세력들에 맞서 개혁적인 입장을 견지하면서 교회개혁을 주도하였다. 그러나 1523년 공개논쟁을 거치면서 개혁진영 안에도 서로 의견이 다른 사람들이 있다는 사실이 드러났다. 일부 사람들은 츠빙글리 개혁의 내용이 너무 미온적이며 속도가 느리다는 점을 불평하였다. 개혁진영은 성상, 미사, 세례, 성서해석, 십일조, 국가 등에 대한 입장에서 서로 차이를 보였다. 보다 확실하고 빠른 개혁을 원하는 급진주의자들은 츠빙글리가 성만찬 예복을 거부하지 않고, 십자가 성호를 긋는 행위를 허용하고, 성상에 대해서도 분명한 반대 태도를 취하지 않는 등 불확실한 태도를 보인다고 비판하였다. 또한 1523년 10월 공개논쟁에서 미사가 성서적이지 못하다는 결론이 났음에도 불구하고 그가 바로 미사를 폐지하지 않고 정부와 대중들의 눈치를 보면서 미루고 있다고 불만을 표출하였다.

결국 1525년 1월 21일 콘라트 그레벨(Konrad Grebel)을 중심으로 한 몇몇 사람들은 펠릭스 만츠(Felix Manz)의 집에 모여 독자적인 모임을 결성하였다. 이 자리에서 그들은 유아세례가 성서적 근거가 없음을 확인하고 서로에게 재세례를 시행하였다. 이날 그레벨이 블라우록(George Blaurock)에게 최초로 재세례를 주었고, 블라우록은 다른 사람들에게 다시 세례를 베풀었다. 그리하여 이들에게는 '재세례파' 라는 이름이 붙게 되었다. 유아세례를 인정할 것인지 아닌지 하는 문제는 16세기의 중요한 논쟁들 가운데 하나였다. 마침내 취리히 의회가 개

1527년 펠릭스 만츠가 수장당한 곳임을 알리는 표지판

입하여 1526년 3월 7일 유아세례를 무시하고 재세례를 행하는 자들은 수장시키겠다고 발표하였고, 1527년 1월 5일 펠릭스 만츠는 리마트 강에 수장되어 죽음을 맞이하였다.

하지만 츠빙글리와 재세례파 사이에 단지 유아세례에 대한 의견 차이만 있었던 것은 아니다. 교회에 대한 이해에서도 차이가 있었는데 츠빙글리는 교회가 거룩한 사람들만이 아니라 죄인들도 섞여 있는 공동체라고 본 반면에, 재세례파는 교회란 거룩한 성도들만의 모임이어

야 한다고 주장하였다. 따라서 재세례파는 복음에 합당하지 못한 생활을 하는 자들은 성도들의 공동체에서 파문하고 추방해야 한다고 주장했다. 이런 주장은 교회 내에 상당한 갈등을 불러올 수밖에 없었다. 뿐만 아니라 재세례파는 교회문제에 의회가 적극적으로 개입하여 왈가왈부하는 것에 대해 저항하였다. 그들은 교회와 국가는 서로 분리되어야 하며, 국가가 교회문제에 간섭해서도 안 되고 교회가 교회개혁을 이루는 일에 국가를 끌어들여서도 안 된다고 주장하였다. 그러나 츠빙글리는 교회와 국가가 서로 협력하여 하나님의 뜻을 이루어야 하며, 의회의 대의제를 통한 의결방식을 따르는 것이 교회개혁을 평화적으로 이루어낼 수 있는 방법이라고 생각했다. 이처럼 유아세례, 교회, 국가에 대한 서로 다른 견해로 인해 츠빙글리와 재세례파는 동지에서 적대자로 돌아서고 말았다. 츠빙글리가 재세례파와 일정 정도의 거리를 유지할 수밖에 없게 된 데에는, 당시의 정황에서 기존의 체계나 질서를 무너뜨리는 급진적인 방법이나 대결구도를 가지고서는 교회개혁이라는 목표를 이루어낼 수 없다는 현실적인 고려가 작용했을 것이다.

**교회와 사회의 개혁**

츠빙글리는 한편으로는 보수적인 가톨릭주의자들에게 반대하고, 다른 한편으로는 급진적인 재세례파에게 반대하면서 자신의 개혁을 진행시켜 나갔다. 먼저 츠빙글리는 1522년 성직자의 독신제도를 폐지하고 결혼을 허락해줄 것을 의회에 청원하였다. 공식적으로 결혼한 것은 1524년이지만 사실상 그는 1522년부터 결혼 관계

그로스뮌스터 지하에 있는 성찬대(왼쪽)
예언(성서 연구) 모임이 열리던 장소(오른쪽)

에 들어갔다. 츠빙글리의 아내는 안나 라인하르트(Anna Reinhart)였고, 슬하에 레굴라, 빌헬름, 훌드리히, 안나 등 4명의 자녀를 2살 터울로 두었다. 하지만 막내 안나는 태어나서 얼마 되지 않아 죽었고, 빌헬름은 흑사병으로 15살에 죽는 아픔을 겪었다.

1525년은 츠빙글리의 개혁에 있어서 매우 중요한 해이다. 부활절에 미사가 성만찬으로 대체된 것이다. 회중석과 찬양대석 사이에 성찬대가 차려졌고, 그 위에 나무접시에 담긴 빵과 나무잔에 채워진 포도주가 놓였다. 예배는 라틴어가 아닌 독일어로 진행되었다. 금이나 은으로 만든 성찬기가 아니라 나무로 만든 소박한 접시와 잔을 사용하고, 불필요한 의식들을 제거하고 단순한 예식으로 성만찬을 진행한 것은 개혁교회 성만찬의 모범으로 남아 있다. 같은 해 6월부터는 '예언'(prophezei)이라 불리는 성서 연구 모임이 시작되었다. 이 모임은 일주일에 다섯 번이나 모였으며, 라틴어 · 히브리어 · 그리스어 · 독일어로 성서를 읽고 해석하고 토론하는 모임이었다. 츠빙글리는 전통에 호소하는 가톨릭의 오류와 성령에 호소하는 급진주의자들의 오류에서 벗어나는 길은 철저한 성서 연구밖에 없다고 생각했다. 츠빙글리의 주석과 설교들이 여기에서 영감을 얻은 것들이고 1531년에 나온 『취리히 성서』도 예언 모임의 산물이라는 점을 고려할 때, 이 모임은 매우 중요한 의미를 지닌다. 예언 모임은 후에 칼뱅과 청교도들에게도 그대로 이어져 개혁교회의 중요한 전통으로 자리를 잡았다.

츠빙글리는 교회의 개혁만이 아니라 취리히 시의 사회적이며 정치적인 개혁을 위해서도 노력하였다. 1525년 1월에는 가난한 자들을 구제하기 위한 법률이, 5월에는 결혼에 관한 법률이 제정되었으며, 1530년에는 도덕적인 제반 문제에 대한 규율을 제정하였다. 이를 위해서 츠빙글리는 시의회와 기꺼이 손을 잡고 사회 전체를 하나님이 원하시는 공동체로 만들기 위해 자신에게 맡겨진 역할을 다했다.

**루터와의 성만찬 논쟁**

로마가톨릭에 대해 개혁의 기치를 함께 든 루터와 츠빙글리 사이에도 여러 가지 차이점이 있었는데, 그중에서도 결정적인 것이 성만찬에서 그리스도의 임재가 어떻게 이루어지느냐 하는 문제에 대한 견해 차이였다. 츠빙글리가 루터보다 더 인문주의 전통에 가

갚고 따라서 이성을 긍정적으로 사용했기 때문에 성찬에 대한 이해에 있어서도 보다 합리적인 기념설 혹은 상징설의 입장을 취하였다. 반면에 루터는 그리스도의 육체적 임재를 강력하게 주장하였다. 루터는 "이것이 내 몸이다"(마 26:26)라는 그리스도의 말씀을 문자적으로 이해하여 성만찬에서의 빵이 곧 예수의 몸이라고 주장했고, 츠빙글리는 "살리는 것은 영이니 육은 무익하니라"(요 6:63)는 말씀에 의지하여 빵은 상징일 뿐이며 따라서 육체적 임재가 아닌 영적 임재임을 강조하였다.

성만찬에서의 갈등을 해소하기 위해 루터주의자들과 츠빙글리주의자들은 헤센의 필립(Philipp of Hessen)의 중재로 1529년 10월 1-4일 마르부르크에서 모여 의논했지만 결국 합의에 성공하지 못했다. 발표한 14개 조항에 모두 동의했지만 마지막 15번째 조항의 일부분에서 결국 합의를 보지 못했다. 15번째 조항은 이렇게 기록되어 있다. "비록 우리가 현재로서는 그리스도의 살과 피가 빵과 포도주 안에 육체적으로 임재하는지 아닌지에 대해서 합의할 수 없지만, 양측은 서로에 대해 양심이 허용하는 한 그리스도인의 사랑을 보여주어야만 한다. 또한 양측은 전능하신 하나님께서 성령을 통해 우리를 올바른 깨달음에 이르게 해달라고 전심으로 기도해야만 한다." 결국 츠빙글리와 루터는 서로에게서 돌아설 수밖에 없었고, 얼마 후(1531) 츠빙글리가 카펠전쟁에서 사망함으로써 둘은 영원히 화해할 수 없었다. 이 회담의 실패는 종교개혁 진영에서 루터파와 츠빙글리파가 분열하는 출발점이 되고 말았다. "오직 성서"(sola scriptura)라는 하나의 기치를 내걸고 개혁운동을 시작한 개혁자들이 바로 그 성서의 해석 문제를 둘러싸고 하나가 되지 못한 것은 지금 생각해도 안타까운 일이 아닐 수 없다.

### 츠빙글리의 죽음

츠빙글리 당시 스위스는 13개 주로 구성된 연맹이었다. 프로테스탄트 종교개혁이 도입된 이후 스위스에는 로마가톨릭으로 남아 있는 주들과 프로테스탄트로 선향한 주들 사이에 내립이 고조되고 있었다. 그러던 중 1529년에 가톨릭 측에 포로로 잡힌 야콥 카이저(Jacob Kaiser)라는 프로테스탄트 설교자가 슈비츠에서 공개적으로 화형을 당하는 일이 발생하였다. 이것을 계기로 제1차 카펠전쟁이

츠빙글리가 카펠전쟁에서
사망하기 이전에 머물던 집의 현판(왼쪽)과 전경(오른쪽)

ZWINGLIS AMTSWOHNUNG
VON DIESEM HAUSE ZOG ER
AM 11. OCT. 1531 MIT DEM HEERE
DER ZÜRCHER NACH KAPPEL AUS
WO ER FÜR SEINEN GLAUBEN STARB.

벌어졌다. 이 전쟁에서 프로테스탄트 진영은 압도적 우위에 있었지만 평화를 바라는 사람들의 요구에 따라 복음 설교를 자유롭게 할 수 있도록 할 것, 외국으로부터 받는 일체의 군사적인 용병의 대가를 폐지할 것, 용병 수당을 창설한 자와 분배한 자들을 처벌할 것, 슈비츠는 카이저의 자녀들을 부양하기 위한 1천 길더의 비용을 부담할 것의 4개 조항을 조건으로 제1차 평화협정에 동의하였다.

그런데 1531년 가톨릭 측이 다시금 프로테스탄트 설교자들에 대해 박해를 가하자 프로테스탄트 측은 가톨릭 지역에 대해 경제적 봉쇄조치를 취하였다. 가톨릭 주들은 프로테스탄트 주들에게 곡식, 포도주, 소금, 철 등을 의존하고 있었기 때문에 전쟁 외에는 다른 선택의 여지가 없었다. 이에 다시 제2차 카펠전쟁이 일어났다. 하지만 제1차 카펠전쟁 때의 상황과는 달리 오히려 프로테스탄트 측의 전세가 열세였다. 전쟁이 발발하자 관습에 따라 츠빙글리는 군목으로서 군사들을 격려하기 위해 카펠

바서 교회 앞에 있는 츠빙글리의 동상

로 달려갔다. 츠빙글리는 군사들에게 이렇게 말하였다. "두려워하지 마라! 우리가 고통을 당하기는 하겠지만 우리는 옳은 편에 서 있다. 여러분의 영혼을 하나님께 맡기라. 그분께서 우리뿐 아니라 우리에게 속한 모든 것들을 돌보실 것이다. 오직 하나님의 뜻만이 이루어질지어다." 전쟁의 한복판에서 군사들을 돌보던 하나님의 사람 츠빙글리는 1531년 10월 11일 부상을 당해 전사하고 만다. 그의 나이 47세였다.

츠빙글리의 시체는 네 토막으로 잘려 불태워졌다. 그 재는 돼지의 재와 뒤섞여 사방으로 뿌려졌다. 아무도 츠빙글리를 기릴 수 있는 무엇인가를 찾아내지 못하도록 하기 위함이었다. 지금도 카펠에 서 있는 기념비에는 츠빙글리가 죽을 때 남겼다는 말, "너희가 나의 몸을 죽일 수는 있으나 나의 영혼은 죽일 수 없을 것이다."라는 말이 새겨져 있다. 오늘날 취리히를 방문하는 사람들은 츠빙글리를 기리기 위해 1885년 세워진 그의 동상을 만나게 된다. 스트라스부르의 개혁자 부처(Martin Bucer)의 말처럼 "참으로 그는 그리스도의 영광과 조국의 구원만을 바란" 개혁자이자 애국자였다.

**츠빙글리가 남긴 유산**

우리는 스위스에서 일어난 종교개혁운동, 다시 말하면 취리히의 츠빙글리와 제네바의 칼뱅에게서 전해져오는 유산을 개혁교회 혹은 장로교회 전통이라고 부른다. 이와 같은 개혁교회 전통과 신학에 대해 말할 때 가장 먼저 거명해야 할 사람이 바로 츠빙글리이다. 츠빙글리는 칼뱅보다 25년이나 먼저 태어나 스위스 종교개혁의 성격을 결정한 개혁자, 애국자, 신학자 그리고 목회자였다.

개혁주의 전통의 아버지로서 츠빙글리는 우리에게 다음과 같은 유산을 남겨주었다. 첫째로, 하나님에 대한 절대적 신뢰이다. “오직 하나님께 영광”(Soli Deo Gloria)이라는 개혁교회의 표어는 바로 츠빙글리에게서 시작되었다. 츠빙글리에게서 종교개혁의 본질은 하나님 외의 어떤 것 혹은 어떤 사람에게 한 조각의 마음이라도 빼앗기지 않는 것이었다. 츠빙글리는 오직 하나님께만 바쳐야 할 마음을 다른 것에게 빼앗기는 것이 바로 우상숭배라고 보았다. 둘째로, 성서에 대한 강조이다. 연속적인 성서 강해의 전통을 수립하고, 예언 모임을 조직하고, 성서 전체를 하나님의 말씀으로 받아들이는 태도야말로 츠빙글리의 독창성이었다. 성서는 츠빙글리 종교개혁의 심장이었다. 셋째로, 개인의 경건보다 공동체의 삶을 더 강조한 것이다. 루터의 종교개혁이 자기 구원의 확신에 대한 몸부림에서 출발했다면, 츠빙글리의 종교개혁은 스위스 국민들의 구원에 대한 갈망에서 시작되었다. 그의 개혁은 공동체의 삶과 도덕에 집중되었으며, 사회와 정치의 유기적인 구조들을 개혁하려는 성격을 띠고 있었다.

그는 참으로 하나님을 위해서, 그리스도의 나라를 이 땅에 이루기 위해서, 영혼의 구원을 위해서 하나님 앞에서 용감하고 치열하게 살았던 개혁자였다. 그의 책 『주석』의 마지막 문장은 그의 삶의 목표가 무엇이었는지를 그대로 보여준다. “내가 말한 모든 것은 하나님의 영광을 위한 것이며, 그리스도의 나라와 양심의 유익을 위한 것이다.”

제11장

# 내 마음 주님께 바칩니다

## 칼뱅의 생애와 그가 남긴 유산들

16세기 프로테스탄트 종교개혁자들 중에서 가장 광범위한 영향력을 행사한 인물이 바로 칼뱅이다. 루터의 영향이 독일과 스칸디나비아 반도(덴마크·노르웨이·스웨덴)에 국한되었고, 츠빙글리의 사상이 취리히와 스위스 몇몇 도시들에 영향을 미친 것에 반하여, 칼뱅의 사상은 제네바를 위시한 스위스 지역은 물론이고 프랑스, 네덜란드, 독일, 잉글랜드, 스코틀랜드, 폴란드 등의 유럽 전역으로 뻗어나가 뉴잉글랜드를 거쳐 한국에 이르기까지 확산되었다. 칼뱅주의야말로 국제적이라는 이름에 어울리는 운동이었다. 오늘날 개혁교회 혹은 장로교회라고 불리는 전통은 대부분 칼뱅에게 의지하고 있다. 뿐만 아니라 그의 영향력은 단지 신학과 교회에 국한되지 않고, 정치, 경제, 사회, 문화, 교육 등 방대한 영역에까지 미쳤다.

## 제네바에 도착하기까지 (1509-1536)

칼뱅은 프랑스 북부의 작은 마을 누아용(Noyon)에서 1509년 7월 10일 태어났다. 아버지는 성당 참사회 일원으로 교회재정을 관리하는 일을 했고, 어머니는 경건한 여인이었지만 칼뱅이 어릴 때 죽었다. 칼뱅은 14살이 되던 1523년 파리의 콜레주 드 마르슈에 입학하여 라틴 문법과 수사학을 배우다가 얼마 후 콜레주 드 몽테규로 옮겼다. 그러다가 아버지의 권유로 1528년 초 오를레

누아용에 있는 칼뱅 생가 터에 세워진 기념박물관과
칼뱅의 초상화

앙 대학으로 가서 레스투알에게서 법학을 공부하였고, 1529년 여름에는 부르주 대학으로 옮겨서 알치아티에게서 법학과 인문학을 배웠다.

칼뱅이 언제 프로테스탄트 개혁자로 회심했는지, 또 그의 회심이 갑작스러운 것이었는지 점진적인 것이었는지에 대해서는 논란이 있지만, 대체로 1533년 전후에 회심했을 것이라고 보는 것이 무리가 없다. 만일 1533년 11월 1일 만성절에 파리 대학 신임총장 니콜라스 콥이 연설한 종교개혁적인 성격의 연설문 작성에 칼뱅이 관여한 것이 사실이라면, 그가 그때 이미 프로테스탄트 사상으로 회심한 것으로 볼 수 있다. 아무튼 이 사건으로 인해 칼뱅은 파리를 떠나 피신해야 했다. 그 후 파리에서는 1534년 10월 가톨릭의 미사를 비방하는 플래카드가 시내 곳곳에 나붙는 일이 발생해 프로테스탄트는 한층 더 박해를 받게 되었다.

칼뱅은 바젤에 머물면서 프랑스의 박해받는 프로테스탄트 신자들을 변호하고자 유명한 『기독교강요』를 집필하기 시작해 1536년 3월 출판하였다. 당시 칼뱅은 스트라스부르로 가던 중 프랑수아 1세와 카를 5세의 전쟁으로 인해 길이 막히자 우회하기 위해 제네바에 들렀다. 그때 제네바는 막 가톨릭 신앙을 떠나 프로테스탄트 신앙을 받아들이려고 하던 차였다. 당시 그곳에서 종교개혁운동을 펼치고 있던 기욤 파렐(Guillaume Farel)은 『기독교강요』의 저자가 제네바에 머물고 있다는 소식을 듣고 밤중에 찾아가 칼뱅에게 제네바의 종교개혁운동에 동참해줄 것을 강권하였다. 여러 가지 이유를 들면서 완강하게 거부하던 칼뱅은 파렐이 하나님의 저주를 들먹이면서 압박하자 결국 운명의 도시인 제네바의 사역자가 되기로 마음을 정한다.

**제네바 1차 사역 (1536-1538)**

칼뱅은 제네바의 생피에르(St. Pierre) 교회에서 성서를 가르치는 교사로 시작하여, 얼마 뒤에는 목회자로 사역하였다. 칼뱅과 제네바의 목회자들은 제네바교회의 개혁을 위해 『신앙고백과 규율』과 『요리문답』을 작성하였고, 이 문서들은 1537년 1월 16일 의회의 승인을 받았다. 이에 따라 제네바의 모든 거주민은 신앙고백서에 서명해야만 하였다. 하지만 제네바의 토착세력들은 외부에서 온 목회자들이 주도하는 개혁운동에 강한 불만을 표출하면서 신앙고백서 자체를 거부하였다. 여기에 정치적인 문제까지 더해졌다. 제네바가 가톨릭의 멍에에서 벗어나는 데 결정적인 도움을 준 베른이 제네바의 과격한 개혁을 반대하면서, 제네바교회가 이미 폐지한 축일, 세례반, 성찬식에서의 무교병 사용 등의 관습을 복원하라고 요구해온 것이다. 정치적인 빚을 지고 있던 제네바 의회는 베른의 눈치를 볼 수밖에 없었고, 게다가 1538년 2월 선거에서 토착세력들이 승리함에 따라 칼뱅을 비롯한 목회자들의 입지는 더욱 좁아지게 되었다.

칼뱅과 파렐은 개혁을 위해서는 복음에 합당하지 않게 생활하는 사람들과 신앙고백서에 서명하지 않은 사람들에게 성찬을 베풀 수 없다고 주장하였지만, 제네바 의회는 1538년 부활절 성찬식을 베른의 의식에 따라 거행할 것을 요구하였다. 4월 21일 부활절에 목회자들이 개혁을 요구하는 강력한 설교를 하고 성찬을 베풀지 않자, 의회는 바로 다음 날인 4월 22일 칼뱅과 파렐을 면직시키고 3일 안에 제네바를 떠날 것을 명하였다.

**스트라스부르 사역 (1538-1541)**

제네바를 떠나 얼마간 바젤에서 머물던 칼뱅은 스트라스부르의 종교개혁자 마르틴 부처의 초청으로 1538년 9월 초 스트라스부르로 갔다. 거기서 칼뱅은 프랑스 피난민들이 모인 교회의 목회자로 일하면서, 스트라스부르 아카데미에서 신약성서를 가르치는 책임을 맡았다.

칼뱅은 스트라스부르에 체류하던 이 시기가 자신의 인생에서 가장 행복한 때였다고 회고한다. 1540년에는 부처의 중매로 이들레트 드 뷔르(Idelette de Bure)와 결혼하여 가정을 꾸리지만, 안타깝게도 이들레트는 1549년 먼저 세상을 떠나고 만다. 칼뱅은 스트라스부르에 머물면서 『기독교강요』 개정판(1539)과 『로마서주석』(1540)을 내놓았고, 성만찬에 관해 격한 대립을 보이고 있던 루터주의자들과 츠빙글리주의자들을 중재하는 『성만찬에 관한 소논문』(1541)을 발표하였으며, 제네바 시민들을 가톨릭으로 되돌리려는 의도로 로마 추기경 사돌레토가 보낸 편지를 반박하는 탁월한 답변서를 쓰기도 하였다. 이처럼 칼뱅은 스트라스부르에서 목회자, 교수, 저술가, 중재자로서의 바쁜 일상을 보냈다.

칼뱅이 목회하던 스트라스부르의 피난민 교회

부처가 목회하던 스트라스부르 토마스 교회

칼뱅이 스트라스부르에 머문 지 3년 만에 제네바교회가 다시 그를 청하였고, 이때 칼뱅은 제네바로 돌아가느니 차라리 백번이고 십자가를 지는 편이 더 낫다고 하면서 완강히 거절하였다. 그렇지만 파렐과 부처를 비롯한 동료들이 제네바교회를 위해서 칼뱅이 꼭 필요하며 하나님의 이름으로 또다시 강권하자, 결국 칼뱅은 자신의 뜻을 꺾고 제네바행을 결심하면서 파렐에게 이렇게 써 보냈다. "만일 나에게 선택의 자유가 있다면 제네바로 돌아오라는 당신의 요구만은 정말 거절하고 싶지만, 내가 나의 주인이 아님을 돌이켜 생각하여 주님께 제물로 바치듯 내 마음을 즉시 그리고 진심으로 드립니다." 그리하여 마음을 바치는 손이 있는 그림이 칼뱅의 문장(紋章)이 되었다.

**제네바 2차 사역 (1541-1564)**

제네바가 개혁교회의 요람이 되기까지의 과정은 결코 순탄하지 않았다. 1541년부터 1555년까지 적어도 14년 동안 칼뱅은 폭풍이 휘몰아치는 것과 같은 험한 세월을 보내야만 했다. 자신을 반대하는 세력들에게 제지를 받으면서도 칼뱅은 모든 난관을 뚫고 『교회법령』을 마련하여 예배의식과 교회의 제반 관습을 개혁하고, 목회자와 평신도로 구성된 치리기구인 컨시스토리(Consistory)를 만들어 도덕을 바로 세우고, 신학적 논쟁들을 통해 올바른 사상을 수립하고, 제네바아카데미를 통해 교육을 개혁하고, 종합구빈원과 프랑스기금을 통해 사회복지를 실천하는 등의 활동을 함으로써 제네바

제네바의 생피에르 교회와 칼뱅 강당(왼쪽)
제네바에서 칼뱅이 살던 집(오른쪽)

를 하나님의 말씀에 합당한 도시로 만들어나갔다. 그 결과 1556년 제네바를 방문한 스코틀랜드의 종교개혁자 존 녹스(John Knox)는 제네바를 보고 "사도 시대 이후 가장 완벽한 그리스도의 학교"라며 감탄하였다.

칼뱅은 1564년 5월 27일 숨을 거둘 때까지 제네바의 목회자로, 프로테스탄트 종교개혁의 지도자로, 교육자로, 신학자로 자신에게 맡겨진 소명을 감당하였다. 칼뱅이 끼친 영향은 단지 교회에만 국한된 것이 아니라 서구 사회 전체에 걸친 광범위한 것이었다. 그는 하나님의 교회와 하나님의 영광을 위해서 자신의 마음을 "즉시 그리고 진심으로" 바친 위대한 하나님의 사람이었다. 칼뱅의 『기독교강요』 맨 마지막에 있는 문장, "하나님을 찬양하라."(Laus Deo)는 그의 사상의 원천이자 삶의 목표였다. 칼뱅은 죽었지만 아직도 그의 사상과 정신은 온 세계 곳곳에 살아 있다.

**종교개혁 사상의 완성자**

시기적으로 보자면 칼뱅은 종교개혁 1세대인 루터나 츠빙글리보다 한 세대 뒤에 활동한 2세대 종교개혁자이다. 그렇기 때문에 칼뱅은 처음 프로테스탄트 종교개혁을 시작한 루터나 츠빙글리보다 더 큰 틀에서 객관적으로 프로테스탄트의 위상을 조망할 수 있었고, 앞선 선배들이 드러낸 약점들을 보완하고 종합할 수 있는 유리한 위치에 있었다고 할 수 있다. 칼뱅이 넓은 안목으로 프로테스탄트 신학을 종합하려고 했다는 것은 다음의 몇 경우만 보아도 쉽게 알 수 있다.

첫째로, 칼뱅은 성만찬을 둘러싸고 심각한 갈등을 빚고 있던 루터주의자들과 츠빙글리주의자들을 중간에서 화해시키는 역할을 맡았다. 칼뱅은 루터의 정(thesis)과 츠빙글리의 반(antithesis)을 조화시켜 하나의 합(synthesis)을 만들고자 하였다. 다시 말하면 칼뱅은 영적 임재설로써 루터의 육체적 임재설과 츠빙글리의 상징설을 통합하고자 했던 것이다. 『성만찬에 관한 소논문』과 『취리히 합의』가 칼뱅의 이런 노력을 보여주는 결과물들이다.

둘째로, 루터가 종교개혁의 기치를 내걸면서 "믿음으로 의롭게 된다"는 이신칭의(以信稱義)의 교리를 지나치게 강조한 결과, 프로테스탄트는 사랑의 행함이나 거룩한 삶에는 관심이 없고 오직 믿음만 있으면 만사형통이라고 가르친다는 온갖 오해와 억측이 생겨난 측면이 있는데, 칼뱅은 믿음으로 말미암는 칭의와 더불어 거룩한 생활을 통한 성화를 동시에 강조함으로써 프로테스탄트 신학이 결코 편향된 가르침이 아니라 균형 잡힌 사상임을 부각시켰다. 율법이 그리스도인의 성화를 위해 필요하다고 신학적으로 주장한 점, 신앙고백과 성만찬 참여와 더불어 거룩한 삶이 성도의 표지가 된다고 주장한 점 그리고 『기독교강요』에서 칭의보다 성화를 먼저 다루고 있는 점 등은 칼뱅이 성화를 얼마나 강조했는지를 잘 보여준다. 그래서 일부 학자들은 칼뱅을 '성화의 신학자'로 간주하기도 한다.

셋째로, 루터가 개인의 구원에 관심을 둔 반면에, 칼뱅은 개인뿐만 아니라 교회와 세상까지도 하나님의 뜻에 합당한 공동체가 되기를 바라면서 사회와 정치의 유기적인 구조들을 개혁하고자 하였다. 이런 것들은 모두 그가 2세대 종교개혁자였기 때문에 가능한 신학적 종합이었을 것이다. 이런 의미에서 우리는 칼뱅을 종교개혁 사상의 완성자라고 부를 수 있을 것이다.

**교회의 신학자**

칼뱅의 사상에서 가장 두드러지고 돋보이는 것은 단연 교회에 대한 가르침이다. 사실상 루터나 츠빙글리 같은 1세대 종교개혁자들은 로마가톨릭의 교회론과 구별되는 프로테스탄트의 교회론을 만들어낼 여유가 없었고 또 그럴 의지도 없었다. 그러나 종교개혁이 시작된 후 한 세대가 지나면서 이제 로마교회와 프로테스탄트교회의 분리가 돌이킬 수 없는 현실이 되자, 프로테스탄트 신자들을 위한 독자적인 교회론이 요청되었다. 이 필요성에 부응한 사람이 바로 칼뱅이다. 칼뱅의 주저인 『기독교강요』 최종판(1559)에서 가장 많은 분량을 차지하고 있는 것이 바로 교회론 부분이고, 우리는 여기서 그가 프로테스탄트 교회론을 확립한 신학자라는 것을 분명히 알 수 있다. 그는 교회의 표지인 말씀과 성례에 대해서, 교회를 지탱하고 성도를 세우는 권징에 대해서, 목사 · 교사 · 장로 · 집사로 이루어지는 사중직제에 대해서, 교회의 예배에 대해서 그리고 교회와 국가의 관계에 대해서 오늘날까지도 개혁교회와 장로교회가 의지할 수 있는 표준을 세워놓았다. 칼뱅의 평생의 관심은 '참된 교회'였다. 그는 무엇이 참된 교회이고, 어떻게 해야 하나님이 기뻐하시는 참된 교회가 될 수 있는가

하는 문제를 붙들고 평생을 씨름한 하나님의 사람이었다. 칼뱅이 『기독교강요』 서문에서 "내가 교회에서 교사의 직책을 맡은 이후, 나는 교회의 유익을 구하는 것 이외에 다른 목적을 가진 적이 없다."라고 고백한 데에서 우리는 그가 얼마나 교회를 사랑한 사람이었는지를 확실하게 알 수 있다.

칼뱅에게 참된 교회로 나아가기 위한 첫 단추는 예배의 회복이었다. 칼뱅은 사도행전 2:42의 말씀, "그들이 사도의 가르침을 받아 서로 교제하고 떡을 떼며 오로지 기도하기를 힘쓰니라"는 말씀 안에 예배의 중요한 요소들이 모두 포함되어 있다고 생각했다. 사도의 가르침을 받는다는 것은 하나님의 말씀이 선포된다는 것이요, 서로 교제한다는 것은 성도 간의 섬김과 세상을 향한 구제가 이루어진다는 것이요, 떡을 뗀다는 것은 성만찬이 거행된다는 것이며, 기도한다는 것은 하나님을 향한 찬양이 있다는 것을 의미한다. 이처럼 칼뱅은 말씀선포, 구제, 성만찬, 기도(찬양)가 예배의 네 요소라고 보았다.

예배에서의 찬양과 관련하여 그는 회중들이 함께 부르는 시편찬송을 매우 중요하게 여겼다. 중세 가톨릭교회에서는 신자들은 찬송을 부르지 않고 성직자들만 라틴어로 찬송을 불렀다. 하지만 칼뱅은 신자들이 모두 함께 자신들의 언어로 노래하는 회중찬양을 옹호하였다. 더욱이 하나님을 예배하는 데는 시편이 가장 적합하다고 생각했기 때문에 시편찬송을 선호하였다. 그리하여 1539년에 『제네바 시편찬송가』를 처음으로 출간하였다. 여기에는 18곡의 시편찬양이 수록되었는데, 그중 6곡에 칼뱅 자신이 직접 가사를 붙일 만큼 이 일에 열정을 보였다. 『제네바 시편찬송가』는 그 후에 계속 증보되어 1562년에는 시편 전체가 찬양으로 만들어졌다.

예배에서 찬양이 중요한 이유는 찬양이 성도들로 하여금 기도하고 하나님이 하신 일을 묵상하게 할 뿐 아니라 하나님을 사랑하고, 경외하고, 영화롭게 하도록 그들을 자극하기 때문이다. 그렇기 때문에 개혁교회 최초의 신학교였던 제네바아카데미(1559년 설립)의 교육과정에는 수업이 있는 날이면 언제나 매일 1시간씩 시편을 노래하는 시간이 있었다. 이와 같이 예배시간에 시편을 찬양하는 것은 개혁교회가 세워진 곳이면 어디서나 특징적인 전통이 되었다. 한국장로교회 최초의 찬송가인 『찬셩시』(1895년)의 재판(1898)에도 총 84곡 중 시편찬송이 14곡이나 포함되어 있었다. 하지만 현재 우리가 사용하고 있는 한국교회의 찬송가에는 시편찬송이 대부분 제외되어 있어 큰 아쉬움으로 남는다.

**경건과 학문을 강조한 교육자**

1536년 제네바에 처음 도착했을 때부터 칼뱅은 교육을 강조하였다. 그리스도교에 대한 지식이 그리스도인의 신앙과 삶에서 대단히 근본적이고 핵심적이기 때문에 종교개혁의 완성을 위해서는 무엇보다 교육이 중요하다고 생각한 것이다. 칼뱅이 교사를 교회의 영속적인 직제 가운데 포함시키고 있는 데에서 우리는 그가 얼마나 교육을 중시했는지 짐작할 수 있다. 칼뱅은 『교회법령』(1541)에서 이미 고등교육기관의 필요성을 명백하게 표현했지만, 그 계획을 실제로 실현시키는 데는 무려 18년이나 걸렸다. 1559년 6월 5일 마침내 칼뱅이 목회하던 생피에르 교회에서 제네바아카데미가 공식적으로 개교하였다. 제네바아카데미는 종교개혁 사상 특히 개혁교회 전통을 온 유럽으로 전파하는 요람이었다. 유럽 각 나라의 지도자들이 제네바아카데미에서 교육을 받고 자신들의 고국으로 돌아가 그곳에서 배운 개혁교회의 이상을 실현하였으며, 이를 통해 개혁교회 전통은 명실상부한 국제적 지위를 차지하게 되었다.

제네바아카데미 교육의 가장 두드러진 특징 중 하나는 인문학과 교양에 대한 강조였다. 아카데미의 교과과정에는 성서에 대한 교육과 더불어 수많은 고대 작가들의 작품들을 필두로 수사학과 자연과학과 같은 과목들이 포함되었다. 신학과 더불어 인문학과 교양을 강조함으로써 하나님의 뜻은 특별계시를 통해서만이 아니라 일반계시를 통해서도 우리에게 전달된다는 것을 암시해주고 있는 것이다.

제네바아카데미의 또 다른 특징은 실천적이고 실제적인 교육을 추구했다는 것이다. 이것은 제네바의 개혁자 칼뱅의 특징이기도 하다. 칼뱅은 지적인 호기심만을 충족시키려는 추상적이고 무익한 지식이 아니라 인문주의에 기초한 유용하고 실천적인 지식을 추구하였다. 그는 교회를 살리고, 신자들에게 경건한 열망을 불러일으키고, 세상을 변화시키는 것이 지식의 역할이라고 생각했다. 그렇기 때문에 제네바아카데미는 교회와 매우 긴밀한 관계를 맺고 있었다. 교회와 신학교는 결코 분리된 기관이 아니었고, 하나님의 나라를 이루기 위해 긴밀하게 연관된 하나님의 기관이었다.

제네바아카데미의 인문학과 교양 학문에 대한 강조는 오늘의 신학 교육에도 의미하는 바가 크다고 할 것이다. 신학이 좁은 울타리에 갇힌 파편화된 학문이 아니라 보편성을 가진 학문이 되기 위해서는 일반 학문과의 교류가 필요하다. 목회자가 세상과 소통하고 세상을 구원하는 직무를 다하기 위해서도 인문학적 소양을 갖추는 것은 필수적이라 할 것이다. 이런 점에서 오늘날의 신학교육도 더욱더 간학문적인(interdisciplinary) 방향으로 나아갈 필요가 있다. 신학교와 교회가 연결망을 형성하여 이론과 실천이 서로를 보완하고 수정해갈 수 있도록 협력하고 노력하는 것 또한 매우 중요한 과제이다.

**더불어 행복한 사회를 추구한 활동가**

칼뱅의 개혁운동은 교회와 학교에 머물지 않고 정치, 경제, 문화 등 사회 전반에 걸쳐 진행되었다. 그는 "민주정치에 근접하는 귀족정치"를 제안함으로써 민주주의로의 길을 예비했다는 평가를 받고 있으며, 널리 알려진 대로 베버(Max Weber)는 그의 "직업 소명설"과 "세상 안에서의 금욕주의" 사상이 근대 자본주의 정신 형성에 기여했다고 주장하였다. 비록 베버가 칼뱅의 사상과 칼뱅주의를 구별하지 못하는 오류를 범한 측면이 있어 그의 주장을 둘러싸고 여러 논란이 일고 있지만, 칼뱅이 경제문제에도 결코 무관심하지 않았음이 베버의 주장을 계기로 분명하게 밝혀진 것만은 사실이다. 실제로 칼뱅은 이전까지 금기시되던 이자문제에 대해서도 유연하고 독창적인 입장을 보여, 생존을 위한 것이 아닌 생산을 위한 대출의 경우에는 이자를 부과할 수 있다고 주장하였고, 이전에는 터부시되던 상업의 가치를 인정하였으며, 노동과 임금문제에 대해서도 전향적인 의견을 개진하였다.

특히 칼뱅은 부의 불균등한 분배로 인해 고통당하는 가난한 사람들에 대해 지대한 관심을 갖고 있었다. 그는 부자들을 향해 하나님께서 물질을 주신 것은 가난한 사람들을 섬기라고 위탁하신 것임을 알고 선한 청지기로서의 책임을 다하라고 강력하게 설교하였다. 또한 가난한 사람들을 돕기 위한 복지기관을 만들어 체계적이고 합리적으로 복지사역을 벌이기도 하였다. 칼뱅은 제네바에 이미 존재하던 사회복지기관인 '종합구빈원'(General Hospital)에 대한 성서적 전거를 마련하고, 그곳에서 봉사하던 구빈원장과 행정관들을 교회와 긴밀히 연결시키는 역할을 감당하였다. 또한 종합구빈원만으로는 복지 수요를 다 감당할 수 없게 되자 따로 '프랑스기금'(Bourse Française)을 설립하여 운영하였다. 프랑스기금은 주로 프랑스에서 제네바로 망명을 온 피난민들과 가난한 사람들을 돕기 위한 기구였다. 칼뱅은 프랑스기금의 형성에 직접적으로 관여하였고, 그 자신이 정기적으로 기부하였으며, 가난한 사람들에게 이 기금의 도움을 받을 것을 권하였다. 1554년 7월 1일에는 프랑스기금을 관리하는 집사들을 선출하기 위한 모임이 칼뱅의 집에서 열리기도 하였다. 이처럼 칼뱅을 중심으로 한 제네바의 종교개혁은 종교적인 측면에서뿐만 아니라 정치적이고 사회적인 면에서도 제네바에 진정한 혁명을 가져왔다.

**칼뱅 넘어서기**

역사의 방향에 근본적인 변화를 일으키는 사람은 그렇게 많지 않다. 그런데 칼뱅은 서구 역사에 매우 깊은 흔적을 남겼을 뿐 아니라 역사의 방향을 전환시키는 사건을 일으킨 인물이다. 칼뱅이 서구 그리스도교에 끼친 영향에 대해서는 프로테스탄트 진영만이 아니라 로마가톨릭 학자까지도 인정하고 있다. 가톨릭 학자인 가녹지(Alexandre Ganoczy)는 자신의 저서 『젊은 칼뱅』(*The Young Calvin*)에서 "칼뱅은 음악 연주가나 오케스트라 지휘자에 비유될 수 없다. 연주가나 지휘자의 임무는 곡을 충실하게 해석하는 데 제한되어 있기 때문이다. 오히려 칼뱅은 작곡가처럼 다양한 주제들을 빌려오고 그것들을 자신의 영적인 통찰에 따라 편곡하는 사람이다. 칼뱅은 루터, 멜란히톤, 츠빙글리, 부처의 주제들을 때로는 강하게 또 어떤 때는 부드럽게 울려퍼지게 하면서, 그것들을 자신의 작품 안에서 연출한다."라고 평가하였다.

분명 16세기 제네바와 21세기 한국은 시간도 공간도 다르다. 따라서 과거의 칼뱅을 그대로 답습하는 것은 진정한 의미에서 칼뱅을 계승하는 것이 아니다. 우리에게 필요한 것은 그가 남긴 소중한 유산들로부터 근본 원리를 찾아내어 그것을 우리의 상황 가운데 적용시키는 것이다. 우리가 처해 있는 상황은 칼뱅이 미처 생각지 못하던 전혀 새로운 것들이고, 따라서 이 새로운 상황들을 복음의 원리로 해석하여 대안을 제시해야 할 책임이 우리에게 있는 것이다. 다시 말해 칼뱅을 넘어서야 한다는 것이다. 그것이 "개혁된 교회는 항상 개혁되어야 한

제네바에 있는 파렐 · 칼뱅 · 베즈 · 녹스의 동상(위)
칼뱅의 이름이 붙은 도로(중앙)
칼뱅의 사인(아래)

다."는 개혁교회의 원리에 충실한 것이다. 바르트의 말처럼 "칼뱅을 제대로 진실하게 따른다면 따라야 할 길은 하나이다. 칼뱅 그 자신에게 순종하지 말고 칼뱅이 주인으로 섬긴 그분을 따르는 길이다." 그것이 진정으로 칼뱅을 계승하는 방법이다.

제12장

# 유일한 토대, 예수 그리스도

## 복음적 재세례파 메노 시몬스의 생애와 사상

**'좌파' 인가**
**'급진 개혁자' 인가**

중세의 로마가톨릭교회에 저항하면서 일어난 16세기 종교개혁은 단선적이고 획일적인 운동이 아니라 매우 복잡하고 다양한 성격을 지닌 운동이었다. 로마가톨릭의 폐해에 반대한다는 점에서는 종교개혁자들 모두가 일치했지만, 루터, 츠빙글리, 칼뱅과 같은 주류 종교개혁자들과 비주류 종교개혁자들 사이에는 상당한 의견 차이가 있었다. 카를슈타트(Andreas Karlstadt)나 뮌처(Thomas Müntzer)는 루터와 갈등을 일으켰고, 그레벨(Konrad Grebel)과 스위스 형제단(Swiss Brethren)은 츠빙글리와 견해를 달리하였으며, 카스텔리오(Sebastian Castellio)는 칼뱅과 의견 대립을 보였다. 이들 비주류 종교개혁자들은 보다 철저하고 급진적인 개혁을 추구하였다. 이들의 개혁이 결과적으로 실패해 후대 역사가들의 관심을 크게 끌지는 못하였지만, 이들이 보다 근본적인 개혁을 추구했다는 점과 후대에 미친 영향이 적지 않다는 점을 고려할 때 이들을 결코 소홀히 다룰 수 없다.

종교개혁의 다양한 분파를 하나의 직선 안에 정렬해본다면 가장 오른쪽에 가톨릭이, 그 다음에 루터, 칼뱅, 츠빙글리가 그리고 가장 왼쪽에는 이들 비주류 종교개혁자들이 자리할 것이다. 베인튼(Roland Bainton)은 이 비주류 개혁자들을 종교개혁의 "좌파"라고 칭한 바 있다. 클라센(Claus-Peter Clasen)도 통계학을 사용해 이들 비주류 가운데 재세례파에 대해 저술한 『재세례파의 사회사, 1526-1618』에서 당시 유럽의 재세례파 수가 3만 명을 초과하지 않았다고 주장하면서 재세례파운동은 "16세기 독일 사회사에서의 작은 에피소드"였고, 독립적인 종교개혁이었다기보다는 주류 종교개혁의 "좌파"였다고 평가했다. 그러나 윌리엄스(George Williams)는 편견이 가미된 좌파라는 용어 대신에 보다 가치중립적인 "급진 종교개혁자"라는 용어를 제시하였다. 현대 개신교 역사가들이 가톨릭의 종교개혁을 반동(反動) 혹은 역(逆) 종교개혁이라 부르는 것은 가톨릭 개혁의 독자성을 인정하지 않고 단지 프로테스탄트 종교개혁의 반향으로만 취급하는 것이기 때문에 문제가 있는 것과 마찬가지로, 급진적인 종교개혁을 좌파라고 부르는 것은 주류 종교개혁에 대한 변종으로 취급하는 것이기 때문에 잘못된 것이다. 윌리엄스가 말한 것처럼 급진적 종교개혁은 분명 그 기원에서 독자적이었고 그들 나름으로 하나의 적극적인 운동을 형성하였다.

**재세례파 종교개혁**

윌리엄스는 급진적인 종교개혁자들을 세 집단으로 분류하였다. 재세례파(Anabaptists), 영성주의자들(Spiritualists), 복음적 합리주의자들(Evangelical Rationalists)이 바로 그들이다. 윌리엄스는 이들 가운데 특히 당대에 많은 논쟁을 불러일으켰을 뿐 아니라 후대에 미친 영향력도 큰 재세례파를 다시 세 유형으로 나누었다. 1534-1535년 뮌스터에 신정 정치적인 공동체를 수립하려 한 라이덴의 얀(Jan van Leiden)과 같은 혁명적 재세례파, 내면의 신비적 조명을 강조한 한스 뎅크(Hans Denck)와 같은 명상적 재세례파 그리고 스위스 형제단이나 메노 시몬스(Menno Simons)처럼 평화주의와 사도적인 모범을 따르고자 한 복음적 재세례파로 나눈 것이다.

재세례파에 속한 다양한 무리는 각기 강조점을 달리하기는 했지만 모두가 소박한 삶의 양식을 회복하고자 하고, 성서에 근본적으로 충실하고자 하고, 훈련된 제자의 삶을 강조하고, 유아세례를 부인하며 스스로의 의지로 결단할 수 있는 성인들의 세례를 주장하고, 국가 종교에 반대한다는 점에서 공통점을 지닌다. 이들은 급진적이었으며 동시에 근본적이었다.(radical이라는 단어는 뿌리를 뜻하는 radix에서 유래되었다.)

최초의 재세례파는 평화주의와 평등주의에 기초한 사람들로 스위스의 취리히에서 등장하였다. 이들은 처음에 츠빙글리와 함께 교회개혁에 나섰지만, 시간이 지나면서 그와는 다른 길을 택하였다. 콘라트 그레벨을 위시한 한 무리의 사람들은 츠빙글리가 추구하는 개혁의 내용과 속도에 불만을 가지게 되었다. 그들은 츠빙글리의 개혁이 성서의 가르침을 철저히 따르고 있지 못할 뿐만 아니라 시의회의 눈치를 살피느라 개혁이 지지부진하게 전개된다고 비판했다. 특히 유아에게 세례를 베푸는 관습이 성서에 근거해 있지 못하다는 사실을 발견하고, 오직 스스로 믿음을 고백할 수 있는 성인들에게만 세례를 베풀어야 한다고 주장하였다. 마침내 1525년 1월 21일 블라우록(George Blaurock)이 그레벨에게 신앙과 지식에 근거한 참된 세례를 베풀어달라고 요청하여 두 번째 세례를 받은 후, 그 자신도 그곳에 있는 사람들에게 세례를 베풀었다. 이때부터 재세례파라는 꼬리표가 붙게 되었다. 하지만 그들은 유아세례는 참된 세례가 아니기 때문에 자신들이 받은 세례는 재세례가 아니라고 믿었다. 그렇지만 이미 그들에게는 유아세례를 부인하고 재세례를 시행하는 이단이라는 딱지가 붙었다.

또한 교회와 국가의 결탁에 대한 그들의 반대는 결국 그들을 반역자로 몰고갔다. 따라서 이들은 신학적인 이유와 동시에 정치적인 이유로 박해를 받았다. 재세례파는 이단인 동시에 반역죄로 정죄를 당한 것이다. 따라서 재세례파운동은 점점 과격한 양상을 띠게 되고 마침내 혁명적 재세례파가 등장하게 되었다. 그리하여 호프만(Melchior Hoffmann)은 스트라스부르에, 얀 마티스(Jan Matthys)와 라이덴의 얀은 뮌스터에 천년왕국인 새 예루살렘이 임할 것이라고 선포하였다. 뮌스터에서는 전쟁의 와중에 남자들이 부족해지자 일부다처제를 공식적으로 실시하기까지 하였다. 그렇지만 후에 메노 시몬스의 이름을 따라 메노나이트라고 불리게 되는 복음적 재세례파가 등장하여 평화주

멜히오르 호프만

얀 마티스

라이덴의 얀

의, 세족식, 성경에 배치되지 않는 한 국가에 복종, 군복무 거부, 사회 봉사 등으로 많은 사람들의 찬사와 존경을 받게 되었다.

**주류 종교개혁자들과 재세례파의 논쟁점**

복음적 재세례파가 무엇을 믿는지는 "슐라이트하임 신앙고백문"에 잘 나타나 있다. 이 고백문은 1527년 2월 24일 샤프하우젠 주의 슐라이트하임이라는 작은 마을에서 개최된 스위스와 남부 독일 재세례파의 모임에서 채택된 것이다. 미카엘 자틀러(Michael Sattler)가 작성했다고 믿어지는 슐라이트하임 신앙고백문의 원래 제목은 "7개 조항에 대한 하나님의 자녀들의 형제애적 일치" 였다. 이 신앙고백문의 최초의 인쇄본에 실려 있던 표지글은 신앙고백이 의도하고 있는 목회적인 목적과 논쟁적인 목적 둘 다를 밝히고 있다. 자틀러에 따르면 이 문서는 신앙에 관한 몇 가지 기본적인 교리들에 관해 혼란을 겪고 미혹된 "사랑하는 형제자매들" 에게 위로와 확신을 전해주려는 의도를 갖고 있었다. 동시에 어떤 "그릇된 형제들" 은 가려내어 정죄하고자 하였는데, 소위 주류 종교개혁자들과 명상적 또는 혁명적 재세례파들을 논박하려는 의도를 지니고 있었다. 슐라이트하임 신앙고백문은 좌로는 과격한 영성주의에 맞서고 우로는 주류 종교개혁에 맞서면서 복음주의적인 재세례파의 모습을 형성하였다. 엄격히 말해 슐라이트하임 신앙고백은 특별한 관심사들에 대한 선언문이었는데, 세례, 파문, 성만찬, 세상으로부터의 분리, 목회자와 회중의 역할, 검, 맹세의 7개 조항을 다루고 있다.

주류 종교개혁자들과 재세례파 사이의 갈등 요소는 크게 세 가지였다. 유아세례를 어떻게 볼 것인가, 교회는 어떤 공동체인가, 그리스도인과 국가의 관계는 어떠해야 하는가 하는 문제가 갈등의 핵심에 놓여 있었다. 첫째로, 유아에게 세례를 주는 것이 정당한가 하는 문제는 16세기에 일어난 가장 첨예한 논쟁 가운데 하나였다. 재세례파는 교회가 전통적으로 행해온 유아세례의 관습이 잘못된 것이라고 확신하였다. 그들은 개인이 회심의 경험을 한 뒤 혹은 분명하고 의식적인 믿음을 가지게 된 뒤에 변화된 생활을 입증했을 때 세례가 베풀어져야 한다고 생각했다. 따라서 회심을 경험하지 못했을 뿐 아니라 의식적인 믿음도 소유하지 못한 유아 시기에 받는 세례는 진정한 세례가 아니기 때문에 성인이 되어 세례를 다시 받는 것이 마땅하다고 주장하였다. 하지만 로마가톨릭이나 프로테스탄트 주류 종교개혁자들이 볼 때 그것은 반복할 수 없는 세례의 성례를 다시 행하는 명백한 재세례이기 때문에 인정할 수 없는 일이었다. 특별히 주류 개혁자들은 유아세례를 하나님과 하나님의 백성들 사이에 맺은 언약의 징표로 보았기 때문에 유아세례의 관습을 정당한 것으로 간주하였다. 재세례파가 세례를 개인적인 회심이나 믿음을 확증하는 의식으로 본 반면에, 주류 개혁자들은 세례를 언약의 공동체 안으로 들어가는 의식으로 파악하였다.

재세례파와 주류 종교개혁자들 사이의 두 번째 갈등은 교회론이었다. 재세례파는 거룩한 자들과 사악한 자들 사이에는 어떤 종류의 교제도 가능하지 않다고 선언하였고, 의인과 죄인의 완전한 분리를 주장하였다. 재세례파 사람들에게 가시적인 교회는 의로운 자들의 모임 혹은 성도들의 거룩한 교제여야 했다. 그러나 주류 개혁자들에게 가시적인 교회란 성도들만의 공동체라기보다는 성도들과 죄인들이 혼합되어 있는 것이었다. 가시적인 교회에는 많은 위선자들, 악한 자들 그리고 야심을 가진 사람들도 포함되어 있다고 본 것이다. 그물에 잡힌 물고기의 비유(마 13:47), 곡식과 가라지의 비유(마 13:24) 그리고 탈곡장의 알곡과 쭉정이 비유(마 3:12)는 바로 이런 진리를 가르쳐주는 것이다. 따라서 주류 개혁자들은 "교리와 신앙고백의 순수성에 대한 강조를 믿는 사람들의 순수함에 대한 강조로 바꾸어버린" 재세례파의 잘못된 완전주의를 반대하였다. 재세례파가 교회를 거룩한 성도들의 공동체요 완전한 교회로 본 반면에, 주류 개혁자들은 이 땅 위의 가시적인 교회를 의인과 죄인이 혼합된 공동체이자 불완전한 교회로 인식하였다.

셋째로, 재세례파와 주류 개혁자들 사이의 중요한 차이점은 국가론에 있었다. 재세례파 사람들은 초대 시기의 사도적인 교회가 타락한 것은 콘스탄티누스 황제 시기부터 시작된 국가와의 결탁 때문이라고 주장하였다. 이런 관점에서 재세례파는 당대의 기성 교회들도 모두 정치권력과의 결합으로 인해 타락했다고 보았고, 이에 근거해 기성 교회들을 거부하였다. 재세례파가 주류 종교개혁 진영을 가리켜 '관주도적 종교개혁'(magisterial reformation)이라고 부른 것은 루터, 츠빙글리, 칼뱅과 같은 종교개혁자들이 모두 세속 권력과 연합전선을 형성하면서 국가의 도움을 받았다는 사실을 지적하는 것이다. 그러나 주류 종교개혁자들은 재세례파의 분리주의를 논박하면서 국가의 권위를 옹호하였다. 그들에게 행정관과 목회자는 서로 다른 영역에서 다른 행동양식으로 일하지만, 동일한 목표를 위해 일하는 동일한 하나님의 대리인이며 종이다. 이 둘의 책임은 상호 경쟁적이라기보다 상호 보완적이다. 이와 같이 완전한 교회를 주장하고 교회와 국가의 철저한 분리를 주장하는 재세례파와 주류 종교개혁자들 사이에는 넘을 수 없는 선이 있었다.

**메노 시몬스의 생애와 사상**

복음적 재세례파의 대표적 지도자인 메노 시몬스는 루터보다는 13년 뒤이고 칼뱅보다는 13년 앞선 1496년 네덜란드의 비트마르줌(Witmarsum)이라는 마을에서 태어났다. 그는 1524년에 가톨릭 사제로 안수를 받고, 아버지의 고향인 핑윰(Pingjum)에서 7년 동안 사역하였다. 그 후 1531년 자신의 고향인 비트마르줌의 사제로 부임

메노 시몬스의 초상들

하였다. 그가 로마교회와 결별하고 새로운 신앙으로 회심하는 데에는 세 가지 중요한 계기가 있었다. 첫째는, 가톨릭의 성만찬 이론인 화체설 교리에 대한 의심이었다. 시몬스는 루터의 『교회의 바벨론 포로』(1520)를 읽고 화체설이 인간이 만들어낸 허구에 불과하다는 생각을 가지게 되었다. 화체설에 대한 의심은 그로 하여금 결국 미사에 대한 헌신을 포기하도록 만들었다. 둘째는, 유아세례에 대한 의심이었다. 시몬스는 성서에서 결코 유아세례에 대한 근거를 발견할 수 없었다. 그는 가톨릭뿐만 아니라 주류 개혁자들도 모두 유아세례 문제에 관해서 기만당하고 있다는 결론에 도달했다. 셋째로, 그가 로마교회와 결정적으로 결별하게 된 것은 뮌스터의 비극을 경험하면서였다. 이 폭동과 연관되어 목숨을 잃은 사람들 가운데 동생 피터 시몬스도 포함되어 있었다. 이 일을 겪으면서 시몬스는 한편으로는 로마교회가 목자의 역할을 전혀 하지 못하고 있다고 확신하였고, 다른 한편으로는 그리스도인의 투쟁은 검이 아니라 십자가를 내세우는 비폭력 평화주의

여야 한다는 것을 절실하게 깨달았다. 결국 1536년 시몬스는 12년 동안 사제로 몸담았던 로마교회와 결정적으로 결별하였다.

로마가톨릭을 떠난 뒤 시몬스는 네덜란드 재세례파의 초기 지도자였던 오베 필립스(Obbe Phillips)에게 재세례와 재안수를 받은 것으로 보인다. 그 후 1561년 뷔스텐펠드(Wüstenfelde)에 묻히기까지 그는 "안식처 없는 인간", "쫓기는 이단자"로 살면서 재세례파운동에 많은 영향을 주게 된다. 그의 작품 중 가장 중요한 것은 1540년 출간된 『기독교 교리의 토대』이다. 이 책의 제목은 고린도전서 3:11에 나오는 "이 닦아둔 것 외에 능히 다른 터를 닦아둘 자가 없으니 이 터는 곧 예수 그리스도라"에서 나온 것인데, 이 구절은 시몬스의 평생의 좌우명이었다. 이 책은 시몬스를 추종하는 사람들에게 즉시 받아들여졌고 일종의 신앙 안내서 역할을 하였다.

시몬스가 개혁자로 회심하는 데 결정적인 역할을 한 것은 성서였다. 그는 의심 나는 것이 있을 때마다 늘 성서로 돌아가서 해답을 찾았다. 성서에서 명령하지 않은 것은 어떤 것도 허용되어서는 안 된다는 것이 그의 근본적인 입장이었다. 시몬스는 "내 귀한 형제들이여, 교리나, 성례전이나, 존경받는 삶이나, 황제의 칙령이나, 교황의 교서나, 학자들의 종교회의나, 오랜 관습이나, 인간적 철학들을 경계하시오. 오리게네스나, 아우구스티누스나, 루터나, 부처나, 투옥이나, 추방이나, 살해나 아무것도 아니오. 영원히 존재할 것은 영원하고 불멸한 하나님의 말씀이오. 다시 반복하건대 영원한 하나님의 말씀이오."라고 강조하였다.

성서관과 관련하여 시몬스는 세 가지 특징을 보여주고 있다. 첫째, 그는 다른 개혁자들이 성서를 인용하면서 인간적인 전통과 헛된 학문을 함께 조합했다고 비판했다. 둘째, 시몬스의 성서해석 원리는 신약이 구약보다 우선한다. 그는 항상 "이 닦아둔 것 외에 능히 다른 터를 닦아둘 자가 없으니 이 터는 곧 예수 그리스도라"는 구절을 암송하였고, 그의 저작의 겉표지에 이 구절을 인용하였다. 다시 말하면 그의 성서해석은 철저히 그리스도 중심적이었다. 셋째, 시몬스는 외경적인 문헌들까지 경전으로 받아들여 자신의 저서에서 적극적으로 인용하였다. 이 점에서 그는 오히려 가톨릭의 입장과 가까웠다.

시몬스는 회심과 중생을 매우 강조하였다. 그러나 그가 이보다 더 강조한 것은 삶의 변화였다. 그는 성서에서 10명의 모범인물을 꼽았는데, 구약에서 노아, 아브라함, 모세, 여호수아와 갈렙, 요시야, 신약에서 가버나움의 백부장, 삭개오, 십자가 위의 강도, 누가복음 7장의 향유를 부은 여인, 마가복음 7장의 수로보니게 여인이었다. 이들은 모두 신앙을 가지고 하나님을 위해서 결단력 있는 행동과 섬김을 보여주었다는 공통점을 지닌다. 그는 특별히 삭개오를 좋아했는데 그것은 그가 예수를 만난 뒤 분명한 삶의 변화를 보였기 때문이다. 시몬스에게 신앙과 삶은 결코 분리될 수 없는 것이었다. 시몬스는 자신의 사제 생활을 돌아보면서 당시 사제들이 얼마나 방탕하고 안락한 생활에 젖어 있었는지를 종종 언급하였다. 입으로는 하나님을 믿는다고 하면서 목회자의 직무를 감당하고 있지만 삶으로는 전혀 그리스도인답지 못한 사제들의 행태는 그에게 믿음에 대해 근본적으로 숙고하도록 만들었다. 시몬스가 볼 때 그리스도인의 삶에서는 믿는다는 것(faith)보다는 따른다는 것(following)이 더 위대한 것이었다. 그리스도를 따르는 제자도(Nachfolge)의 개념은 재세례파 사상 전체를 떠받드는 기둥과 같다.

시몬스는 가톨릭, 루터파, 츠빙글리파를 "크고도 편리한 분파"라고 불렀다. 이들은 모두 국가의 권력과 손을 잡고 교회 개혁을 추구해나간다는 공통점을 지니고 있다. 하지만 시몬스는 국가의 힘에 의존하는 이러한 총체적 그리스도교(corpus christianum)를 거부하였다. 그는 교회와 국가는 서로 다른 기관이며 마땅히 분리되어야 한다고 믿었다. 또한 시몬스는 주류 종교개혁자들이 참된 교회의 표지로 주창한 말씀의 순수한 선포와 성례전의 합당한 거행 위에 말씀에 대한 순종,

비트마르줌에 있는 메노 시몬스 기념교회의 내부(왼쪽)
메노 시몬스의 무덤으로 추정되는 장소(오른쪽)

거짓 없는 형제사랑, 하나님과 그리스도에 대한 담대한 고백 그리고 주의 말씀을 위한 핍박과 환난을 더하였다.

시몬스는 유아세례를 반대하고 성인세례를 주장하였다. 그 이유는 세례는 신앙에 대한 참된 지식과 고백이 있는 사람에게 베풀어져야 하는데 어린이들은 신앙을 가지거나 회개할 능력이 없기 때문에 세례의 대상이 아니라는 것이다. 또한 세례는 신자가 제자도의 삶으로 입문하는 공적인 선언이기 때문에 의지의 자유를 행사할 수 있는 성인이라야 가능하다는 것이다. 성만찬은 그리스도의 희생과 인도하심에 대한 교훈적인 상징이요 기념이며, 그리스도께서 우리를 사랑하신다는 증거요 언약이다. 뿐만 아니라 성만찬은 그리스도인의 일치와 사랑을 보여주는 것이며, 그리스도의 몸과 피를 공유하는 코이노니아이다. 시몬스는 세례와 성만찬과 더불어 세족 예식을 강조하였다. 세족식은 예수께서 명령하신 것이므로 무시해서는 안 되고, 진정한 겸손을 실제로 실천하는 계기가 되기 때문에 중요한 예식이라고 주장하였다.

또한 시몬스는 '파문'(ban)이 참된 교회에서는 없어서는 안 될 표지라고 주장하였다. '복음적 분리'(evangelical separation)로 불린 파문은 교회의 순수성을 지키고 타락한 자들을 회복시키기 위한 중요한 수단이었다. 재세례파는 교회를 이 세상에 속한 기관이 아니라 복음에 따르는 질서와 권징 수단을 가진 대안 사회(alternative society)로 간주했다. 따라서 파문은 사회적 항거의 요소도 포함하고 있었다. 재세례파에게서 파문이 지니는 중요성 때문에 윌리엄스는 아나뱁티즘(Anabaptism) 운동을 아나밴니즘(Anabanism) 운동이라고 부르기까지 하였다.

**재세례파의 비전**

재세례파 학자인 해롤드 벤더(Harold Bender)는 재세례파의 비전을 세 가지로 요약한다. 첫째, 그리스도교의 본질을 제자도에 있다고 파악한 점, 둘째, 교회를 형제애라는 개념으로 새롭게 본 점, 셋째, 새로운 윤리로서 사랑과 무저항을 내세운 점이다. 이런 관점에서 볼 때, 재세례파의 비전을 가장 충실하게 구현한 인물이 바로 메노 시몬스이다. 『기독교 교리의 토대』에서 시몬스는 자기 사역의 목적과 목표를 다음과 같이 표현한다.

> 내 기쁨과 내 마음의 소원은 이것이다. 하나님 나라를 확장하는 것, 진리를 드러내는 것, 죄를 책망하는 것, 의를 가르치는 것, 배고픈 영혼들을 주의 말씀으로 먹이는 것, 길 잃은 양들을 바른 길로 인도하는 것, 성령과 능력과 은혜의 역사로 많은 영혼들을 주께로 인도하는 것이다. 그래서 나는 주홍빛 보혈로 비참한 죄인인 나를 값 주고 사시고, 은혜의 복음으로 내게 이런 마음을 주신 분, 즉 예수 그리스도께서 가르치신 대로 나의 약함 중에도 이 일들을 계속해나갈 것이다.

메노나이트로 알려진 메노 시몬스의 추종자들은 지금도 전 세계에 흩어져 시몬스의 비전을 실천하기 위해 그리스도의 제자의 삶을 살아가고 있다.

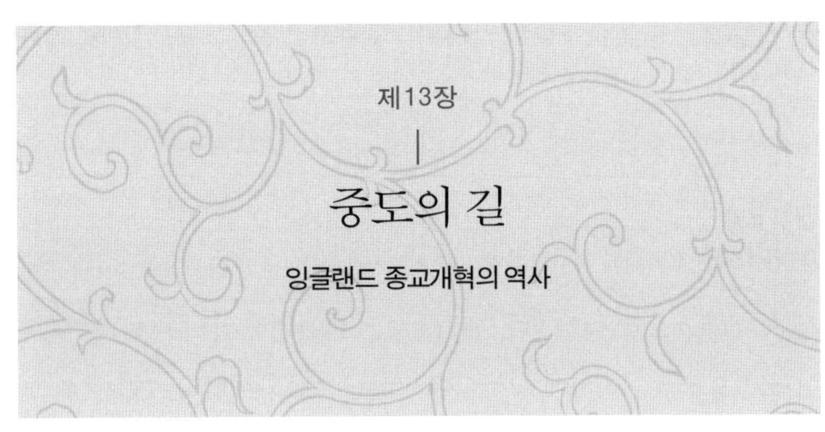

제13장

# 중도의 길

## 잉글랜드 종교개혁의 역사

오늘날 그리스도교 안에는 크게 네 분파가 있다. 로마가톨릭, 동방정교회, 프로테스탄트교회 그리고 성공회이다. 이중 성공회라 불리는 그리스도교 분파는 16세기에 발생한 잉글랜드 종교개혁에서 유래하였다. 잉글랜드교회를 지칭하는 성공회(聖公會)라는 명칭은 사도신경의 신앙고백에 나오는 "거룩한(聖) 공회(公)"라는 표현에서 비롯된 것이다. 처음에 프로테스탄트 종교개혁과 발을 맞추어 시작된 잉글랜드 종교개혁은 시간이 흐르면서 점차 독자적인 길을 걷게 되었다.

다른 지역의 종교개혁에서도 동일한 경향이 있기는 하였지만 잉글랜드의 경우에는 특히 종교적인 요인보다 정치적이고 사회적인 요인들이 종교개혁의 중요한 동기로 더 많이 작용한 것이 사실이다. 따라서 왕권의 강화와 국민국가 건설이라는 감정이 배후에서 크게 작용한 잉글랜드의 종교개혁은 하나의 '정치적인 운동'이라고까지 평가되기도 한다.

**헨리 8세 (재위 1509-1547)**

일반적으로 잉글랜드 종교개혁은 헨리 8세에게서 시작된 것으로 여겨진다. 헨리 8세는 1491년에 아버지 헨리 7세와 어머니 요크의 엘리자베스 사이에서 차남으로 태어났다. 1502년에 그의 형 아서가 죽은 다음 왕세자로 신분이 바뀌었고, 1509년 헨리 7세가 죽자 왕위를 물려받았다. 젊고 미남인 데다가 똑똑하고 쾌활한 성격의 헨리 8세는 르네상스적 군주의 전형이었다. 재능을 지닌 학자이자 만능 스포츠맨이고 예술가이며 신앙심 깊은 종교인인 그는 백성들

헨리 8세의 초상화(왼쪽)
헨리 8세가 새겨진 동전(아래)

에게 인기 만점의 왕이었다. 헨리 8세는 한때 루터를 비판하고 로마 교회의 칠성사를 옹호하는 글을 발표하여 로마 교황 레오 10세로부터 "신앙의 수호자"라는 칭호를 얻을 정도로 충실한 가톨릭 신자였다. 그러나 예상치 못한 일로 인하여 로마교회와 결별하고 잉글랜드의 종교개혁을 시작하는 인물이 된다. 잉글랜드의 종교개혁은 표면적으로 볼 때 왕의 이혼과 결혼으로 말미암아 불거진 에피소드처럼 보이기도 한다.

헨리 8세는 아내를 6명이나 거느린 왕으로 유명하다. 그의 첫 번째 아내는 아라곤의 캐서린이었다. 스페인 출신인 캐서린은 원래 헨리 8세의 형인 아서와 결혼하였으나 아서의 갑작스러운 죽음으로 혼자가 되었다. 혼인 관계를 통하여 잉글랜드와 스페인 간 동맹을 강화하고자 하였던 헨리 7세는 새로운 왕위계승자인 헨리 8세가 캐서린과 다시 결혼하기를 원했다. 마침내 교황의 허락을 받은 후 두 사람은 1509년 결혼하였다. 이후 두 사람 사이에 아들이 없다는 것이 다시금 문제가 되었다. 캐서린이 아들을 낳기도 했으나 모두 어려서 죽었고 살아남은 아이는 딸 메리뿐이었다. 이것이 형수와 결혼했기 때문에 받는 벌이라고 여긴 헨리 8세는 캐서린과의 결혼을 무효화하고 캐서린의 시녀인 앤 볼린과 다시 결혼하도록 허락해줄 것을 교황에게 청원하였다. 그러나 교황은 스페인의 비위를 거스르고 싶지 않았고, 또 캐서린의 조카이자 신성로마제국의 황제인 카를 5세의 눈치를 살피느라 이혼을 허락할 수 없었다.

이렇게 되자 헨리 8세는 로마교회와의 관계를 끊고 캔터베리 대주교인 토머스 크랜머를 비롯한 여러 학자들로부터 자신과 캐서린의 결혼이 원천 무효라는 대답을 들은 후에 1533년 앤 볼린과 결혼하였다.

이런 과정을 거쳐 헨리 8세와 앤 볼린 사이에 태어난 딸이 엘리자베스이다. 그러나 두 사람 사이에서도 아들은 없었다. 결국 앤 볼린은 간통 혐의를 뒤집어쓰고 런던탑에 유배되었다가 1536년 5월 19일 처형되고 말았다. 헨리 8세의 세 번째 부인은 제인 시모어였는데, 그녀가 낳은 아들이 바로 잉글랜드의 다음 왕이 되는 에드워드 6세이다. 그러나 제인은 출산 후유증으로 1537년 10월 24일 그리니치 궁전에서 죽고 만다. 이후에도 헨리 8세는 클레비스의 앤, 캐서린 하워드, 캐서린 파 등과 결혼하였지만, 자신에게 아들을 낳아준 제인만을 자신의 참된 아내로 생각하였으며, 훗날 죽어 제인의 옆에 묻혔다.

1532년부터 1534년 사이에 7개의 법령이 새롭게 국회를 통과하였는데, 모두 잉글랜드와 연결된 로마의 사슬들을 끊어내는 것이었다. "성직세에 대한 조건부 금지"는 주교의

아라곤의 캐서린

앤 볼린

제인 시모어

클레비스의 앤

캐서린 하워드

캐서린 파

첫해 수입이 로마로 유출되던 것을 금지시켰고, "상고 금지령"은 모든 소송의 마지막 단계에 로마 교황에게 상고하던 것을 금하고 잉글랜드 법정을 최종 단계로 삼았으며, "성직자의 복종과 상고 금지령"은 성직자들이 로마 교황에게 복종하는 것을 금하였고, "주교 선임령"은 교황을 로마의 주교로 격하시키고 국왕이 잉글랜드의 주교를 선임할 수 있다고 밝혔다. "관면령"은 그동안 로마 교황에게 주어졌던 관면의 권한을 캔터베리 대주교에게 이관하였고, "수장령"은 잉글랜드교회의 수장은 교황이 아니라 잉글랜드 왕이라고 선언하였으며, "왕위계승령"은 국왕이 어느 신하에게든지 충성의 선서를 요구할 수 있도록 하였다.

이렇게 하여 잉글랜드는 664년 휘트비회의 이후 계속 유지해온 로마에의 충성을 거부하였다. 특히 1534년 "잉글랜드 국왕만이 잉글랜드교회의 유일한 우두머리"라는 "수장령"을 발표함으로써 교황이 국왕보다 우월하다는 교황존신(Praemunire)의 가르침은 죄가 되었고, 국왕이 교황보다 우월하다는 에라스투스주의(Erastianism)가 힘을 얻어 확산되었다. 또한 헨리 8세의 오랜 친구였으나 왕위계승령에 따라 충성을 선서하기를 거부한 토머스 모어가 처형당했는데, 모어는 죽는 순간 "나는 국왕의 훌륭한 충신으로서 그러나 무엇보다도 우선 하나님의 충실한 종으로서 죽는다."고 말했다고 한다. 모어는 죽은 지 400년 만인 1935년에 로마가톨릭교회의 공식 성자 명단에 들게 된다.

그러나 아직까지 로마와의 단절은 주로 헌법적인 변화였고, 종교개혁은 본격화되지 않았다. 이런 점에서 잉글랜드의 종교개혁은 적어도 초기 단계에서는 "의회의 의사 처리 과정" 혹은 "국가 행위"였다는 평가가 그다지 과장된 것은 아니라고 볼 수 있다. 그렇지만 로마와의 단

토머스 모어(왼쪽), 가상의 이상사회를 통해 현실개혁을 역설한 그의 저서 『유토피아』의 지도(오른쪽)

절이 잉글랜드에서의 종교개혁을 향한 첫걸음이 된 것 또한 사실이다. 우선 헨리 8세는 가톨릭에서 사용하던 라틴어 성서 대신 모든 교구에 윌리엄 틴들(William Tyndale)과 마일스 커버데일(Miles Coverdale)의 번역에 기초한 영어 성서를 비치하도록 명하였다. 또한 로마가톨릭 소유의 수도원들을 억압하고 그 재산과 소유물을 국가에 귀속시키는 법령을 발효하였는데, 이것은 국왕의 통치를 지원하는 재원을 마련해주었다. 요크셔 지방에서 일부 불평과 반란이 있기는 했지만 수도원의 해체가 단시간에 신속하게 이루어졌다는 것은, 많은 사람들이 수도원제도를 구시대적이고 불필요한 것으로 생각했음을 반증하는 것이다. 헨리 8세는 1536년 잉글랜드교회의 교리 및 예배 방식의 기준이 되는 "10신조"를 공포하였는데, 이는 프로테스탄트와 가톨릭 사이의 중도적인 입장에 가까웠다. 1539년에는 10신조보다 훨씬 가톨릭적인 색채가 강화된 "6신조"를 공포하기도 하였다.

헨리 8세는 말년에 몸집이 엄청나게 비대해져 과체중(허리 치수가 54인치였다고 전해진다.)이라 몸을 움직이려면 특별히 발명된 기계의 도움을 받아야만 했다. 곪은 종기가 온통 그의 몸을 뒤덮었으며 통풍까지 앓았던 것으로 보인다. 1536년 마상 경기 도중 입은 다리 상처를 방치해둔 까닭에 더는 운동을 하지 못하게 되었을 뿐더러 점차 상처가 썩어가기 시작했다. 그 탓에 결국 1547년 1월 28일 화이트홀 궁전에서 50대 중반의 나이에 죽음을 맞이하였다. 그가 죽은 뒤 10여 년 동안 그의 아들과 딸들 3명이 연달아 왕위에 올랐으나, 세 사람 모두 후손을 남기지 못하고 죽었다.

**에드워드 6세 (재위 1547-1553)**

1547년 헨리 8세가 죽자 그의 아들 에드워드가 왕위를 이어받아 에드워드 6세가 되었다. 따지고 보면 헨리 8세가 교황과 등을 지고 첫 번째 아내를 버린 것도, 두 번째 아내를 참수한 것도 결국 이 아이를 얻기 위함이었다. 당시 에드워드 6세는 겨우 10살에 불과했기 때문에 왕의 삼촌이자 서머싯 공작인 에드워드 시모어와 토머스 크랜머 대주교를 비롯한 섭정위원회의 도움을 받아 정치를 펼쳤다. 에드워드 6세 시기에 잉글랜드는 이전보다 프로테스탄트의 색채를 더 많이 띠게 된다. 베르밀리(Peter Martyr Vermigli), 부처(Martin Bucer), 아라스코(Johannes à Lasco)와 같은 종교개혁자들이 잉글랜드로 와서 프로테스탄트 개혁운동에 가담하게 되면서 속도가 붙었다.

특히 크랜머의 주도로 대폭적인 예전의 쇄신이 이루어졌다. 복잡하고 까다로운 규칙들이 단순화되었고, 성만찬 시에 평신도들에게도 포도주가 주어졌으며, 회중들이 사용하는 언어로 예배를 드렸고, 회중들이 참여하는 예배로 전환되었다. 대리석 제단은 나무로 만든 성찬대로 바뀌었고, 성직자들의 결혼이 허용되었으며, 교회의 성상들은 팔려나가거나 철수되었다.

또한 『공동기도서』(*Book of Common Prayer*, 1549, 1552)가 출판됨으로써 잉글랜드 종교개혁의 면모를 형성해갔다. 1549년의 기도서는 독일 프로테스탄트교회의 예식을 따랐으며 중세적인 예식과 말과 기호를 유지하였다. 이에 비해 1552년의 기도서는 더욱 프로테스탄트적인 성격을 띠었다. 예를 들면 성찬을 받을 때의 문장은 "당신을 위해서

주신 우리 주 예수 그리스도의 몸이니 그대의 육체와 영혼을 영생에 이르도록 보존하시는 것이다."(1549)에서 "당신을 위해서 그리스도께서 돌아가신 것을 기념하기 위해 이를 취하여 먹으며, 믿음과 감사의 심정으로 그의 몸에 참예하라."(1552)로 바뀌었다. 이것은 루터적인 입장에서 츠빙글리적인 입장으로의 변화를 의미하는 것이다. 그러나 1552년에 발표된 『공동기도서』조차도 진보적인 성향의 개혁자들을 만족시키지는 못하였다. 왜냐하면 여전히 목회자를 사제라고 불렀고, 세례 때에 십자가의 성호를 사용하였고, 결혼에서 반지를 사용하였으며, 성찬을 받을 때 무릎을 꿇어야 하는 소위 "검은 예배규정"(Black Rubric)을 유지하였기 때문이다. 따라서 오웬 채드윅 같은 학자는 1553년까지도 잉글랜드는 결코 프로테스탄트 국가가 아니었고 메리의 박해를 거치면서 오히려 프로테스탄트 국가가 되었다고 주장하기도 한다.

에드워드 6세(위), 토머스 크랜머(아래)

에드워드가 왕이 되면서 가톨릭적인 성격을 띤 헨리 8세의 "6신조"가 바로 철폐되긴 했지만, 프로테스탄트적인 성격을 지닌 "42신조"가 새롭게 발표된 것은 1553년에 이르러서였다. 여기에서는 믿음에 의한 칭의, 성서의 최고 권위, 일곱 가지 성례를 두 가지 성례로 축소, 화체설의 전적인 부인, 목회자의 결혼, 고해성사의 폐지 등이 천명되었다. 이것은 나중에 엘리자베스 여왕 때인 1563년 "39신조"로 개정되었고, 1571년 약간의 수정을 거쳐 현재까지 잉글랜드교회의 기본적인 신조로 자리를 잡고 있다. 잉글랜드에서 생겨난 감리교도 여기에서 예정론 같은 것들을 뺀 25개 신조를 채택하였다. 따라서 넓게 보면 감리교의 25개 조항도 에드워드 6세 시대의 종교개혁의 영향권 안에 속한다고 볼 수 있다.

**메리**
**(재위 1553-1558)**

에드워드 6세가 죽자 캐서린의 딸 메리가 여왕의 자리에 올랐다. 그녀는 제일 먼저 어머니 캐서린의 지위를 회복시키는 동시에 잉글랜드를 다시 가톨릭 국가로 돌려놓았다. 만일 아버지 헨리 8세와 어머니 캐서린의 결혼이 무효라면 자신은 사생아가 되고 자신의 왕위계승권 자체가 불법이 되기 때문에 프로테스탄트 종교개혁을 인정할 수가 없었던 것이다. 메리는 아버지와 동생에 의해 이루어진 종교개혁을 전면 부정하고 잉글랜드를 다시 로마교회와 결합시켰다. 결혼한 성직자들과 프로테스탄트 사상을 지닌 성직자들이 모두 축출되었고 구질서가 회복되었다. 사라졌던 성화상이 교회 안으로 돌아왔고, 나무로 된 성찬대 대신에 돌로 만든 제단이 다시 세워졌다. 백성들은 자신들에게 익숙한 옛 관습으로 돌아가는 것이 그리 어색하거나 어렵지 않았을 것이다.

메리 여왕

메리 치하에서 1554년 2개의 법안이 통과되었는데, 하나는 1528년 이후의 모든 교회 입법을 무효화한다는 것이었으며, 다른 하나는 이단을 처벌하는 구법을 회복시킨다는 것이었다. 이 법들에 근거하여 프로테스탄트에 대한 대대적인 박해가 시작되었다. 메리 치하에서 화형당한 프로테스탄트 신자들만 283명에 달하였고, 이로 인해 메리는 "피에 젖은 메리"(Bloody Mary)라는 악명을 얻었다. 이때 희생당한 수많은 사람들의 순교 이야기는 폭스의 『순교자열전』(*Acts and Monuments*)에 잘 소개되어 있다. 에드워드 때의 모든 법령과 기도서는 폐기되었고, 수많은 사람들이 박해를 피해 망명길에 올랐다. 메리의 모진 박해로 크랜머조차 자신의 신념을 철회하였다. 그러나 죽기 직전 크랜머는 마지막 설교를 통해서 화형당할 것을 각오하고 "내가 진심으로 신봉하고 있는 것과는 반대되는 사실들을 종이 위에 써야만 했던 나의 손이 먼저 벌을 받아야 할 것입니다. 따라서 내가 불길 속으로 들어갈 때 이 손들을 먼저 태워야 할 것입니다. 나는 또한 그리스도의 대적이자 적그리스도인 교황을 그의 모든 거짓된 가르침과 함께 거부하는 바입니다."라고 선언하였다. 실제로 그는 화형을 당할 때 자신의 손을 먼저 불에 집어넣었다고 한다.

메리의 철권통치는 결과적으로 성공하지 못했다. 이미 앞으로 진행된 역사의 수레바퀴를 뒤로 돌린다는 것은 생각만큼 쉬운 일이 아니었다. 또한 스페인의 필리프 공작과의 결혼은 국민들의 외면을 초래하였고, 프로테스탄트에 대한 가혹한 박해도 혐오감을 안겨주었다. 1558년 메리가 죽었다는 소식이 전해지자 잉글랜드의 교회와 국민들은 하나님의 은혜에 감사하였다.

**엘리자베스**
**(재위 1558-1603)**

헨리 8세가 잉글랜드교회를 로마의 지배로부터 해방시킨 이후, 교회정책은 에드워드 때에는 프로테스탄트 쪽으로 기울었고, 메리 때에는 가톨릭 쪽으로 쏠리는 등 시계추처럼 왔다갔다 하는 형국이었다. 이 시점에서 새롭게 여왕의 자리에 오른 엘리자베스가 어떤 선택을 할지 사람들의 이목이 집중되었다. 언니를 따를지, 남동생의 손을 들어줄지, 아니면 새로운 길을 선택할지에 사람들의 관심이 쏠렸다. 당시 잉글랜드교회는 친로마파, 개혁파, 중도파로 불리는 세 그룹으로 나뉘어 있었다. 엘리자베스는 온건한 개혁을 지향함으로써 사실상 중도파의 입장을 선택하였다. 그녀는 가톨릭과 프로테스탄트 사이에서 중용을 취함으로 잉글랜드교회와 국론을 통일시키고자 했다.

먼저 메리 통치시기에 너무 로마교회 쪽으로 쏠린 정책을 바로잡아야만 했다. 그리하여 엘리자베스가 왕이 된 후 처음 열린 1559년 1월 의회에서는 "수장령"과 "통일령"이라는 두 가지 법안을 통과시켰다. 전자는 이미 헨리 8세가 선포했듯이 엘리자베스가 잉글랜드교회와 국가의 최고통치자임을 확인하는 법령으로, 로마와의 거리를 분명히 하려는 의도를 담고 있었다. 후자는 메리 시대에 폐지된 1552년의 『공동기도서』를 다시 도입함으로써 잉글랜드교회의 일치를 확보하고자 하는 법안이었다. 하지만 여기에 약간의 수정이 가해졌는데, 논쟁거리였던 "검은 예배규정"은 빠졌고 성찬을 받을 때의 기도문은 1549년의 것과 합쳐졌다. 이처럼 엘리자베스의 "통일령"은 '중도의 길'을 통해 잉글랜드교회에 평화를 정착시키고자 하였다. 이를 "엘리자베스의 타결정책"(Elizabethan Settlement)이라고 부른다.

그러나 중도의 길을 걷는다는 것이 결코 쉽지는 않았다. 처음에 엘리자베스는 잉글랜드의 종교정책에 반대하는 사람들이라 할지라도 너그럽게 대하고자 하였다. 그러나 사정은 점점 그렇게 하지 못하도록 몰아갔다. 먼저 로마가톨릭교회에서는 트렌트공의회가 진행되면서 모든 이단적인 동향에 대해 강한 적의를 표시하였다. 그리하여 교황은 엘리자베스를 파문하고 왕위를 박탈하였다. 1570년 교황은 교서를 발표하여 사람들로 하여금 엘리자베스에게 불복종할 것을 명령하

엘리자베스 여왕

였다. 그리고 독실한 가톨릭교도인 스코틀랜드의 메리를 잉글랜드의 왕으로 삼고자 하였다. 스코틀랜드의 메리는 실제 헨리 7세의 딸 마가레트의 친자식이었기 때문에 잉글랜드의 합법적인 여왕의 자격을 갖추고 있다고 여겨졌다. 상황이 이렇게 되자 엘리자베스도 결코 교황의 조처를 묵과하지 않았다. 더욱이 교황이 스페인의 무적함대를 움직여 잉글랜드를 공격하게 되면서 엘리자베스의 가톨릭 반대정책은 더욱 강도가 높아졌다. 잉글랜드의 가톨릭교도들은 파문이냐 사형이냐 중에서 선택해야만 했으며 모진 박해를 피할 수 없었다.

다른 한편 잉글랜드교회는 청교도들을 상대해야 했다. 잉글랜드교회에 대한 청교도의 위협은 로마가톨릭의 그것과는 달랐다. 로마 교회는 잉글랜드교회를 무너뜨리고 교황의 지배권을 회복하려고 한 데

반해서, 청교도들은 잉글랜드교회를 그들이 생각하는 올바른 교회로 정화시키고자 하였다. 청교도란 잉글랜드교회의 개혁이 미흡하다고 판단하여 하나님의 말씀에 따른 더욱 철저한 개혁을 요구한 사람들이었다. 잉글랜드교회 측에서 볼 때 이들은 교회의 정화를 주장하면서 계속해서 트집을 잡고 까탈을 부리는 사람들이었고, 그래서 이들을 비꼬아 청결을 주장하는 자들, 즉 청교도(Puritan)라고 불렀다. 이처럼 처음에 부정직인 뜻으로 붙여진 이 이름을 당사자들은 오히려 "하나님의 말씀에 합당하게 교회를 정화시키려는 사람들"이라는 긍정적인 의미로 받아들여 스스로 청교도로 자처하였다. 청교도들은 대체로 제네바의 개혁자인 장 칼뱅의 영향을 받은 사람들로서 "엘리자베스의 타결정책"이 교회의 개혁을 이루는 데는 매우 미진하고, 1559년에 제시된 기도서가 너무 교황주의에 물들었다고 생각하였다. 특히 잉글랜드교회의 감독제도는 청교도들이 가장 반대한 사안이었다.

엘리자베스의 종교정책은 잉글랜드교회를 로마이건 제네바이건 외국의 영향으로부터 지켜내려는 것이었다. 그리하여 가톨릭이나 프로테스탄트와는 다른 제3의 길을 모색하였고, 이렇게 하여 탄생한 것이 성공회이다. 성공회는 로마와 제네바와는 다른 새로운 길, 즉 '중도의 길'을 걷게 된 것이다.

**스튜어트 왕조**

엘리자베스가 후계자 없이 죽자 스코틀랜드의 여왕 메리의 아들인 제임스 6세가 제임스 1세(재위 1603-1625)라는 이름으로 잉글랜드와 스코틀랜드의 통합 왕위를 이어받았다. 그는 "감독이 없으면 왕도 없다."는 신념으로 왕권과 감독제를 열렬히 옹호하였다. 제임스는 교황주의자들에게 거의 공감하지 않았고 스코틀랜드 장로교를 보아온 경험으로 인해 청교도에게도 호감이 없었기 때문에 자연스럽게 잉글랜드국교회의 입장을 옹호하였다. 제임스 시대에 있었던 일 중에서 우리가 기억할 만한 한 가지는 1611년 번역 출판된 『킹 제임스 성서』(*King James Version*)일 것이다.

제임스의 아들 찰스 1세(재위 1625-1649)는 왕권신수설을 내세우면서 잉글랜드교회에 반대하는 비국교도들에 대한 박해를 강화하였다. 의회가 이를 비난하자 왕은 1629년 당시 장로교 세력이 우세하던 의회를 해산시켜 버렸다. 그 후 11년간 의회가 열리지 않다가 1639년 스코틀랜드와 잉글랜드 사이에 전쟁이 발발하자 의회의 도움이 필요했던 찰스는 1640년에 다시 의회를 소집하였다. 1642년 왕당파와 의회파 사이에 결국 내전이 벌어졌다. 그 와중에서 의회파는 '웨스트민스터회의'를 개최하여 웨스트민스터신앙고백, 대요리문답, 소요리문답을 채택하였다. 모두 33장으로 이루어진 이 신앙고백서는 청교도적 칼뱅주의 신학의 결정판으로 간주된다. 찰스 1세는 1649년 1월 30일 의회군에 의해 참수를 당하고 만다. 이어서 공화정(1649-1660)을 거쳐 찰스 2세(재위 1660-1685)의 왕정복고, 제임스 2세(재위 1685-1688)를 거치면서 가톨릭에 가까운 왕권파와 프로테스탄트에 가까운 의회파의 충돌은 계속하여 이어졌다.

### 잉글랜드 종교개혁의 성격

잉글랜드 종교개혁을 어떻게 이해할 것인지를 두고 20세기 후반 들어 두 학자 사이에 논쟁이 일었다. 디킨스(A.G. Dickens)는 잉글랜드 정부의 공식 문서들에 대한 연구를 통해 프로테스탄트 신앙이 잉글랜드에 어떻게 수용되었는지를 밝힌 『잉글랜드 종교개혁』(*The English Reformation*, 1964, 1989 재판)을 출간하였다. 그는 이 책에서 1529-1559년이라는 30년 동안 잉글랜드에서 급격하게 이루어진 변화의 원인이 무엇인지, 이 변화에 프로테스탄트가 어떤 역할을 했는지 그리고 민중들에게 미친 종교적 변화의 영향력은 어떠했는지를 보여주고자 했다. 디킨스는 잉글랜드에서 프로테스탄트 종교개혁이 매우 빠르게 그리고 효율적으로 진행되었다고 주장한다.

그러나 최근 헤이(Christopher Haigh)는 자신의 책 『잉글랜드의 종교개혁』(*English Reformations*, 1993)에서 디킨스의 주장에 반론을 제기하였다. 책 제목 자체가 디킨스에 대한 반대를 상징적으로 보여준다. 헤이에 따르면 종교개혁은 'the Reformation'이 아니다. 하나의 유일한 종교개혁이란 존재하지 않는다. 오히려 다양한 종교개혁들, 즉 'reformations'가 있을 뿐이다. 잉글랜드의 경우만 하더라도 헨리 8세의 종교개혁, 에드워드 6세의 종교개혁, 메리의 종교개혁, 엘리자베스의 종교개혁 등 서로 성격이 다른 다양한 개혁들이 있었다. 뿐만 아니라 같은 시기라 할지라도 지방마다 종교개혁의 양상은 매우 다르게 나타난다. 그것들을 뭉뚱그려 정관사 'the'를 붙인 단수로 취급하는 것은 잘못이라는 것이다. 한걸음 더 나아가면 16세기에는 종교적

'reformation' 뿐만 아니라 정치적 'reformation', 사회문화적 'reformation' 등 매우 많은 개혁들이 일어났다. 헤이는 지역사 연구를 통해 16세기 잉글랜드의 종교개혁은 디킨스의 주장처럼 대중들에 의해 적극적이고 재빠르게 수용된 것이 아니라 오히려 별로 인기가 없었고 매우 느리게 진행되었다고 주장한다. 일반적인 추측과는 달리 민중들 사이에서는 가톨릭이 오랫동안 여전히 살아 있는 전통이었다는 것이다. 또한 디킨스가 잉글랜드 종교개혁의 필연성을 주장한 반면, 헤이는 우연성을 강조하였다.

잉글랜드의 종교개혁이 급격하게 일어났다고 믿는 사람들은 에드워드의 시기를 눈여겨보면서 종교개혁이 이때 이미 성공을 거두었다고 성급히 결론을 내리는 반면, 느린 종교개혁을 주장하는 사람들은 메리의 통치기에 심각한 반란이나 반대가 일어나지 않았다는 사실은 곧 프로테스탄트 개혁의 실패를 의미하는 것이라고 성급하게 단정 짓는 경향이 있다. 이것은 잉글랜드 종교개혁의 전체적인 과정을 보지 않고 서로에게 유리한 국면과 기록만을 바라보는 것과 마찬가지다. 도시의 경우를 보면 디킨스의 주장이 설득력이 있고, 농촌의 경우를 보면 헤이의 주장이 설득력이 있다. 이처럼 두 사람의 주장에는 모두 절반의 진실이 담겨 있다. 역사가는 과거의 모든 다양성과 복잡성을 있는 그대로 모두 보여주어야만 한다. 자신의 주장이나 이론이 명료하고 산뜻하게 정리되는 것을 포기하더라도 정확한 진실을 복잡한 그대로 보여주어야 하는 것이다.

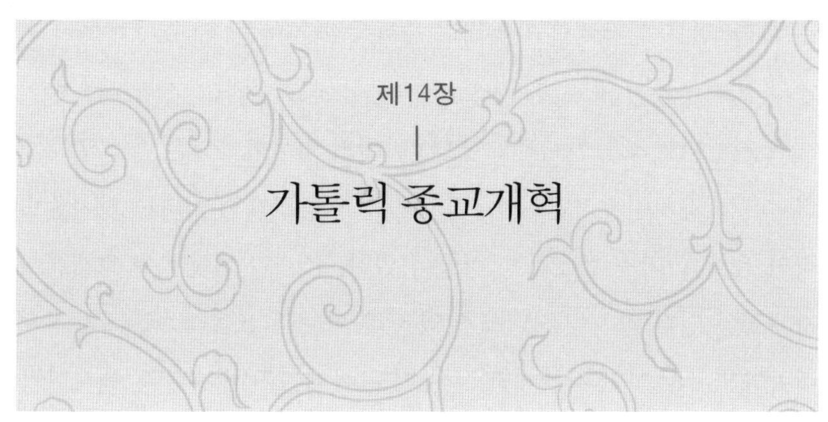

# 제14장 가톨릭 종교개혁

**반동 종교개혁인가,**
**가톨릭 종교개혁인가** 중세 말의 부패한 교회를 개혁하려는 움직임이 루터, 츠빙글리, 칼뱅, 시몬스와 같은 프로테스탄트 종교개혁자들에게만 국한된 것은 아니다. 가톨릭 진영 내부에서도 나름의 개혁운동이 진행되고 있었다. 사실상 당시 그리스도인들 가운데에는 개신교라는 새로운 교회에 동참하기보다 기존의 가톨릭교회를 정화하기를 원하는 사람들이 많았다. 인문주의자 에라스무스도 당시의 가톨릭교회를 신랄하게 비판했지만 여전히 그 울타리 안에 머물고자 하였다. 하지만 프로테스탄트와 가톨릭 간에 적대적인 갈등이 깊어짐에 따라 이들 온건한 개혁론자들의 입지는 점차로 좁아졌다.

16세기 가톨릭 진영 안에서 일어난 개혁운동을 흔히 '반동 종교개혁' 혹은 '역(逆) 종교개혁'(Counter Reformation)이라고 부른다. 이것은 프로테스탄트 입장에서 가톨릭의 개혁을 평가하는 용어로, 가톨릭 진영의 개혁운동이 프로테스탄트 개혁운동에 저항하고 거스르는 방식으로 진행되었음을 암시하고 있다. 현대의 역사학자들은 반동 종교개혁이라는 가치평가적인 용어보다 '가톨릭 종교개혁'이라는 가치중립적인 용어를 더욱 선호하는 경향이 있다. 16세기 가톨릭 종교개혁이 자체적인 영적 원천을 지니고 있었을 뿐 아니라 프로테스탄트 개혁에 대항하는 소극적인 개혁에만 그친 것도 아니었기 때문이다. 역사학자들은 16세기 가톨릭 종교개혁을 중세 말기에 교회를 개혁하려고 한 다양한 노력의 연장선상에 있다고 파악한다. 그렇지만 16세기 가톨릭 종교개혁이 어쩔 수 없이 프로테스탄트의 흐름을 저지하려는 보수적인 성격을 지니고 있었던 것 또한 부인할 수 없는 사실이다.

**이사벨라와 히메네스의 개혁운동** 루터가 태어나기 훨씬 전부터 가톨릭교회 내에 개혁이라는 구호가 등장하였다. 가톨릭 진영에서는 가톨릭 종교개혁이 1414년 11월 6일 개최된 콘스탄츠공의회 때에 이미 시작되었다고 본다. "교회의 평화, 고양, 개혁 그리고 그리스도인들의 평온을 위해" 소집된 콘스탄츠공의회 이래 가톨릭교회는 개혁에 대한 논의를 계속했지만 실행에 옮기지는 못하였다. 또한 콘스탄츠공의회는 후스를 화형시키고 이미 죽은 위클리프의 유해를 불태우기로 결정하는 등 가톨릭교회의 범위를 조금이라도 벗어나는 개혁운동에 대해서는 적대적이고 '반동'적인 모습을 보였다.

히메네스 추기경

가톨릭의 개혁이 보다 가시적으로 나타나게 된 것은 스페인의 이사벨라(Isabella) 여왕과 히메네스(Ximénez, 재위 1495-1517) 추기경 때였다. 1474년 스페인 중부 지역인 카스티야의 왕위를 이어받은 이사벨라는 교황으로부터 자기 영지 내의 고위성직자를 임명할 권한을 얻어내었다. 그 후 계속해서 청렴하고 유능한 인물들을 성직에 앉힘으로써 교회를 개혁해나가기 시작했다. 특히 자기 영지에서 가장 중요한 도시였던 톨레도의 대주교 자리가 공석이 되자 그녀는 프란체스코 수도사 출신으로 뛰어난 학식을 지닌 히메네스를 임명하였다. 이때부터 두 사람은 힘을 합쳐 수도원을 개혁하고, 성직자가 없는 교구를 정리하고, 성직자들로 하여금 맡은 양떼들을 적절하게 돌보도록 압력을 행사하는 등 폭넓은 개혁을 시작하였다.

이들의 개혁에서 특히 중요한 의미를 지니는 것은 성직자 교육을 위해 알카라 대학을 설립한 일과 히브리어, 그리스어, 라틴어 등의 여러 언어를 대조하면서 읽을 수 있는 『콤플루툼학파 대역성서』(*Complutensian*

『콤플루툼학파 대역성서』의 표지와 내용

*Polyglot Bible*)를 편찬한 일이다. 1499년 설립된 알카라 대학은 교육을 통해 가톨릭교회의 개혁과 부흥의 거점이 되었다. 『돈키호테』의 저자로 유명한 세르반테스(Cervantes)나 로욜라의 이냐시오 같은 인물도 이 학교의 졸업생이었다. 6권으로 이루어진 『콤플루툼학파 대역성서』는 알카라의 라틴어 이름인 콤플루툼(Complutum)을 따라 명명되었다. 이 대역성서는 1517년 완성되었지만 교황청의 허가문제로 1520년에 가서야 공식 출판되었다.

이사벨라와 히메네스는 교회의 개혁을 위해 노력했지만 동시에 가톨릭교회의 교리문제에 관한 한 어떤 탈선도 허용하지 않았다. 따라서 이 당시 스페인에서는 종교재판의 망령이 극성을 부렸다. 또한 유대인과 무슬림들에 대해서도 가혹한 탄압정책을 펼침으로써 반란과 유혈사태를 초래하였다. 히메네스는 교회를 순수하게 개혁하려고 노력하면서 동시에 전통적인 교리에 충실하고자 했던 가톨릭 종교개혁의 전형적인 인물이었다.

### 로욜라의 이냐시오와 예수회

가톨릭교회는 수도원의 삶에서 영성생활의 최고의 표현들을 추구하였다. 따라서 교회를 개혁하는 고전적인 방법은 새로운 수도회를 창설하여 교회에 영향력을 미치는 것이었다. 이런 새로운 수도회들 중에는 오래된 수도사들의 규율을 철저히 준수함으로써 갱신을 추구하는 곳도 있었고, 16세기의 새로운 상황에 적극적으로 대응함으로써 개혁을 추구한 수도회도 있었다. 전자의 대표적

이냐시오의 모습들

인 경우가 아빌라의 테레사에 의해 주도된 맨발의 카르멜 수도회였다면, 로욜라의 이냐시오에 의해 주도된 예수회는 후자의 대표적인 경우였다. 먼저 이냐시오와 예수회의 개혁에 대해 살펴보자.

로욜라의 이냐시오(Ignacio Loyola, 1491-1556)는 스페인 북부의 로욜라 성에서 벨트랑 로욜라와 마리아 발다 사이에서 태어났다. 그는 교회의 관습에 따라 세례를 받고 이니고라는 세례명을 얻었다. 그러나 후에 안티오케이아의 주교였던 성 이그나티우스에 대한 신심 때문에 자신의 이름을 바꾼 것으로 짐작된다. 이냐시오는 궁정의 유력인사로서 아버지와 절친했던 후안 벨라스케스에게 보내져서 대부분의 청소년 시절을 보낸다. 그러다가 1518년 벨라스케스가 죽자 나바라의 총독이자 나헤라의 공작인 안토니오 만리케의 기사로 투신하지만 1521년 5월 20일 프랑스와의 전쟁 와중에 팜플로나에서 중상을 입고 만다.

부상으로 인한 극심한 고통 속에서 생사의 고비를 넘기면서 그는 『그리스도 전기』와 『성인열전』과 같은 책을 읽고 회심을 경험한다. 회복된 후 그는 몬세라트에서 성모 상 앞에 엎드려 무력을 상징하는 검을 버리고 자신의 죄를 자백하며 신앙의 사람이 된다. 이때 이냐시오는 이제까지는 세상의 기사였지만 이후로는 영적인 기사가 될 것을 결심하였다. 그리고 지금까지 입고 있던 기사의 복장을 벗어버리고, 올이 거친 베로 만든 옷으로 갈아입었다. 그 후 이냐시오는 만레사에서의 고행과 성지순례를 통해 다시 한 번 깊은 영적 경험을 하게 된다. 성지에서 돌아온 후 이냐시오는 그가 표현한 대로 "영혼들을 돕기 위해" 체계적인 공부를 하기로 작정했다. 그리하여 1524년부터 1534년 석사 학위를 받기까지 오랜 시간에 걸쳐 바르셀로나, 알카라, 살라망카, 파리에서 인문학과 신학 연구에 몰두하였다.

이냐시오는 1534년 8월 15일 6명의 친구들(피에르 파브르, 프란치스코 하비에르, 디에고 라이네스, 알퐁소 살메론, 니콜라스 보바디야, 시몬 로드리게스)과 함께 몽마르트 성당에서 청빈과 정결에 힘을 쓰고 영혼구제를 위해 일생을 바치기로 서약하였다. 이것이 예수회의 기원이 되었다. 이냐시오는 1537년 6월 24일 여러 동료들과 함께 사제로 서품을 받았다. 이들은 스스로를 '예수의 친구'로 자칭하였고 이것이 후에 예수회의 명칭이 된다. 마침내 1539년 예수회라는 새로운 수도회의 회헌 초안을 작성하고 교황에게 승인을 요청하여, 1540년 교황 바오로 3세로부터 공식 인가를 받게 된다. 이냐시오는 1541년 예수회의 총장으로 선출되어 1556년 죽기까지 그 직책을 수행하였다.

예수회의 문장에 새겨진 "IHS"는 예수를 뜻하는 그리스어의 처음 세 문자이다. 이것은 "예수 인류의 구원자"(Iesus Hominum Salvator)로 해석되기도 한다.

예수회로 알려진 "예수의 친구회"(Society of Jesus)는 신앙을 전파하는 것을 목적으로 삼았다. 이후 이것은 신앙의 전파와 방어로 변경되었다. 이는 예수회가 프로테스탄트주의에 대항하여 가톨릭 신앙을 방어하겠다는 의지의 표현이었다. 그리하여 예수회는 프로테스탄트 종교개혁에 대항하는 가톨릭교회의 전위대 역할을 하였다. 루터의 모든 사상의 토대가 믿음이었다면, 로욜라의 근간은 복종이었다. 이냐시오는 "만일 교회가 내가 보기에 흰 것을 검다고 말한다면, 나는 그것이 검다고 믿을 것이다. 왜냐하면 오직 한 분 성령께서 신랑이신 우리 주 예수 그리스도 안에서 또한 그리스도의 신부인 교회 안에서 통치하시며 우리 영혼을 구원으로 인도하시기 때문이다."라고 말하기까지 하였다. 그만큼 교회의 권위에 절대적으로 복종하고자 한 것이다. 예수회의 발전은 수도회의 융통성과 실용성에서 기인하였다. 예수회의 활동은 매우 다양했지만 기본적으로 선교와 교육에 집중되었다. 강력한 선교 노력은 유럽의 많은 지역이 다시 로마교회의 품으로 돌아오도록 하였으며 아시아를 포함한 많은 대륙에서 열매를 맺었다. 교육의 경우, 1551-1650년 사이에 신성로마제국 내에 예수회가 설립한 학교가 무려 150개가 넘을 정도였다.

예수회의 창립자 이냐시오는 1522년부터 틈틈이 쓰기 시작한 『영신수련』을 기초로 많은 사람들의 영적 훈련을 지도하였고, 브라질, 인도, 일본 등으로 선교사를 파송하였으며, 대학을 비롯한 여러 학교를 설립하여 사람들을 교육시키고 훈련시켰다. 또한 트렌트공의회에 대표를 파견하는 등 가톨릭교회의 쇄신을 위해 혼신의 힘을 기울였다. 그의 영성 수련법은 지금까지도 많은 사람들에게 영향을 끼치고 있다. 이냐시오의 교육과 선교를 향한 열정은 내부에서 부패해가던 가톨릭교회의 개혁을 이끌었으며, 교황권에 대한 절대적인 순명의 정신은 당시 프로테스탄트 종교개혁으로 인해 약화되고 있던 가톨릭교회의 권위를 지키는 보루의 역할을 하였다. 그는 초기 예수회 회원이던 예로니모 나달의 말처럼 진정한 "활동 중의 관상가" 였다. 다시 말하자면 수도적 헌신과 세상에 대한 봉사의 간격을 자신 안에서 통합시킨 사람이었다. 예수회의 모토처럼 "하나님의 더 큰 영광을 위하여" 살기 원하던 이냐시오는 1609년 교황 바오로 5세에 의해 복자로 선포되었으며, 1622년에는 그레고리우스 15세에 의해 프란치스코 하비에르와 더불어 성인으로 추대되었다.

주님, 저를 가르치소서

주님께서 마땅히 받으서야 할 만큼 주님을 섬기게 하소서

주님께 드리되 계산하지 않게 하소서

주님을 위해 싸우되 상처를 두려워하지 않게 하소서

힘써 일하되 쉬는 것을 구하지 않게 하소서

열심히 봉사하되 제가 당신의 뜻을 행한다는 사실을 아는 것 외에

어떤 보상도 구하지 않게 하소서

— 이냐시오의 기도

**아빌라의 테레사와 맨발의 카르멜 수도회** 아빌라의 테레사(Teresa of Avila, 1515-1582)는 스페인의 카스티야 지역에 위치한 아빌라에서 1515년에 태어났다. 테레사는 20살이 되던 1535년 아빌라에 있는 카르멜파 수녀원에 들어가서 기도와 수도생활에 힘을 쏟기 시작했다. 그러던 중 1539년 심한 병으로 거의 죽음 직전까지 가는 경험을 하는데, 이 질병으로 인해 3년 동안 극심한 고통에 시달렸다. 테레사는 1555년 그리스도의 십자가상 앞에서 강렬한 회심을 경험하게 된다. 그 후 카르멜 수도회가 원래의 수도규칙에서 많이 벗어나서 세속화되었음을 깨닫고 수도원 개혁 운동에 나서게 되었다. 수많은 저항과 어려움에도 불구하고 테레사는 1562년 청빈과 평등과 초연과 자율의 원칙에 근거한 새로운 수도원을 설립하였고, 이후 20년 동안 스페인 전역에 걸쳐 2개의 남성 수도원과 15개의 여성 수녀원을 새로 세웠다. 우리는 테레사가 세운 수도원을

맨발의 카르멜 수도회라고 부른다. 이것은 부의 상징인 신발을 버리고 가난하게 살았던 그리스도를 본받아 맨발이나 샌들을 신는 금욕적 생활을 한 것에서 비롯된 이름이다. 테레사는 수도원의 규율을 바로잡고 올바른 원리를 세우고자 노력한 열성적인 개혁자였다.

테레사는 수도원제도의 개혁자인 동시에 깊은 기도의 경지를 경험한 신비가였다. 그녀는 소위 '영적 결혼'을 경험하였고 다양한 기도의 단계에 대해서 수녀들에게 가르쳤다. 테레사의 기도에 대한 가르침은 『자서전』, 『완덕의 길』, 『영혼의 성』과 같은 저술들에 잘 나타난다. 기도에 관한 테레사의 탁월한 가르침은 교회 전체에 지울 수 없는 깊은 흔적을 남겼기 때문에 1970년 9월 27일 교황 바오로 6세는 그녀를 최초의 여성 '교회박사'로 선언하였다. 교회박사란 복자와 성인으로 인정된 사람들 중에서 특별히 교회의 교리에 큰 영향을 미친 사람들에게 붙여지는 가장 명예로운 이름이다. 테레사는 1614년 복자로, 1622년 성인으로 선포되었다가 1970년 9월에 마침내 교회박사로 인정되었다. 2,000년의 교회사를 통해 교회박사로 선포된 사람은 33명에 불과하고 그중에서 여성은 단 3명뿐이다. 아빌라의 테레사, 시에나의 카테리나(1970년 10월 4일), 리지외의 테레즈(1997년 10월 19일)가 그들이다. 그만큼 아빌라의 테레사는 기도의 깊은 경지를 경험하고 보여준 '기도의 스승'이었다.

사실 테레사의 할아버지와 아버지는 유대인으로서 그리스도교로 개종한 사람들이었다. 이들은 비밀리에 유대교의 신앙을 따랐다는 혐의를 받고 스페인의 종교재판소에서 유죄선고를 받아 공개적인 모욕을 당하였다. 당시 스페인에서는 이교를 몰아내고 가톨릭 신앙을 다

아빌라의 테레사

시 회복하려는 레콩키스타(Reconquista) 운동의 영향으로 유대인이나 무슬림에 대해 매우 적대적인 분위기였기 때문에 유대교에서 전향한 집안 출신인 테레사의 입지는 좁을 수밖에 없었다. 더욱이 테레사는 여성이었다. 16세기 여성의 지위라는 것은 지금의 우리가 상상하기 어려울 만큼 열악하였다. 당시에는 여성에게 성서를 읽는 것도 허락하지 않을 정도로 여성을 열등한 존재로 간주하고 통제하였다. 이런 역사적이며 시대적인 상황을 고려할 때 그녀가 이룬 수도원 개혁과 신학적 성과는 참으로 놀랄 만한 것이다.

무엇보다 테레사에게서 돋보이는 점은 개혁가와 신비가의 면모가 그녀 안에 잘 통합되어 있었다는 것이다. 그녀가 기도생활을 통해 하나님과 깊은 교제를 나누는 일에 몰두하면서도 동시에 현실 수도원의 폐해를 개혁해나가는 일에 적극적으로 뛰어들어 새로운 수도원을 설립했다는 것은 그녀의 통합적 영성을 잘 보여준다. 성서는 우리가 골방에서 기도하고 동시에 세상 한복판에서 하나님의 은혜를 나누며 살아가라고 가르친다. 이런 성서의 가르침처럼 테레사의 기도의 영성은 수도원 개혁이라는 참여의 영성으로 나타났다. 그녀에게 기도란 곧 하나님의 뜻에 자신의 뜻을 맞추는 과정인데, 하나님의 뜻이란 하나님과 이웃을 사랑하는 삶을 사는 것이다. 그래서 테레사는 『영혼의 성』에서 제자들에게 간곡하게 당부하고 있다. "눈물만 많이 흘리면 만사가 다 된 줄로 아예 생각하지 맙시다. 그보다는 일을 많이 하는 것, 덕을 많이 닦는 것, 이것이 소중한 것입니다." "여러분의 기초를 다만 기도와 관상에다 두어서는 안 됩니다. 덕 닦기를 힘쓰지 않으면 여러분은 항상 난쟁이로 그냥 남을 뿐, 그러나 자라지 않는 것뿐이라면 차라리 낫겠지만 아시다시피 자라지 않는 것은 곧 쪼그라드는 게 아니겠습니까?" 그녀에게서 많이 기도한다는 것은 곧 많이 사랑하는 것이었다. 테레사에게는 주님의 발아래에서 말씀에 집중한 마리아만큼이나 주님을 위해 열심히 일하고 봉사한 마르다의 섬김도 소중한 것이었다. 따라서 그녀는 "마르다와 마리아는 나란히 같이 가야 합니다."라고 말하였다.

**트렌트공의회**
**(1545-1563)**

트렌트공의회가 소집되기 이전에 가스파로 콘타리니(Gasparo Contarini) 추기경은 가톨릭 내의 몇몇 동료들과 함께 이미 교회 개혁의 필요성을 강력하게 제시하였다. 교황은 오직 자격을 갖

트렌트공의회

춘 사람만을 성직에 임명해야 하고, 교황청의 수입을 올리기 위해서가 아니라 방황하는 영혼들에게 목자를 제공하기 위해서 주교를 세워야 하며, 주교들은 자신의 교구에서 살면서 충실하게 목회해야 하고, 수사와 수녀들의 삶이 바뀌어야 함을 피력하였다. 그러나 이런 제안은 현실화되지 못하였다. 이런 개혁의 요구는 트렌트공의회에 이르러서야 공식적으로 실행될 수 있는 에너지를 얻었다.

트렌트공의회는 1545년 북부 이탈리아의 도시 트렌트에서 시작되었지만 전쟁, 전염병, 정치적 논쟁 때문에 여러 차례 중단되면서 1563년까지 끌었다. 트렌트공의회는 프로테스탄트 종교개혁의 여파로 일어난 심각한 혼란을 극복하려는 목적으로 개최되어 거의 20년에 걸쳐서 3시기(1545–1547, 1551–1552, 1561–1563) 동안 25차례의 회의를 가졌다. 이를 통해 가톨릭교회의 전통적 가르침을 재확인하고 논쟁적 주제들을 명확하게 하는 일을 이루었다. 예수회가 교회의 영성을 회복하는 일을 했다면, 트렌트공의회는 교회의 제도와 관행을 갱신하는 일을 하였다.

트렌트공의회는 콘스탄츠, 바젤, 제5차 라테란공의회가 미처 이루지 못한 도덕 개혁을 강력하게 추진하였다. 이런 면에서 보자면 그 당시로서는 나름 교회를 쇄신하는 개혁적인 노력을 했다고 할 것이다. 그러나 공의회는 교리에 관한 한 프로테스탄트 종교개혁의 주장을 거부하고 전통적인 입장을 고수하는 쪽으로 방향을 잡았다. 프로테스탄트와 가톨릭의 분열은 이제 되돌릴 수 없는 기정사실이 되어 있었기 때문에 공의회는 프로테스탄트의 사상을 정죄하고 가톨릭의 전통을 재확인할 필요가 있었던 것이다. 루터의 "오직 믿음으로" 의롭게 된다는 주장에 반대하면서, 공의회는 사랑의 행위를 통해 형성된 신앙이 사람들을 구원한다는 "믿음과 사랑으로"라는 전통적인 견해를 확인하였다. 하나님의 은혜가 칭의의 시작이지만, 사람들이 그 은혜에 동의하고 협력해야 한다고 주장함으로써 인간의 자유의지와 도덕적인 노력의 여지를 보존하려고 하였다. "오직 성서"라는 프로테스탄트 개혁자들과 달리, 트렌트공의회는 "기록된 성서와 기록되지 않은 전통"이라는 교회의 두 토대를 지지하였다. 또한 프로테스탄트가 둘로 줄인 성례의 수를 다시 일곱으로 확정하였다. 그리고 미사가 그리스도의 희생을 반복한다는 전통적인 신앙, 성만찬에서 성축된 빵과 포도주가 그리스도의 몸과 피의 본질이라는 화체실을 되풀이하였다. 프로테스탄트 성직자들이 자유롭게 결혼한 반면에, 트렌트공의회는 성직자들의 결혼을 엄격하게 금하였다. 공의회의 전통적이고 보수적인 경향은 20세기에 이르기까지 계속적으로 영향을 미쳤다. 이렇게 함으로써 트렌트공의회는 근대 가톨릭교회의 탄생에서 중요한 전환점이 되었다.

**가톨릭 종교개혁의 성격**

우리는 서두에서 반동 종교개혁인가 가톨릭 종교개혁인가를 물었다. 16세기 가톨릭교회에 의해 진행된 개혁운동은 디킨스(A. G. Dickens)가 지적한 것처럼 두 가지 성격을 모두 지니고 있었다. 루터의 종교개혁 이전부터 이사벨라와 히메네스에 의해 가톨릭 내부 개혁이 이루어졌으며, 콘스탄츠공의회 때부터 이미 개혁이 하나의 표어가 되었다는 점에서 분명 16세기 가톨릭 진영의 개혁은 단지 프로테스탄트에 대한 반동이라기보다 중세 말의 교회쇄신운동과 연속성을 가진다. 이런 점에서 가톨릭 종교개혁이라 부르는 것이 합당할 것이다. 하지만 동시에 16세기 가톨릭 종교개혁이 도덕적이고 제도적인 측면에서는 일정 부분 개혁을 이루었지만, 교리적인 측면에서는 프로테스탄트를 반박하고 전통적인 가르침을 고수하려는 반동적인 성격이 있었다는 점도 분명한 사실이다. 예수회는 프로테스탄트 '이단'과 싸우는 교황청의 돌격부대를 자처하였고, 테레사도 가톨릭 교회의 울타리 안에서 개혁을 주창했으며, 트렌트공의회는 프로테스탄트의 가르침을 정죄하고 가톨릭의 전통을 철저히 다졌다. 이런 점에서 가톨릭 종교개혁은 프로테스탄트 종교개혁을 거스르고자 한 반동 종교개혁의 성격 또한 지니고 있었다고 할 수 있다.

# 제4부 근·현대교회 이야기

Chapter 4

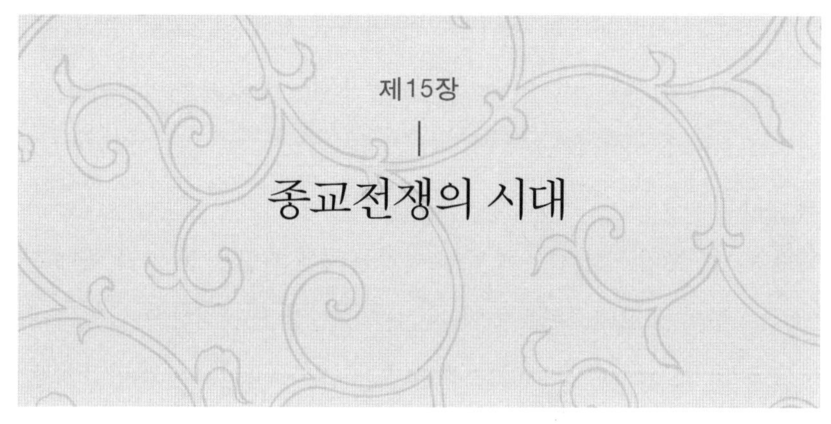

## 제15장

# 종교전쟁의 시대

16세기 종교개혁이 일어날 당시 유럽은 참된 신앙을 회복하고 교회를 개혁하려는 열정으로 가득 찼으나 시간이 흐르면서 신앙 대신 도그마가, 열정 대신 광신이 그 자리를 대체하였다. 루터주의자, 츠빙글리주의자, 칼뱅주의자, 급진주의자들뿐만 아니라 가톨릭주의자들도 각기 자신들의 주장만이 정통이며 다른 곳에는 구원이 없다는 식으로 편협한 태도를 취하였다. 그리하여 17세기는 흔히 '정통주의 시대' 혹은 '신앙고백의 시대'라고 불린다. 문제의 심각성은 이러한 정통주의가 심지어 자신들의 주장을 지키기 위해서라면 전쟁이라는 수단도 마다하지 않겠다는 방향으로까지 치닫게 된 데 있다. 화석화된 정통주의가 그리스도교 복음의 핵심인 사랑마저도 저버리는 결과를 초래하게 된 것이다. 타협이나 양보보다는 갈등과 투쟁을 신학적이고 정치적인 차이들을 풀어내는 보편적인 방법으로 삼게 됨으로써 종교개혁의 말미에 군사적인 충돌이라는 재앙이 유럽을 휩쓸고 지나갔다.

**위그노 전쟁**

프랑스의 경우에는, 로마가톨릭에 기반을 둔 국가 체제 안에서 소수의 프로테스탄트들이 자신들의 신앙을 간직하고 있었는데, 이들을 위그노(Huguenots)라고 불렀다. 이 용어의 어원은 분명하지 않다. 스위스와의 동맹관계로 인해 독일어로 동맹자들이라는 의미를 지닌 아이트게노센(Eidgenossen)으로 불리다가 아이크노와 위그노로 바뀐 것이라는 설도 있고, 이들의 지도자였던 나바르의 앙리의 조상인 위그 카페(Hughes Capet)의 이름에서 유래했다는 주장도 있다. 어쨌든 위그노라 불린 프랑스의 프로테스탄트들은 1559년에 전국적인 대회를 개최하고 "프랑스신앙고백"을 채택함으로써 자신들의 입지를 확고히 하였다. 위그노 중에는 루이 콩데, 가스파르 콜리니, 나바르의 앙리 등 유력한 귀족들도 포함되어 있었다. 그러나 1560년대로 접어들면서 위그노는 발루아 왕조 및 가톨릭주의자인 기즈(Guise) 가문과 심각한 충돌을 빚게 되었다.

이에 따라 미셸 드 로피탈(Michel de L'Hopital) 같은 사람은 1560년 12월 오를레앙의 삼부회에서 다음과 같이 화해를 촉구하였다. "경솔하게 행동하지 맙시다. 이 나라에 폭동으로 전쟁을 일으키거나 모든 것을 뒤흔들어 혼란을 야기하지 맙시다. 이제부터 우리는 오직 사랑과 기도와 설득과 하나님의 말씀으로 우리 적들을 공격해야 합니다.

이런 것들이야말로 갈등에 대처하는 올바른 병기입니다. 상냥함이 가혹함보다 더 많은 것을 성취할 수 있습니다. '루터주의자', '위그노', '교황주의자'와 같은 지독한 이름들은 떨쳐버립시다. 이런 것들은 당파와 분파만을 만들어낼 뿐입니다. 이제 우리는 오로지 '그리스도인'이라는 하나의 이름만 가집시다."

이런 분위기에 힘입어 프랑스에서는 가톨릭과 프로테스탄트 간에 평화적인 합의를 이루고자 카트린 드 메디시스(Catherine de Médicis: 메디치 가문 출신으로 앙리 2세와 결혼한 프랑스 왕비)의 주도 하에 1561년

바르톨로뮤 학살을 지휘했던 기즈 가문의 앙리와 바르톨로뮤 학살 사건

바르톨로뮤 학살의 배후로 지목되는
프랑스 왕 앙리 3세(왼쪽)와 황후 카트린 드 메디시스(오른쪽)

푸아시회담(Colloquy of Poissy)을 개최하였다. 그러나 회담은 긍정적인 성과를 거두지 못하였다. 1562년 1월에 비록 위그노들이 총회를 소집하거나, 자금을 모으거나, 군대를 모집할 수는 없지만 자유롭게 예배드리는 것만은 보장하는 "생제르맹칙령"이 반포되기는 하였다. 그러나 그것도 잠시였다. 1562년 3월 바시(Vassy)에서 예배를 드리던 위그노들을 기즈 가문이 집단적으로 학살하는 사건이 일어났다. 이때부터 프랑스에 종교전쟁이 시작되었는데 이것을 흔히 위그노전쟁이라고 부른다. 특히 1572년 8월 24일 성 바르톨로뮤 축일에 파리에서 위그노 수천 명이 학살당하는 일이 발생해 그해 10월까지 전국적으로 수만 명이 희생되었다. 이 사건은 프랑스의 평화를 위해 위그노였던 나바르의 앙리와 가톨릭 신자였던 황후 카트린 드 메디시스의 공주인 마르그리트(Marguerite)가 정략적으로 결혼한 직후 벌어진 사건이라 더욱 충격적이었다. 이후 가톨릭과 위그노 사이에 여러 차례 유혈참극이 반복되다가 1598년 4월 13일 "낭트칙령"에 의해 비로소 프랑스의 종교전쟁이 끝이 났다. 사실상 낭트칙령의 반포는 정치적인 타협에 의한 것이었다. 위그노였던 나바르의 앙리가 자신의 신앙을 가톨릭으로 개종하는 대신 위그노 신자들에게 예배의 자유를 보장하는 내용의 합의를 이끌어낸 것이다.

그러나 낭트칙령이 반포된 후에도 프로테스탄트에 대한 차별과 탄압은 계속 이어졌다. 특히 가톨릭에 대항하여 라 로셸(La Rochelle)에 집결한 프로테스탄트들의 항전은 눈물겨운 것이었다. 결국 도시가 점령당했을 때, 2만 5,000명의 주민들 가운데 겨우 1,500명만이 생존해 있었다. 그러다가 낭트칙령이 반포된 지 100년도 채 지나지 않은 1685년에 루이 14세는 "퐁텐블루칙령"을 통해 낭트칙령을 취소하고 위그노들에 대해 대대적인 박해를 가하였다.

앙리 4세(위)와 낭트칙령(아래)

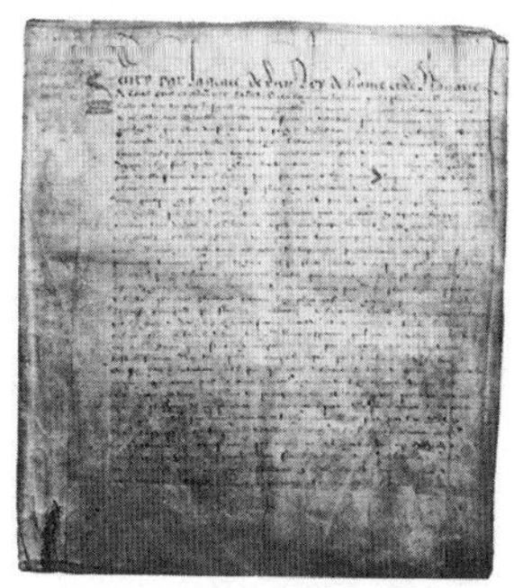

그래서 한편으로 일부 위그노들은 광야에 숨어 살면서 자신들의 신앙을 지켜나갔다. 소위 '광야교회' 시대가 시작된 것이다. 지금도 프랑스 남부 몽펠리에 근처에 있는 위그노의 '광야박물관'에 가면 당시 위그노들이 어떤 어려움 속에서 신앙을 지키고자 했는지 보여주는 역사의 흔적을 그대로 만날 수 있다. 다른 한편으로 수많은 위그노들은 박해를 피해 유럽의 다른 나라들로 피신할 수밖에 없었다. 당시 위그노들 가운데에는 전문적인 장인들과 상인들이 많았기 때문에 그들의 해외 피신은 프랑스에 경제적으로나 문화적으로 상당한 타격을

입혔다. 어떤 학자들은 위그노의 해외 망명으로 프랑스의 발전이 한참 뒤처졌고, 이로 인해 야기한 경제적인 혼란이 결국 프랑스혁명의 원인들 중 하나로 작용했다고까지 평가한다.

**청교도 전쟁**

잉글랜드의 경우에는 엘리자베스 여왕의 뒤를 이은 제임스 1세가 전임자의 정책을 이어받아 가톨릭과 프로테스탄트 사이에서 중도의 길을 걷고자 하였다. 그러나 소위 '청교도'라고 불리는 사람들은 성서의 기준으로 볼 때 잉글랜드의 종교개혁이 미흡하다고 판단하고 잉글랜드교회가 프로테스탄트적인 방향으로 더욱더 개혁되어야 한다고 믿었다. '청교도'라는 이름은 애초에 교회 안에서 가톨릭적인 의식이나 제도를 깨끗이 청소해야 한다는 그들의 주장을 적대자들이 비꼬아 붙인 데서 유래한 명칭이다. 그들은 잉글랜드국교회 안에 남아 있는 가톨릭적인 요소들, 다시 말해 십자가의 사용, 사제들의 예복, 제단에서 행하는 성만찬과 같은 것들을 일소해야 한다고 주장했다. 엄격한 청교도들은 성만찬이 희생제사가 아니라 은혜에 대한 감사이기 때문에 제단이 아닌 단순한 탁자 위에서 거행되어야 한다고 주장하였고, 가톨릭교회에서 볼 수 있는 것과 같은 예복 착용에 반대하였으며, 심지어 십자가마저도 우리의 시선과 신앙을 오도할 수 있기 때문에 사용하지 말 것을 주장하였다.

감독제도와 주일성수 문제만큼 새로운 국왕 제임스 1세와 청교도를 갈라놓은 것도 없었다. 열성적인 가톨릭 신자였던 스코틀랜드의 메리 스튜어트의 아들 제임스 1세는 감독제도의 열렬한 옹호자였다. 그는 감독제도가 왕권의 기초가 된다고 믿었기 때문에 "감독이 없으면 왕도 없다."고 선언할 정도로 감독제를 지지하였다. 그는 감독들이 왕실의 가장 충실한 지지 세력이라고 확신하고 있었다. 그러나 청교도들은 감독제도는 성서적인 것이 아니라 후대에 조작된 것이기 때문에 마땅히 철폐되어야 하며 오히려 장로들에 의한 지도가 교회정치의 성서적인 모형이라고 주장하였다.

제임스 1세

주일성수와 관련하여 청교도는 매우 엄격한 자세를 견지하고 있었다. 그들은 주일날에는 예배와 구제 외에 다른 일을 해서는 안 된다고 주장하였다. 특히 '재미'를 위한 오락에 탐닉하는 것은 죄라고 규정하였다. 그러나 제임스 1세는 이런 청교도적 엄격주의에 항거하면서 1618년 『스포츠선언』이라는 문서를 발표하였다. 주일날 예배를 드린 다음 오후에는 운동과 오락을 즐길 수 있다는 선언문이었다. 물론 모든 운동이나 오락을 허용한 것은 아니지만 양궁을 비롯한 여러 가지 운동과 춤을 공식적으로 그리고 법적으로 허용한 것이다. 이런 일들로 인해 제임스 1세 측과 청교도 진영 사이에 갈등이 고조되었다. 제임스 1세 시기에 박해를 받던 청교도들은 네덜란드를 위시한 유럽의 여러 나라로 도피하였는데, 이때 유럽이 아닌 신대륙에 청교도 신앙에 입각한 새로운 잉글랜드, 즉 뉴잉글랜드를 만들기 위해 메이플라워호를 타고 대서양을 건넌 사람들도 있었다. 그들은 뉴잉글랜드에서 모두가 모범으로 삼을 수 있는 '언덕 위의 도시'를 만들려는 꿈을 꾸었다.

찰스 1세 또한 아버지 제임스 1세의 노선을 그대로 따랐다. 청교도에 대해 반대한 왕권신수설의 주창자 리처드 몬테규(Richard Montague)를 자신의 전임 목회자로 임명하였고, 청교도주의에 대항한 윌리엄 로드(William Laud)를 캔터베리 대주교에 임명하였다. 뿐만 아니라 청교도가 다수를 차지하고 있던 의회를 해산하는 등 대결적인 조치들을 취하였다. 이에 반대하여 청교도는 1641년 왕이라 해도 의회의 동의 없이 일방적으로 의회를 해산할 수 없다는 법령을 통과시키면서 의회와 왕실의 분쟁은 더욱 커졌다. 결국 1642년 8월 찰스가 노팅엄에서 군대를 일으키면서 왕과 의회 사이에 내전이 벌어졌다. 그 와중에 의회파는 웨스트민스터회의(1643-1649)를 개최하여 청교도적 성격을 지닌 "엄숙 동맹과 계약"(Solemn League and Covenant)을 제정하였고, 웨스트민스터신앙고백, 대요리문답, 소요리문답을 채택하였고, 잉글랜드국교회의 『공동기도서』를 대체하는 『공적예배모범』을 만들었으며, 1645년에는 캔터베리 대주교인 윌리엄 로드를 의회의 명령으로 처형하였다. 이 내전의 와중에서 두각을 드러낸 인물이 올리버 크롬웰(Oliver Cromwell)이다. 이때 찰스 1세가 외국의 가톨릭 측 군대와 접촉하여 잉글랜드를 침입하도록 종용했다는 증거가 발각되면서 붙잡혔고, 마침내 왕은 1649년 1월 30일 참수형을 당하였다. 이로써 잉글랜드에서 왕정이 막을 내리고 공화정이 시작되었다.

찰스 1세

찰스 1세의 처형은 청교도들에게 승리의 표시처럼 여겨졌지만 잉글랜드 국민들의 정서는 꼭 그렇지 않았다. 오랫동안 왕정에 익숙했던 사람들은 너무나 갑작스러운 변화에 불안을 느꼈다. 이런 분위기를 진정시키기 위해 크롬웰은 종교문제에 관해서 상당히 관용적인 입장을 취하였으며, 자신은 호민관(Lord Protector)이라는 칭호를 가지고 의회와 협력하여 정부를 이끌고자 하였다. 그러나 실권은 사실상 크롬웰 개인에게 집중되어 있었다. 청교도들은 장로회파, 독립파, 분리파와 같은 많은 분파들로 나누어져 있었으며, 사회계급의 철폐를 주장하는 평등파(Levellers), 재산의 공동소유를 주장하는 쟁기파(Diggers)와 같은 보다 급진적인 성격의 무리들도 나타났다. 1658년 올리버 크롬웰이 죽자 그 아들 리처드 크롬웰이 호민관직을 계승했지만 얼마 가

웨스트민스터회의(1643-1649)

올리버 크롬웰

지 못하고 1660년 사임하고 말았다. 결국 공화정의 실험(1649-1660)은 실패로 끝이 나고 왕정으로의 복귀가 이루어졌다.

찰스 1세의 아들인 찰스 2세가 다시 왕위에 오르자 역사의 시계추는 공화정 이전으로 되돌아갔다. 죽은 찰스 1세는 1662년부터 1859년까지 『공동기도서』의 교회력에 삽입되어 기억되었고, 그가 죽은 1월 30일이면 매년 특별한 예식이 거행되었다. 찰스 1세가 잉글랜드교회 안에서는 로마가톨릭교회의 성인과 비슷한 대우를 받은 것이다. 찰스 2세는 "클라렌든 규칙"(Clarendon Code)을 통과시켰는데 이것은 왕정복고 직후 반포된 일련의 법령들을 통칭하는 것이다. 여기에는 공직을 맡는 사람들은 잉글랜드국교회 교인이어야 한다는 "법인령"(Corporation Act), 승인 없이 5명 이상이 모이는 집회를 금지한다는 "비밀집회금지령"(Conventicle Act), 프로테스탄트 목사들이 자신들이 시무했던 지역 5마일 이내에 접근하는 것을 금지한 "5마일령"(Five-Mile Act) 등이 포함되어 있었다. 특히 [ '검은 바르톨로뮤 법령' 이라고도 불리는] 1662년의 "통일령"(Act of Conformity)은 모든 성직자들에게 새로 개정된

『공동기도서』에 동의할 것을 요구했고, "엄숙 동맹과 계약"을 포기하도록 강제하였다. 또한 성 바르톨로뮤 축일에 참여하기를 거부하는 자들에게서는 성직자 신분을 박탈하였다. 이 조처로 축출된 성직자가 무려 2,000여 명에 이른다. 이런 조치들은 잉글랜드를 국교도와 비국교도로 영구적으로 갈라놓는 계기가 되었다.

1685년 찰스 2세가 죽자 그의 동생인 제임스 2세가 왕위에 올랐다. 제임스 2세는 잉글랜드에 로마가톨릭을 복구하고자 하였다. 그는 가톨릭 신자들을 고위직에 중용하였으며, 정부가 허락하지 않는 예배에 참석하는 자는 사형에 처한다는 칙령까지 발표하였다. 이런 강압적인 통치로 인해 잉글랜드에서는 3년 만에 반란이 일어났고 왕은 해외로 도주하였다. 결국 1688년 제임스 2세의 딸인 메리와 그의 남편인 네덜란드 출신의 윌리엄(William of Orange)이 런던으로 입성하게 된다. 이것을 역사는 "명예혁명"이라고 부르는데 전혀 피를 흘리지 않고 정권이 교체되었기 때문이다. 1689년 메리와 윌리엄 두 사람은 윌리엄 3세와 메리 2세로서 공동으로 왕위에 올랐으며, 의회가 제출한 『권리장전』을 승인하였다. 『권리장전』은 17세기에 있었던 왕권과 의

찰스 2세(1660-1685)

제임스 2세(1685-1688)

회의 항쟁에 결말을 짓고 의회정치 발달의 기초를 이룬 것이기 때문에 영국의 역사상 큰 의미를 지닌다. 『권리장전』은 『대헌장』(1215)과 『권리청원』(1628)과 함께 잉글랜드 헌법의 근간을 이루는 문서가 되었다.

**30년 전쟁**

독일의 경우에는, 1555년 "아우크스부르크 평화협정"을 통해 통치자들과 영주들이 자기 영토 내의 종교를 자유롭게 결정할 수 있도록 하였다. 그러나 이것은 어디까지나 아우크스부르크 신앙고백을 따르는 루터교 신자들에게만 해당되는 것이었지, 칼뱅주의자들을 비롯한 다른 프로테스탄트들은 여전히 박해를 피할 수 없었다. 뿐만 아니라 일정 지역에서는 지도자들이 프로테스탄트로 개종한다고 할지라도 그 지역은 계속 가톨릭으로 남아 있게 된다는 예외조항이 협정문에 포함되어 있었다. 이처럼 아우크스부르크의 평화협정은 항구적인 것이라기보다는 갈등의 요소를 내포하고 있는 잠정적인 휴전에 불과한 것이었다.

평화협정 이후에도 프로테스탄트에 대한 가톨릭의 박해가 지속되었기 때문에 프로테스탄트 신자들은 1608년 복음주의연맹을 결성하였고, 이에 대항하여 1609년에는 가톨릭동맹이 결성되었다. 이런 와중에서 1618년 프라하에서 충돌이 일어났고, 그 후 1648년까지 무려 30년 동안 종교전쟁이 벌어졌다. 이 30년 전쟁은 곧 독일뿐 아니라 프랑스, 스웨덴 등 유럽 전역으로 확산되었고, 전쟁이 진행되면서 본래의 종교적 동기는 망각되고 이익과 권력투쟁을 위한 아귀다툼으로 전

베스트팔렌 평화조약

락하였다. 길고 처참했던 30년 전쟁은 "베스트팔렌 평화조약"(1648)에 의해 종결되었다. 이를 통해 비로소 영주들뿐 아니라 일반 주민들까지도 가톨릭 신앙, 루터주의 신앙, 개혁주의 신앙 중에서 자유롭게 선택할 수 있는 자유가 보장되었다.

### 종교전쟁이 지나간 자리

전쟁이 남긴 상처는 매우 심각하였다. 과연 종교라는 것이 무엇인가? 전쟁까지 일으키는 교리적 논쟁이 과연 옳은 것인가? 종교라는 것이 필요하기는 한 것인가? 가톨릭이든 프로테스탄트이든

보다 너그럽고 보다 깊이 있게 하나님을 섬길 수 있는 방법은 없는 것인가? 이런 의문들이 생겨났다. 이러한 근본적인 질문들은 종교 전체에 대한 혐오로 표출되기도 하였다. 종교가 인간에게 결코 유익하지 못하며 오히려 역사의 진보를 방해한다는 비판 의식이 생겨나기 시작했다. 이제는 종교가 아니라 인간의 이성에 입각한 새로운 신념체계가 필요하다는 인식도 등장했다. 이처럼 종교전쟁은 사람들로 하여금 지금까지 당연시되던 종교를 떠나 무신론적 혹은 이성에 근거한 이신론(理神論)적 신념으로 돌아서도록 만드는 결과를 초래하였다. 교회 내부에서는 한편으로는 기존의 종교적인 교리 논쟁에 지친 사람들이 신비주의로 기울어지는 현상이 일어났고, 다른 한편으로는 참된 신앙의 핵심이 무엇인지에 대한 진지한 성찰로 이어지기도 하였다. 정치적으로는 종교전쟁을 거치면서 근대 세속국가가 출현하는 계기가 마련되었다. 정치 지도자들이 국가의 정책을 신앙적인 문제에 따라 결정할 것이 아니라 국민의 이해관계에 따라 결정해야 한다는 것을 깨닫기 시작한 것이다.

종교전쟁이라는 뼈아픈 역사를 거치면서 교회는 안팎으로 많은 어려움을 겪게 되었지만, 그리스도교 신앙의 본질에 대해 다시금 질문하고 해답을 찾으려는 진지한 노력을 하게 된 계기가 된 것 또한 사실이다. 교회사에서 종교전쟁의 시대는 우리에게 신앙의 형식과 껍데기를 벗어버리고 본질과 알맹이를 붙들어야 함을 가르쳐주고 있다.

제16장

# 합리주의, 신비주의, 경건주의

## 정통주의와 종교전쟁에 대한 반동

16세기 후반부터 17세기 전반에 걸쳐 광범위하게 치러진 종교전쟁의 폐해는 실로 엄청났다. 프랑스, 영국, 독일을 비롯한 전 유럽이 혼란에 빠졌고, 수많은 사람들이 죽었다. 이런 결과가 초래되자 사람들은 과연 종교적 신념, 즉 교리에 대한 논쟁이 유혈사태를 초래할 만큼 가치가 있는지를 의심하기 시작했다. 절대적인 것으로 여겨져온 신앙의 규범들이 의심의 대상이 된 것이다.

17세기 중반 근대철학의 아버지로 불리는 프랑스 철학자 데카르트(René Descartes, 1596-1650)는 모든 것을 회의할 때 비로소 우리는 확실한 지식을 얻을 수 있다고 주장했다. 비록 데카르트 자신은 신앙심이 깊은 인물이었지만, 그의 회의적 방법론은 그때까지 불가침의 영역이던 종교까지도 회의의 대상으로 만들어버렸다. 이제 종교의 지위가

르네 데카르트

절대적인 것에서 상대적인 것으로 바뀌게 된 것이다.

17-18세기에 사람들이 종교에 대해 보인 반응은 크게 세 가지로 나눌 수 있다. 첫째로, 합리주의자들은 감성에 호소하는 종교가 아니라 이성에 따르는 합리적이고 윤리적인 종교를 신봉해야 한다고 생각하였다. 소위 '계몽주의'라고 불리는 사조와 함께 등장한 이들은 충동적이고 배타적이며 무비판적인 종교가 아니라 이성적이고 관용적이며 비판적인 종교를 모색하였다. 둘째로, 신비주의자들은 편협한 교리 논쟁에서 벗어나 하나님과의 직접적이고 신비적인 만남을 통해 참된 종교성을 되찾으려고 하였다. 셋째로, 경건주의자들은 교리에만 집착하는 정통주의, 이성에만 편중된 합리주의, 개인의 각성에만 치중하는 신비주의와는 달리 교회공동체에 여전히 희망을 품고서 말씀과 기도라는 그리스도교의 기본으로 돌아가자고 주장하였다.

**이성적 합리주의**

정통주의와 종교전쟁에 대한 반동으로 가장 먼저 고개를 든 것이 합리주의적 사조이다. 합리주의는 말 뜻 그대로 이성에 합한 것만을 받아들이려는 태도를 일컫는다. 다시 말해 본능이나 감각적인 느낌에 의존하지 않고 인간의 이성에 따라 모든 것을 판단하려는 태도이다. 철학적인 측면에서 합리주의는 인간의 감각을 진리의 기준으로 삼는 경험론을 기만적인 것이라고 비판하면서 이성에 근거한 사유를 진리의 토대로 삼으려는 경향을 지닌다. 신학적인 측면에서 합리주의는 신앙의 진리를 은총의 관점에서보다는 자연의 빛에 의하여 이성적으로 인식하려는 입장을 취한다. 이런 입장은 신비적인 것에 근거를 두거나 무조건적인 맹신에 근거를 둔 신앙에 대해 비판적인 태도를 취하도록 이끌며 동시에 인간의 이성적인 판단과 조화되는 믿음체계를 지닌 종교를 추구하게 한다.

이런 합리주의 사조는 가톨릭이나 정교회보다 프로테스탄트 신학에 훨씬 강력한 영향을 미쳤다. 그것은 프로테스탄트의 근본 정신이 항거와 개혁에 바탕을 두고 있어 새로운 사조에 대해 더욱 개방적이었기 때문이다. 프랑스 철학자 데카르트의 이성적 합리주의는 네덜란드 태생의 유대인 스피노자(Baruch de Spinoza)와 독일의 라이프니츠(Gottfried W. Leibniz) 같은 철학자들이 계승해 발전시켰다. 이들은 모두 이성이야말로 모든 판단의 기준이며 신앙의 문제도 이성의 영역 안에서 바르게 분별할 수 있다고 보았다.

여기에서 한걸음 더 나아가 독일의 라이마루스(Hermann S. Reimarus), 볼테르(Voltaire)라는 필명으로 더 유명한 프랑수아-마리 아루에(François-Marie Arouet)나 몽테스키외(Montesquieu) 같은 프랑스 계몽철학자들은 오로지 이성만이 그리스도교의 믿음과 실천을 판단할 수 있는 기준이 된다고 주장하면서, 그리스도교의 신앙에서 비이성적이고 미신적인 요소를 모두 제거할 것을 요구하였다. 이제는 이성이 하나님의 자리를 대신하게 된 것이다. 이러한 이성에 대한 숭배는 1793년 파리의 노트르담 성당 안에서 '이성의 여신'에게 왕관을 씌워준 사건에서 정점을 이루었다.

볼테르

존 로크

한편 영국에서는 이신론(理神論), 즉 이성적 신이라는 새로운 사상 흐름이 등장해 온 유럽으로 번져나갔다. 이신론자는 하나님이 창조자라는 것은 인정하지만 창조 이후에는 하나님이 더 이상 세계의 일에 개입하거나 임재하지 않는다고 믿었다. 그들은 창조 이후의 세계는 자연법과 이성에 따라 운행된다고 주장했다. 이런 이신론의 토대를 놓은 사람이 영국의 철학자 존 로크(John Locke, 1632-1704)였다. 로크는 『인간오성론』(1690)에서 "이성이 모든 일에서 우리의 가장 좋은 판단자와 인도자가 되어야만 한다."라고 주장하였다. 또한 그는 『그리스도교의 합리성』(1695)이라는 글에서 그리스도교의 믿음에 관한 지식은 이성적인 것이며, 따라서 인간의 자연적인 능력을 통해 얼마든지 알 수 있는 것이라고 주장하였다.

존 톨런드

매튜 틴들

이런 흐름은 존 톨런드(John Toland)의 『신비가 아닌 그리스도교』(1696)와 매튜 틴들(Matthew Tindale)의 『창조만큼이나 오래된 그리스도교』(1730)에 의해 더욱 발전하였다. 톨런드나 틴들은 그리스도교는 본질적으로 자연종교에 속하며, 따라서 그리스도교의 계시도 인간의 자연적 이성에 의해 얼마든지 확인할 수 있는 것이라고 주장하였다. 당시 최고의 과학자였던 아이작 뉴턴(Isaac Newton)은 "단지 하나의 법이 모든 민족을 위하여 있는데, 그것은 그리스도에 의해 모든 그리스도인들에게, 모세에 의해 모든 유대인들에게, 그리고 이성에 의해 모든 인류에게 명령된 의와 자비의 법이다. 이 법에 의해 모든 인간은 마지막 날에 심판받을 것이다."라고 썼다. 이처럼 이성은 종교를 포함한 모든 세계를 위한 유일한 법으로 고양되었다. 임마누엘 칸트(Immanuel Kant, 1724-1804)도 『이성의 한계 안에서의 종교』(1792)에서 아무리 종교적인 진술이라 할지라도 이성의 범주를 벗어난 것은 잘못된 것이라고 말하면서 이성적인 종교를 주장하였다.

이와 같은 이성적 합리주의는 전통적인 그리스도교 신학과 심각한 갈등을 빚었다. 합리주의자들은 더 이상 이성에 어긋나는 성서의 기적 이야기들을 믿으려 하지 않았다. 토머스 울스턴(Thomas Woolston)과 같은 사람은 나사로의 소생을 "하나의 사기"라고 일축하고 예수의 부활도 "세상에 있었던 가장 뻔뻔스러운 사기 행위"로 치부하였다. 초자연적인 계시나 원죄의 교리 등도 이성에 합하지 않는다는 이유로 비판의 대상이었다. 그리스도교 신앙의 핵심인 예수 그리스도에 대해서도 이전과는 다른 관점이 등장하였다. 정통신학이 그리스도의 죽음과 부활을 중시했다면, 합리주의자들은 그리스도의 죽음을 경시하고 부활은 부인하였으며, 대신 그의 도덕적 가르침을 강조하였다. 그들에게 예수는 계몽된 도덕적 교사였다. 또한 이성적 합리주의는 예수에 대한 신화적인 묘사들을 배격하고 예수를 실제로 이 세상에 존재한 역사적인 인물로 파악하려는 '역사적 예수'에 관한 연구를 촉발시켰다.

**신비주의에의 길**

편협한 정통주의와 교조적인 논쟁에 신물이 난 사람들 중 일부는 그리스도교의 본질이 교리에 있는 것이 아니라 하나님과의 직접적인 만남과 연합의 경험에 있다고 주장하면서 신비주의에로 경도되었다. 신비주의 사상은 정통주의에 대해 비판적인 생각을 지니고 있던 지식인들을 사로잡는 한편, 교육을 받지 못한 많은 사람들에게 보다 쉽게 신앙에 다가갈 수 있는 길을 제시해주는 측면이 있었다. 17세기와 18세기에 걸쳐 신비주의적인 경향의 흐름을 주도한 인물로는 야콥 뵈메, 조지 폭스, 에마뉴엘 스베덴보리 등이 있다.

야콥 뵈메(Jakob Böhme, 1575-1624)는 독일의 작센 괴를리츠 부근 알트자이덴베르크 출신 신비주의자이다. 부모가 독실한 루터교 신자였기 때문에 뵈메는 자연스럽게 루터주의 신앙의 영향을 받았다. 그는 14살 때 시작한 구두수선 일을 평생의 직업으로 삼았다. 뵈메는 당시 교회에서 이루어지는 끝없고 지루한 신학 논쟁에 식상하여 교회생활에 흥미를 잃게 되자 자신의 경건생활을 위해 혼자서 서적을 탐독하기 시작하였다. 비슷한 시기에 여러 차례 신비로운 환상을 보고 경험하기 시작한 그는 마침내 하나님께서 보여주신 환상들을 글로 남겨야 한다고 확신하게 되었다. 그 결과 세상에 나타난 책이 『찬란한 여명』(1612)이다. 그런데

야콥 뵈메

이 책으로 인해 뵈메는 고발을 당하였고 더 이상 종교문제에 대해 글을 쓸 수 없도록 제재를 받았다. 하지만 그는 하나님의 강권적인 환상들에 대해 침묵할 수 없어서 1618년부터 다시 글을 쓰기 시작했고 결국 이단으로 고발되어 고향을 떠나야 했다.

뵈메의 글에는 다양한 관념이 혼합되어 있기 때문에 이해하기가 쉽지 않다. 그의 글들을 검토한 신학자들조차도 좀 더 시간을 갖고 지켜보아야 그의 의도를 정확하게 알 수 있을 것이라며 판단을 미룰 정도였다. 그가 사용한 "영원한 자궁"(eternal womb) 혹은 "모든 탄생의 어머니"(mother of all births)라는 것이 하나님을 가리키는 것인지 아니면 다른 존재를 의미하는 것인지 모호했으며, 신학적인 주제들과 함께 마술, 점성술, 신지학, 연금술에서 빌려온 개념들이 혼재해 있었기 때문에 쉽게 이해할 수가 없었던 것이다. 그럼에도 불구하고 그의 글이 이전 신학자들의 교리주의에 대한 반대를 분명히 하고 있다는 것과, 신앙에 있어서 신비적이고 직접적인 환상과 계시를 중시했다는 점만은 뚜렷하다. 그는 그리스도인들이 "죽이는 문자"에 매달릴 것이 아니라 성서의 저자이며 지금도 계속하여 그리스도인들에게 영감을 제공하는 성령의 인도를 받아야 한다고 강하게 주장하였다.

뵈메의 철학적 신비주의 사상은 그의 생전에는 많은 주목을 받지 못했다. 하지만 이후 관념론과 낭만주의와 같은 지적 사조에 깊은 영향을 미쳤을 뿐 아니라 독일을 넘어 유럽 여러 나라로 퍼져나갔다. 특히 영국에서는 '뵈메주의자' 운동이 일어나기도 하였다. 뵈메가 남긴 대표적인 신학 저술로는 르네상스의 자연 신비주의와 성서의 교리를 종합한 『위대한 신비』(1623), 자유의 문제를 다루고 있는 『은총의 선택에 대하여』(1623)와 같은 작품들이 있다.

조지 폭스(George Fox, 1624-1691)는 뵈메가 죽던 해에 영국에서 태어났다. 폭스도 한때 뵈메처럼 구두수선 견습공으로 일하였으며, 잠시 양을 치는 일을 하였다. 18살 때 충분한 종교적 체험을 얻고자 집을 떠났으며, 이 기간 동안 그는 다양한 신비 체험을 하고 하나님에게서 직접적인 계시를 받았다고 자신의 『일기』에서 기록하고 있다. 그는 이 과정을 통해 "프로테스탄트나 가톨릭이나 모두가 같은 그리스도인이며", "진정한 그리스도인은 이름뿐인 그리스도인이 아니라 하나님의 자녀로서 죽음에서 생명으로 옮긴 자들이며", "옥스퍼드나 케임브리지에서 공부했다고 해서 그리스도의 일꾼의 자격을 갖추는 것은 아니며", "하나님은 사람의 손으로 만든 성전에 계시지 않고 사람들의 마음 가운데" 계신다는 사실을 깨달았다. 폭스는 이러한 깨달음이 모든 사람에게 비치는 '내적인 빛'(inner light)에 의한 것이라고 고백했다. '내적인 빛' 개념은 이후 폭스 자신의 생애와 그를 따르는 퀘이커 교도의 역사에서 결정적인 역할을 하게 된다.

조지 폭스

폭스는 1647년 이 내적인 빛의 체험을 하고 난 다음부터 잉글랜드, 웨일즈, 아일랜드, 스코틀랜드, 뉴잉글랜드 지역까지 두루 돌아다니며 자신이 경험한 진리를 담대하게 전하기 시작했다. 그는 당시 교회와 사회 속에 팽배하던 인습들에 대해서 비판적인 입장을 취하였다. 예를 들면 그는 교회 내에 설교하는 사제나 성직자를 따로 둘 필요가 없으며, 성령의 내적인 빛의 조명을 받은 사람이라면 누구라도 말씀을 전할 수 있다고 주장하였다. 순회 여행을 하던 중 어떤 집회에서 한 여성이 설교자에게 성서의 의미에 대해 질문하자 설교자가 "교회 안에서 여성이 말하는 것은 허락되지 않았다."며 질문을 거부하는 것을 목격하고서, 그는 설교자에게 "이 뾰족집을 교회라고 하십니까? 아니면 여기 함께 모여 있는 사람들을 교회라고 하십니까?"라고 되물었다. 폭스에게 집회를 위해 모이는 장소는 뾰족집일 뿐이며, 영적인 신앙공동체가 진정한 교회였다. 그리고 영적인 신앙공동체, 즉 교회 안에서는 모두가 평등하며 모두가 존중받아야 한다고 주장하였다. 따라서 폭스는 여성일지라도 성령의 조명을 받으면 얼마든지 설교할 수 있다고 주장하였다.

폭스를 따르던 퀘이커 교도들의 본래 명칭이 "친우회"(Society of Friends)인 것도 모든 사람이 하나님 앞에서 평등한 친구라는 의미를 담고 있다. 따라서 폭스는 당시 신분이 낮은 사람들을 "너"(You)라고 낮추어 부르고 신분이 높은 사람들은 "당신"(Thou)이라고 부르던 관습에 반대하여, 지위고하를 막론하고 사람을 차별하지 않고 똑같이 "당신"이라고 불렀다. 폭스를 따르는 퀘이커 교도들이 미국에서 노예제도 폐지에 가장 앞장선 것은 결코 우연이 아니었다.

폭스가 위계질서를 지닌 조직으로서의 교회를 거부하고 모두가 평등한 신앙공동체로서의 교회를 주장한 것은 당시로서는 매우 도발적인 것이었다. 뿐만 아니라 그는 성서의 가르침에 따라 맹세를 거부하고, 부당한 세금에 저항하고, 전쟁을 반대하는 등 비성서적인 사회적 관습에 대해서도 분명한 반대 입장을 견지하였다. 이것은 필연코 박해를 초래할 수밖에 없었다. 그는 음모죄나 신성모독죄의 멍에를 쓰고 여러 차례에 걸쳐 모두 6년 동안을 감옥에서 지내야만 했으며, 퀘이커 교도들도 박해와 고난의 세월을 보낼 수밖에 없었다. 이런 이유로 이후 퀘이커는 고난 받는 사람들에 대해 각별한 애정을 보여왔다.

잉글랜드의 퀘이커였던 윌리엄 펜(William Penn)은 왕에게 받아야 할 빚 대신에 당시 잉글랜드의 식민지였던 미국의 한 지역을 불하받고 그곳에 박해받는 종교인들을 모두 받아들였다. 때문에 그 지역을 '펜의 숲'이라는 의미로 펜실베이니아라 부르게 되었고, 그 중심 도시 또한 '형제애'를 의미하는 필라델피아로 부르게 된 것이다. 퀘이커는 초기부터 지금까지 "고난 받는 이들을 위한 모임"을 이어오고 있으며, 사회복지와 교육, 형벌제도의 개선, 여성들의 권리 신장 그리고 특별히 평화운동에 지속적인 관심을 기울이고 있다. 그 공로를 인정받아 1947년에는 퀘이커 봉사단체가 노벨평화상을 받기도 하였다.

폭스를 신비주의자로 보는 이유는 그가 교리와 신학이론이 아닌 하나님의 영과의 직접적인 만남을 중시하고 사모했다는 사실에 있다. 폭스를 따르던 사람들을 흔히 퀘이커(Quakers) 곧 '떠는 자들'이라고 부르는데, 그 이유는 그들이 성령으로부터 오는 '내적인 빛'을 중시하였고 성령의 빛에 조명되면 보통은 몸을 떠는 현상을 동반하였기 때문이다. 이처럼 폭스는 성령과의 직접적인 대면과 신비적인 체험을 매우 중시하였다. 그러나 보통 신비주의자들이 세상을 떠나서 개인적인 울타리 속으로 움츠러드는 것과 달리 폭스는 세상 속에서 참된 영적인 공동체를 만들어 세상을 변화시키고자 하였다. 이것이 그의 신비주의의 독특한 점이며, 그의 사상이 지금까지도 계속 영향을 미치는 이유일 것이다.

에마뉴엘 스베덴보리(Emanuel Swedenborg, 1688-1772)는 스웨덴의 스톡홀름에서 태어났다. 스베덴보리는 루터교회의 주교이자 웁살라 대학 신학교수였던 아버지의 영향 아래 경건한 가정 분위기에서 자라났다. 일찍부터 천재성을 보인 그는 1709년 웁살라 대학을 졸업하고 1710년부터는 네덜란드, 프랑스, 독일, 런던 등 유럽의 여러 나라를 여행하였다. 1715년에 스웨덴으로 돌아온 뒤 20년 동안 자연과학과 공학기술 연구에 매진했다. 그의 언어적 감각은 놀라워 당시 유럽의 학술어인 라틴어로 시를 쓸 정도였고, 그리스어와 히브리어에도 능통했으며, 유럽 여행을 하면서 영어, 프랑스어, 이탈리아어, 네덜란드어도 익혔다. 뿐만 아니라 수학, 물리학, 기계학, 지리학, 철학에도 탁월한 재능을 발휘하였다. 그의 과학적 업적은 눈부신 것이었는데, 최초로 성운(星雲)론을 제의하였고, 뉴턴을 이어 자기(磁氣)에 관한 연구를 발전시켰으며, 아인슈타인

에마뉴엘 스베덴보리

의 에너지 이론을 예고하였고, 라이트 형제보다 200년 앞서 비행기 모형을 제조하였으며, 잠수함 모델을 만들기도 하였다. 그는 또한 1716-1718년에 걸쳐 스웨덴 최초의 과학 정기간행물 *Daedalus Hyperboreus* 을 발행하기도 했다. 스웨덴의 여왕 엘레노라(Ulrika Eleonora)는 1719년 스베덴보리 가족에게 귀족 작위를 수여하였는데, 이때 가족의 성이 스벳베리(Swedberg)에서 스베덴보리(Swedenborg)로 바뀌었다.

1730년대에 들어서면서 그는 철학적 관점에서 영적인 문제들을 나루는 데 점차 관심을 가지기 시작했다. 1735년 그는 『무한자에 대하여』라는 글을 발표하였는데, 이 책에서 유한자와 무한자의 관계, 영과 육의 관계에 대해서 설명하려고 하였다. 그 후 인간 육체의 해부학적 관점에서 영혼을 설명하는 방대한 분량의 책을 저술할 계획을 세웠다. 그런데 스베덴보리의 『일기』에 따르면 1744년에 그는 이상한 꿈들을 꾸기 시작했다. 그는 그 꿈들로 인해 새로운 인생을 살게 될 것임을 인식한다. 마침내 1745년 57세의 나이에 그는 예수 그리스도에 대한 환상을 경험함으로써 인생의 중대한 전환점을 맞았다. 그는 자신이 영적으로 경험한 천국과 지옥에 관한 것들을 정확하게 보고하는 것을 사명으로 여기고, 1749-1756년까지 성서의 영적인 해서에 관해 8권의 책을 저술하는 일에 매진하였다. 그 결과물이 바로 그의 대표작인 『천국의 비밀들』이다. 그는 성서가 물질적 존재에서 영적인 존재로의 인간 변화에 대해 기술하고 있다고 믿었고, 이것을 가리켜 중생이라고 불렀다. 그에 따르면 창조 이야기는 세상이 어떻게 창조되었는가에 관한 이야기가 아니라 6일 동안에 걸쳐 일어난 6단계의 인간의 중생에 관한 이야기였다. 이후 그는 1772년 84살의 나이로 숨을 거둘 때까지 종교적 저술활동에 온 힘을 쏟아 『천국과 지옥』, 『하나님의 사랑과 지혜』, 『하나님의 섭리』, 『참된 결혼애』를 비롯한 수많은 저술들을 남겼으며, 1771년에는 그의 마지막 저술 『참된 그리스도교』가 출판되었다.

천재적 과학자요 철학자로 살던 사람이 50대 중반의 나이에 자신의 인생 항로를 완전히 바꾸어 신비주의 신학자로 살게 된 것 자체가 매우 흥미롭다. 스베덴보리는 영적인 경험을 한 이후 천국과 지옥, 천사와 영적 존재에 대해 기술함으로써 교리적 정통주의와 합리적 이성주의에 일대 충격을 가하였다. 삼위일체 교리와 관계하여 그는 세 위격의 일체라는 전통적 삼위일체 교리를 거부하고 한 분 하나님 안에서의 신적 일치라는 양태론에 가까운 주장을 전개하였다. 또한 "오직 믿음으로"라는 가르침에 대해서도 비판하면서 사랑의 실천을 강조하였다.

그에 대한 평가는 이중적이었다. 헌신적인 추종자들은 그가 죽은 직후 그의 사상을 연구하는 스베덴보리 학회를 세웠으며, 이 학회는 '새 예루살렘 교회' 또는 '스베덴보리주의자들'이라고 불리는 모임의 핵심을 형성하였다. 비판적인 사람들도 있어, 예를 들면 스웨덴의 저명한 작가인 첼그렌(Johan H. Kellgren)은 스베덴보리는 "바보에 불과한 사람"이라고 말했으며, 1768년에는 스베덴보리의 작품들을 반대하는 이단 심문이 열리기도 하였다. 하지만 그의 사상은 이후 19세기 사상가들에게 많은 영향을 끼쳤다. 칸트, 괴테, 에머슨, 스탕달, 발자크,

윌리엄 블레이크, 브라우닝, 프로스트, 헨리 제임스, 벤자민 프랭클린, 링컨, 헬렌 켈러, 칼 융 등이 모두 스베덴보리에게서 직간접적으로 영향을 받았다.

### 경건주의 운동

경건주의는 신학자들의 정통주의와 철학자들의 합리주의에 대한 반동으로 일어난 운동이었다. '경건주의의 아비지'로 꼽히는 독일의 필립 슈페너(Philipp J. Spener, 1635-1705)는 그의 책 『경건한 열망』(*Pia Desideria*)에서 새로운 종교개혁 혹은 적어도 16세기에 시작되었다가 교리적 정통주의로 인해 중단된 개혁운동의 완성을 제안하였다. 흔히 경건주의운동의 시작을 1675년으로 보는데, 이것은 바로 슈페너의 『경건한 열망』이 출간된 해이다.

슈페너는 프랑크푸르트에서 20년 동안(1666-1686) 목회하면서 어떻게 하면 참된 그리스도인의 삶을 살 수 있을까를 고민하다가 '경건모임'(collegium pietatis)을 조직하고 새로운 경건운동과 성서 연구를 통한 교회개혁운동을 시작하였다. 그가 『경건한 열망』에서 제안한 개혁안들은 성서 연구에 전념할 것, 만인제사장설의 구체화, 이론보다는 실천 강조, 교파 간의 신학적 논쟁 제한, 경건의 실질적 구현에 초점을 둔 신학수업, 설교의 초점의 변화 등이었다. 이것은 당시 독일에 편만했던 정통주의의 교리 중심주의에 대한 맹렬한 반격이었으며, 삶의 개혁을 수반하지 않는 교리에 대한 통렬한 비판이었다. 슈페너의 제안은 이전에 전혀 들어보지 못한 새로운 것이 아니라 이미 알고 있는 본질적인 것들에 대한 재발견이요 강조였다.

슈페너에 의해 시작된 독일 경건주의의 지도력은 이후 할레 대학교의 아우구스트 프랑케(August H. Francke, 1663-1727)에게로 넘어갔다. 할레 대학교에서 신학을 가르쳤던 프랑케는 대학교 안에서 '경건모임'을 지도하였고, 할레를 경건주의의 유력한 중심지로 만들었다. 그는 특히 할레에 빈민들과 고아들을 위한 자선단체, 학교, 무료진료소, 출판사를 세우기도 했다.

할레 대학교가 배출한 또 한 명의 인물인 니콜라우스 친첸도르프(Nikolaus von Zinzendorf, 1700-1760)는 작센에 있는 자신의 영토에서 박해를 피해 고향을 떠나온 모라비아 교도들(모라비아에서 후스파 운동을 일으킨 보헤미아 형제단의 후예들)과 함께 '헤른후트'(Herrnhuter) 공동체를 만들어서 경건주의를 실험하였다. 경건주의가 독일 밖에서도 큰 영향력을 행사하게 된 것은 친첸도르프의 노력 덕분이었다. 그의 강조점은 무미건조한 이성주의와 황폐한 정통주의와의 결별을 잘 보여주는 '마음의 종교'라는 개념과, 개신교 정통주의의 생명력 없는 믿음에 반대하여 내걸었던 '살아 있는 믿음'이라는 표어에 잘 나타나 있다. 특별히 그는 교회연합운동과 그리스도인들의 공동생활에 매우 적극적이었으며 또한 세계 선교활동에 엄청난 영향을 끼쳤다. 감리교의 창시자인 웨슬리도 모라비아 형제들로부터 영향을 받은 것은 잘 알려진 이야기이다.

존 웨슬리(John Wesley, 1703-1791)는 링컨셔 주 에프워스(Epworth)에서 성공회 사제인 새뮤얼 웨슬리와 어머니 수산나 사이에서 19남매

필립 슈페너

아우구스트 프랑케

존 웨슬리

중 15번째로 태어났다. 그는 1720년 옥스퍼드 대학교에 들어가 공부하였고 1725년 성공회 부제로 서품 받았으며, 그 후 토마스 아 켐피스의 『그리스도를 본받아』와 제레미 테일러의 『거룩한 삶과 죽음』의 영향을 받고 1728년 성공회 사제로 서품을 받았다. 옥스퍼드에서 웨슬리는 동생인 찰스 웨슬리(1707-1788)와 함께 '신성클럽'(Holy Club)을 결성하여 성서를 읽고 기도와 금식에 힘쓰며 사회적 약자들을 방문하고 돕는 일에 전념하였다. 그러다가 1735년 미국의 조지아로 가던 중 바다에서 폭풍을 만났을 때 모라비아 교도들의 확신에 찬 신앙을 보고 큰 감동을 받았다. 그가 결정적인 회심을 하게 된 것도 1738년 5월 24일 런던 올더스케이트 거리에서 있었던 모라비아 교도들의 모임에서였다. 거기서 그는 멜란히톤의 로마서 주석에 실린 루터의 서문이 낭독되는 것을 들으면서 마음이 뜨거워지는 놀라운 경험을 하였다. 웨슬리는 이처럼 처음에는 모라비아 교도들의 경건주의에 많은 영향을 받았으나, 후일에는 자신의 사회적 책임에 대한 관심과 맞지 않는다고 판단하여 그들의 은둔주의와 결별하였다. 그는 또한 비록 자신이 원하지는 않았지만 영국의 성공회와도 결별하고 감리교라는 새로운 운동을 시작하였다. 그러나 그 자신은 죽을 때까지 성공회 신부로 남았다.

"전 세계가 나의 교구입니다."라는 웨슬리의 유명한 말은 원래 융통성 없는 교회 조직에 대한 저항에서 비롯된 말이었지만 뒤에는 감리교 선교의 모토가 되어 감리교를 온 세계로 확산시켰다. 한 평가에 따르면 그는 1791년 88살을 일기로 죽을 때까지 40만 킬로미터 이상을 여행했고, 4만 번 이상 설교했다고 한다. 신학적인 측면에서 웨슬리는 '그리스도교적 완전함'과 '온전한 성화'를 강조하면서 교리적 정통주의에서 떠나 삶의 도덕적 질로 강조점을 옮겼다. 예정론과 관련해서도 불가항력적인 은혜를 반대한 아르미니우스의 견해를 따라 영원한 생명과 영원한 죽음에 대한 인간의 자기결정권을 지지하였다. 그는 자유의지냐 예정론이냐의 문제 때문에 유명한 설교가요 동료였던 조지 화이트필드(George Whitefield)와 결별하기도 하였다. 그는 또한 여성들을 감리교운동에 끌어들여 교회 내에서 여성들의 지위를 확립시켰다. 특별히 감리교는 미국에서 서부 개척과 함께 큰 성공을 거두었다.

슈페너, 프랑케, 친첸도르프, 웨슬리로 이어진 경건주의 전통은 19-20세기의 신앙부흥운동들에 직접 또는 간접으로 영향을 미쳤으며, 역으로 경건주의도 그 부흥운동들로부터 새로운 자극을 받았다. 또한 경건주의는 19세기 프로테스탄트 선교활동에 결정적인 역할을 하였으며, 사회적 약자들에 대한 그들의 관심은 이후 사회선교활동의 근간이 되었다.

**새로운 시대를 향하여**

17세기 중반부터 18세기 후반까지는 종래의 정통주의와 종교전쟁에 대한 반동으로 이성적 합리주의, 신비주의, 경건주의가 등장하여 교회와 신학에 강력한 충격과 도전을 준 시대였다. 합리적 이성주의에 기초한 그리스도교 신학은 이전의 정통주의 신학의 교조적이며 미신적인 요소들을 거부하였고, 모든 사람에게 보편적인 자연법에 기초한 사실들을 규범으로 제시하였다. 신비주의 전통도 기존 교회의 교리와 예전으로는 하나님을 경험할 수 없다고 비판하면서 신학의 교조주의와 교회의 형식주의에 도전하였다. 경건주의운동은 말씀 연구와 기도생활에 집중함으로써 참된 교회의 본질을 회복하고, 삶을 통한 개혁의 완성을 추구함으로써 그리스도 교회에 새로운 활력을 제공하였다.

특별히 계몽주의가 꽃을 피운 18세기는 흔히 '이성의 시대'라고 불렸다. 하지만 18세기 말이 되면서 이성에 기초한 합리주의의 무미건조함에 대한 회의와 우려가 서서히 표출되기 시작하면서 그리스도교 신학에 새로운 장이 열렸다. 데이비드 흄(David Hume)과 같은 철학자는 이성에 근거한 철학이나 과학도 입증할 수 없는 가정에 근거한다는 점을 인정하면서 종교의 모든 것을 이성으로만 판단하는 것에 대해 회의적인 태도를 보였다. 더욱이 새롭게 일기 시작한 낭만주의 사조는 이성이 갖는 한계를 지적하면서 종교에 있어서 감정과 정서의 중요성을 다시금 강조하기 시작했다. 슐라이어마허가 '절대의존의 감정'이야말로 그리스도교의 핵심이라고 말한 것은 바로 이런 변화를 단적으로 보여주는 것이다. 이제 그리스도교는 낭만주의 사상, 마르크스주의의 유물론, 다윈의 진화론이라는 새로운 조류들과 부딪히면서 자신의 정체성을 지키는 동시에 현대 문화에 자신을 적응시켜야 하는 더욱 어려운 과제를 안게 된다.

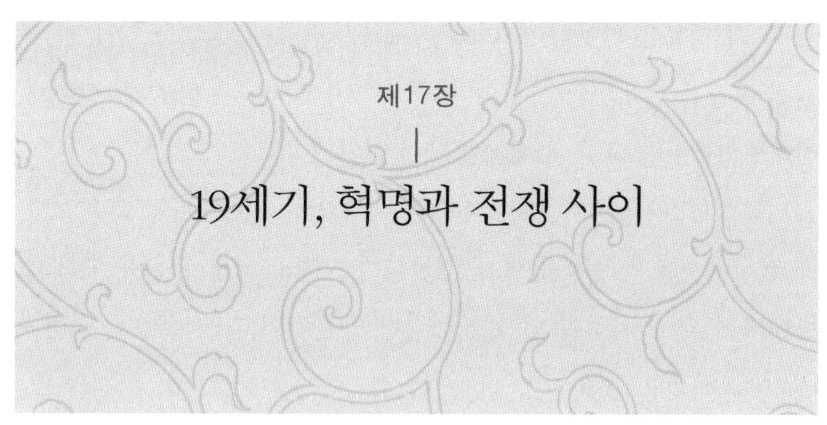


# 제17장 19세기, 혁명과 전쟁 사이

**이중의 혁명**

역사학자 에릭 홉스봄(Eric J. E. Hobsbawm)이 말한 것처럼, 서양의 근대는 18세기 말에 일어난 프랑스혁명과 산업혁명이라는 이중의 혁명에 의해 규정되었다. 프랑스혁명은 1789년 5월 삼부회(성직자·귀족·평민 출신 의원으로 구성된 프랑스의 신분제 의회)의 소집으로 시작하여 1799년 11월에 나폴레옹 보나파르트의 쿠데타로 끝나는 10년의 기간을 가리킨다. 혁명 이전 프랑스의 구체제(Ancien Régime)는 기본적으로 봉건사회였다. 1789년 당시 유럽인 5명 중 1명이 프랑스에 살고 있었고, 그 가운데 농촌 인구가 85%를 차지했다. 구체제는 또한 신분사회였다. 성직자, 귀족 그리고 제3신분이라고 불리던 평민으로 구분되어 있었는데, 이들은 각각 '기도하는 자', '싸우는 자', '일하는 자'의 역할을 맡았다. 그리고 구체제는 관료제, 상비군, 법률과 조세에 근거한 절대주의 사회였다. 결국 프랑스혁명은 봉건제, 신분제, 절대주의에 기초를 둔 구체제에 대한 항거였다.

프랑스혁명기는 그야말로 혼란의 시대였다. 10년이라는 짧은 기간에 절대군주제, 입헌군주제, 온건공화정, 민중공화정, 부르주아 체제, 쿠데타에 의한 제정이 번갈아 등장하여 혼란이 가중되었다. 혁명의

프랑스혁명을 배경으로 한 〈민중을 이끄는 자유의 여신〉(들라크루아, 1830)

와중에 교회 재산은 몰수되어 국유화되었고, 성직자들은 국가의 종교정책에 복종을 맹세해야 했으며, 반(反)그리스도교적인 각종 조처들이 취해졌다. 혁명 세력은 1792년 9월 22일 새로운 프랑스혁명력을 도

입하여 한 주를 7일이 아니라 10일로 바꾸어버림으로써 주일조차 없애고자 하였다. 이와 같은 정책을 반대하거나 거부하는 성직자와 신자들은 모두 반혁명분자로 몰려 단두대의 희생물이 되어야만 했다.

서양의 근대를 규정한 또 하나의 혁명이 영국에서 시작된 산업혁명이다. 산업혁명은 18세기 말에서 19세기 초에 걸쳐 영국에서 일어난 공업화를 일컫는데, 이 산업혁명은 기원전 10세기경 메소포타미아에서 농경 목축이 시작된 것을 일컫는 신석기혁명과 더불어 경제사에서 결정적인 두 번의 혁명 중 하나로 꼽힌다. 산업혁명은 소위 '근대적 경제성장'이 가능하도록 만들었다는 점에서 획기적이었다. 이전에는 인구는 기하급수적으로 늘어나지만 식량은 산술급수적으로 늘어나 결국은 각자가 누릴 수 있는 혜택이 줄어든다는 '맬서스의 이론'이 정설이었지만, 산업혁명으로 인해 인구증가를 뛰어넘는 생산력의 향상이 가능해진 것이다. 영국 산업혁명은 인류가 맬서스의 세계로부터 근대적 경제성장의 세계로 탈출하는 계기를 마련해주었다. 산업혁명은 농업, 에너지, 공업, 교통 등 모든 방면에서 획기적인 변화를 일으켰으며, 그 결과 공업제도와 도시화가 촉진되었다. 산업혁명이 근대 서양의 형성에서 중요한 이유는 단지 영국인만이 아니라 유럽의 모든 사람의 삶을 새로운 모습으로 바꿔놓았기 때문이다.

그렇지만 산업혁명에도 빛과 그림자가 동시에 있었다. 생산력 증대의 혜택이 골고루 분배되지 않고 한쪽으로만 쏠린 것이다. 자본가와 중간계급은 생산력의 증대에 힘입어 이전보다 부유한 삶을 누렸지만, 거기서 철저하게 소외된 노동자와 도시 빈민들은 비참한 생활을 한 것이다. 자유경쟁을 부추기는 '자유방임'과 "최대 다수의 최대 행복"을 주장하는 '공리주의'의 그럴듯한 구호가 난무했지만, 사회적 약자들은 그 구호 이면에 드리워진 어두운 그림자에 가려져 있었다. 산업혁명은 자유주의와 사회주의라는 두 사상의 탄생을 동시에 예고하고 있었던 셈이다. 교회와 신학도 이러한 경제상황의 변화와 맞닥뜨리면서 그 진로를 모색해야 했다.

**다윈주의와 마르크스주의**

19세기는 그야말로 폭풍의 세기였다. 프랑스혁명과 산업혁명에 이어 등장한 다윈(Charles Darwin, 1809-1882)의 진화론과 마르크스(Karl Marx, 1818-1883)의 사회주의 사상과 같은 새로운 사조들이 19세기를 진정한 '혁명의 시대'로 만들었다. 1809년 영국에서 태어나 의학과 신학을 공부한 후 과학자가 된 다윈은 생물이 기하급수적으로 자손을 출산하기 때문에 이들 사이에 필연적으로 생존경쟁이 일어날 수밖에 없다고 보았다. 생존경쟁의 과정에서 환경에 적합한 변이를 일으키는 생물은 보존되고 불리한 변이를 일으키는 생물은 도태되는데, 이런 적자생존의 과정이 바로 자연선택이다. 다윈은 이러한 자연선택의 효과가 오랫동안 지속되면 차츰 생물이 변화하여 새로운 종이 생긴다고 생각하였고, 이런 그의 생각은 1859년 『종의 기원』으로 출간되었다.

이와 같은 다윈의 진화론적 사상은 일부 학자들에 의해 인간 사회에까지 적용되었다. 사회학자 허버트 스펜서(Herbert Spencer)는 진화

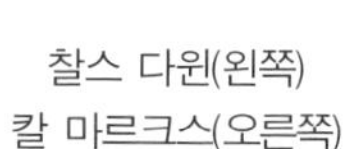

찰스 다윈(왼쪽)
칼 마르크스(오른쪽)

가 우주의 원리라고 생각하여, 인간 사회에서도 적자생존의 원리에 따라 강한 사람만이 살아남을 수 있다고 믿었다. 이것을 '사회적 진화론'(social Darwinism)이라고 일컫는다. 사회적 진화론 사상에 따라 스펜서는 무제한의 기업 경쟁을 옹호하고, 자유경쟁과 적자생존의 원칙을 방해하는 국가의 구빈사업에 반대하였다. 이런 논리는 곧바로 우월한 인종이나 민족이 열등한 인종과 민족을 말살시키거나 침략하는 것이 정당할 뿐만 아니라 당연하다는 왜곡된 논리로 발전되었다. 다윈주의에서 '백인의 책무'라는 허황된 이데올로기를 앞세운 인종주의나 범게르만주의로 포장된 유대인 학살에까지 이르는 길은 그리 멀지 않았다. 사회적 진화론은 소위 선진국이 후진국을 계몽하고 이끌어야 한다는 제국주의 논리와도 맥이 닿아 있었다. 사회적 진화론의 입장에서 볼 때 가난한 자, 병든 자, 소외된 자, 갇힌 자를 옹호하는 종교는 걸림돌이 될 뿐이다.

19세기 사회변화에 또 다른 결정적 계기를 마련한 것이 마르크스의 사회주의 사상이었다. 마르크스주의는 헤겔을 비롯한 독일의 철학, 아담 스미스를 비롯한 영국의 고전경제학, 생시몽을 비롯한 프랑스의 사회주의를 융합하고 발전시킨 통섭적인 사상이었다. 마르크스의 동료인 엥겔스는 마르크스의 사회주의 사상을 '과학적 사회주의'라고 불렀는데, 이것은 프랑스의 생시몽을 비롯한 이전 사상가들의 유토피아적인 '공상적 사회주의'와 차별성을 지닌다는 의미이다. 마르크스주의는 변증법적 유물론을 사상적 근거로 해서, 경제적 학설로서 잉여가치론, 정치적 학설로서 계급투쟁론을 발전시키면서 자본주의 사회의 붕괴와 사회주의 및 공산주의 사회의 도래를 전망하였다.

마르크스의 유물사관에 따르면, 물질적 생산양식인 하부구조가 사회적·정치적·정신적인 상부구조를 규정하게 된다. 다시 말해 사상이나 종교는 물질적 현실의 반영에 불과하다는 것이다. 이처럼 종교가 경제적 상황의 결과에 불과하기 때문에 마르크스는 사회경제적 구조가 바뀐다면 종교 역시 소멸되고 말 것이라고 보았다. 따라서 마르크스주의에 있어서 종교 비판은 부차적인 것이며, 사회구조의 변혁이 보다 핵심적인 것이다. 마르크스가 『포이어바흐에 관한 테제』에서 "지금까지 철학자들은 다양한 방식으로 세상을 해석했을 뿐이다. 그러나 핵심은 그것을 변화시키는 것이다."라고 말한 것도 이런 맥락이다. 이런 실천적 성격으로 말미암아 마르크스주의는 노동운동과 사회운동에 이론적 기초를 제공하였으며, 오늘날에 이르기까지 가장 영향력 있는 사상들 중 하나가 되었다.

### 로마가톨릭의 대응

프랑스혁명과 산업혁명, 다윈주의와 마르크스주의는 그리스도교에 심각하고도 근본적인 도전이 되었다. 이런 새로운 조류들이 교회의 권위를 심각하게 위협하였기 때문에, 로마가톨릭교회는 일체의 변화에 대해 폐쇄적인 태도를 보였다. 프랑스혁명 시기 교황 피우스 6세는 프랑스에서 포로의 신분으로 죽었다. 새롭게 선출된 피우스 7세도 프랑스의 황제가 된 나폴레옹의 절대 권력을 정당화하기 위한 대관식에 참석하기 위해 파리의 노트르담 성당까지 원치 않는 걸음을 해야만 했다. 그 후 프랑스가 로마에 침입하자 피우스 7세는 포로로 잡혀 있다가 나폴레옹이 몰락한 후에야 겨우 자유를 얻

나폴레옹 1세의 대관식에 참석한 피우스 7세(자크-루이 다비드, 1805-1807)

었다. 이렇듯 정치적으로는 거의 모든 권력을 상실한 로마가톨릭교회는 종교적인 문제에서라도 주권을 주장하려는 듯이 점점 보수적인 경향으로 흘렀다.

19세기 가톨릭교회의 신학적 보수화의 단적인 예는 교황 피우스 9세가 1854년 12월 8일 발표한 칙령 『형언할 수 없는 하나님』(*Ineffbilis Deus*)에서 주창한 "성모의 원죄 없는 잉태" 교리이다. 이 교리에 따르면 동정녀 마리아는 구세주의 어머니로 택정을 받았기 때문에 원죄를 포함한 일체의 죄로부터 영향을 받지 않고 순수하게 보존되었다. 이로써 마리아는 모든 인간이 죄인이라는 명제에서 예외적인 존재로 여겨지게 되었다. 가톨릭교회의 신학적이며 정치적인 보수화의 또 다른 예는 피우스 9세가 1864년 12월 8일에 발표한 칙서 『대단한 관심』(*Ouanta cura*)에 덧붙인 "오류목록"(Syllabus Errorum)이다. 교황은 이 칙서를 통해 근대적인 자유주의, 계몽주의, 실증주의, 사회주의를 포함한 모든 사상적 조류들을 80개의 명제로 맹렬히 비난하였다. 현대사회와의 대립적인 관계를 분명히 하면서, 종교적인 문제에서만은 교회가 최종적 권위를 지닌다는 점을 주장한 것이다.

1869년부터 1870년까지 열린 제1차 바티칸공의회에서 결정된 "교황무오류설" 교리는 이런 가톨릭교회 보수화의 절정이었다. 공의회는 "로마 교황이 모든 그리스도교 신자들의 목회자이자 교사의 직분에 따라 전체 교회가 지켜야 할 신앙과 도덕에 관한 교리를 정의할 때에는, 축복받은 베드로에게 약속된 하나님의 거룩하신 도움 때문에 신적인 무오류성을 지닌다."라고 선언하였다. 여기에서 알 수 있듯이 교황의 무오류성은 정치, 경제, 과학, 역사 등의 분야와 관련된 문제에는 적용되지 않고, 또한 교황이 개인적으로 표명한 견해에도 인정되지 않으며, 오직 교황이 베드로의 후계자로서 즉 그의 직분에 따라 공적으로 신앙과 관련된 것을 선포할 때에만 해당된다. 이처럼 여러 가지 제한을 두기는 했지만 교황무오류설은 결정 당시에도 참석자 중 100여 명이 기권하고 2명이 반대표를 던지는 등 논란이 있었다. 네덜란드, 오스트리아, 독일의 일부 가톨릭 신자들은 여기에 반대해 교황청과의 관계를 단절하고 전통 가톨릭교회(Old Catholic Church)를 결성하기도 하였다. 그렇지만 교황무오류설 수용을 막아낼 만한 심각한 저항이나 비판은 없었다. 어쩌면 이것은 당시 로마교회가 이미 정치적인 모든 권력을 상실한 상태였기에 가능한 역설적인 승리였을지도 모른다.

피우스 9세

피우스 9세를 계승한 교황 레오 13세는 이전의 선임자들보다는 얼마간 개방적이고 현실적인 인물이었다. 그가 1891년 5월 15일 반포한 칙령 『새로운 사태』(*Rerum Novarum*)는 노동자들의 단결권과 적정 임금을 받을 권리를 주장하면서 이를 위한 국가적인 입법을 권장하는 등 노동조건의 개선을 제창했다는 점에서 흔히 '노동헌장'이라고 불리는 문서이다. 이것은 사회정의에 대한 교회의 견해를 처음으로 밝힌 회칙으로서, 이후 교회가 사회문제와 노동문제에 크게 관심을 기울이는 계기가 되었으며, 가톨릭계 노동조합과 정당 결성을 촉진시키는 역할을 하였다. 그렇지만 이것은 어디까지나 자본주의와 사유재산의 테두리 안에서 그리스도인의 책임을 말하는 것이지, 사회주의 방식의 근본적인 사회변화를 옹호하는 것은 아니었다. 프랑스혁명에서부터 제1차 세계대전에 이르는 기간 동안 가톨릭교회 정책은 대체적으로 말해 근대 세계의 도전에 대해 빗장을 걸고 더욱 보수적인 신학적·정치적 태도를 견지한 것이었다고 평가할 수 있다. 반면 프로테스탄트교회는 새로운 상황을 인정하고 받아들이면서 자신의 전통적인 신앙체계를 재해석할 방법을 모색해나갔다.

**프로테스탄트의 대응**

19세기 초에 소위 이성주의자들의 그리스도교 비판에 대항하여 그리스도교 진리를 옹호하고 나선 사람이 슐라이어마허(Friedrich Schleiermacher, 1768-1834)였다. 앞서 독일의 철학자 칸트가 하나님과 영혼의 존재는 순수이성으로 해결할 수 있는 문제가 아니라고 비판하면서, 종교는 본질상 도덕과 윤리의 문제라고 주장한 바 있다. 하나님과 영생의 문제는 순수이성이 아닌 실천이성, 다시 말하면 도덕률의 관점에서 바라보아야 한다는 것이다. 하지만 슐라이어마허에게 종교는 단순한 도덕이나 윤리 이상이었으며, 종교의 자리는 이성도 도덕도 아니고 오직 인간의 하나님을 향한 절대의존의 감정이었다. 어쩌면 이것은 슐라이어마허가 경건주의의 영성에 깊은 영향을 받은 흔적일 것이다. 그가 1799년에 출간한 『종교론』은 그 당시 종교를 경멸하던 소위 교양인들을 향한 종교에 대한 강론이었는데, 그는 여기에서 종교를 철학과 도덕으로부터 구별하여 우주의 직관과 감정의 영역으로 제시하였다. 그는 후에 『신앙론』(1821-1822)에서 절대의존의 감정이라는 관점에서 자아 · 세계 · 하나님의 관계를 해석함으로써, 종교가 이미 한물 지나간 과거의 케케묵은 유물도 아니고 당대의 과학적 지식의 발견들과 상충되는 것도 아니라고 주장할 수 있었다. 이러한 그의 해석은 19세기의 사회적 변화와 사상들에 맞추어 그리스도교 신학의 자리를 마련하기 위한 노력에서 비롯된 것이었다는 점에서 슐라이어마허는 "자유주의신학의 아버지"로 일컬어진다.

슐라이어마허

자유주의신학이란 슐라이어마허에게서 시작하여 리츨(Albrecht Ritschl), 하르나크(Adolf von Harnack), 트뢸치(Ernst Troeltsch)를 거쳐 제1차 세계대전에 이르기까지의 신학적 흐름을 말한다. 자유주의신학은 당시의 과학적이며 합리적인 시대정신에 근거하여 그리스도교 신앙을 재해석하거나 재구성함으로써 그리스도교를 변호하고자 한 노력이었다. 이 목적을 위해서 자유주의신학은 전통적인 성서해석 방법이나 신앙관으로부터 자유로워져야 한다고 주장하였다. 이제 성서는 하나님의 말씀이라기보다는 인간이 하나님에 대해 경험한 것을 기록한 문서로 여겨졌으며, 원죄 교리나 예수의 신성과 같이 시대정신에 동떨어진 가르침은 현대적 감각에 어울리도록 재해석되었다. 신학이 자연도태를 당하지 않기 위해 근대사상의 변화에 맞추어 적절하게 변이를 일으키는 일이 필요했던 것이다. 자유주의신학자들은 대체로 이성에 따라 성서를 연구하였고, 역사의 진보에 대해 낙관적인 견해를 피력하였으며, 예수의 인성을 강조하고 그를 우리가 따라야 할 도덕적 모범으로 여겼다. 이러한 자유주의신학은 후에 이미 주어진 문화적 규범에 지나치게 의존했다고 하여 "문화 프로테스탄티즘"이라고 평가절하되기도 하였으며, 신학의 출발점을 하나님이 아닌 인간의 경험이나 정황에 둔 "인간 중심의 신학" 이라는 비판에 직면하기도 하였다.

현실 문제들에 깊은 관심을 가졌던 프로테스탄트교회는 사회개혁운동에도 앞장서 참여하였다. 영국의 국교도인 윌버포스(William Wilberforce)가 영국에서 노예제도 폐지를 위해 투쟁하고, 퀘이커 교도들이 중심이 되어 반전평화운동을 일으키고, 구세군이 창설되어 가난한 자들을 돕고, 형법과 교도소를 개혁하고, 알코올 중독에 반대하여 금주운동을 전개하고, 노동시간과 노동조건의 개선을 추진하는 등 프로테스탄트 진영은 광범위한 사회개혁운동에 참여하였다.

윌리엄 윌버포스

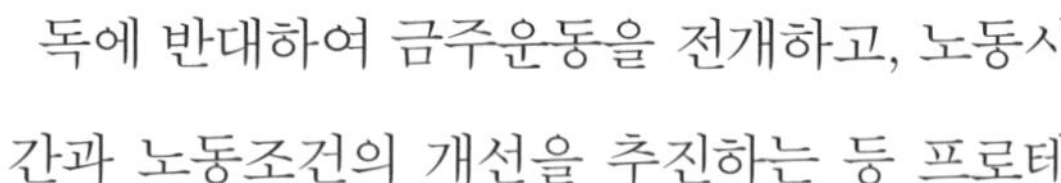

특히 영국의 기독교사회주의운동이나 독일과 스위스를 중심으로 한 종교사회주의운동은 자본주의의 모순에 대한 비판과 대안을 제시

하려는 프로테스탄트 진영의 움직임이었다. 기독교사회주의는 1849년 영국에서 창간된 잡지 『기독교사회주의자』(*Christian Socialist*)를 매개로 킹즐리(Charles Kingsley)와 모리스(Frederic Maurice) 등이 주창한 운동으로, 노동자에 대한 계몽활동과 협동조합 활동을 전개하였다. 이들은 그리스도인들이 사회문제에 대해 무관심한 것을 비판하면서 경제적인 사회악을 개선하려고 노력하였다. 이 운동은 본질적으로 교회 중심적인 운동이었으며, 교회의 신앙 부흥을 목표로 하고 있었다. 곧 사회문제에 대한 교회의 예언자적 자세를 확립하는 것이 목표였다. 이에 비해 종교사회주의는 한걸음 더 나아가 사회주의 사상을 보다 적극적으로 받아들이면서 교회와 사회를 구분하지 않고 어디서든지 하나님의 나라가 이루어지도록 투쟁하는 것을 목표로 삼았다. 종교사회주의 운동은 블룸하르트 부자(Johann Blumhardt and Christoph Blumhardt)에 의해 촉발되어 쿠터(Hermann Kutter)나 라가츠(Leonhardt Ragaz)와 같은 사람들에게로 이어졌고 바르트(Karl Barth)나 틸리히(Paul Tillich)에게도 깊은 영향을 미쳤다. 이들은 사회를 개혁하기 위해 사회민주당의 당원이 되기도 하고 노동운동에 투신하는 등 정치일선에 직접 나서기도 하였다.

**미국의 상황**

1776년 7월 4일, 13개 주 대표들이 필라델피아 대륙회의에서 영국으로부터의 독립을 선언함으로써 미국의 역사가 출발하였다. 미국의 '자유' 옹호는 종교적인 측면에서도 발현되어 수많은 종파가 새롭게 등장하였다. 먼저 인간의 자유와 이성 그리고 하나님의 사랑을 강조한 사람들에 의해 유니테리언주의(Unitarianism)와 보편주의(Universalism)가 등장하였다. 유니테리언주의는 삼위일체를 부인하고 일신론을 주장한다고 해서 붙여진 이름이고, 보편주의는 보편구원을 주장한다고 해서 붙여진 이름이다. 이 둘은 나중에 하나로 결합하여 유니테리언보편교회(Unitarian Universal Church)라는 새로운 종파가 되었다. 이성주의와 낭만주의가 결합된 초월주의(Transcendentalism)가 일어나기도 했는데, 이 운동의 대표자인 랄프 에머슨은 이성에 위배되는 기적을 제외시킨 『에머슨 성서』를 출판하기도 하였다. 토요일을 성일로 지키는 안식교(The Seventh Day Adventists)는 침례교 신자였던 윌리엄 밀러에 의해 시작되어 1868년 하나의 교단을 설립하였다.

조셉 스미스가 출발시켜 모르몬교라 불리는 "말일성도 예수 그리스도의 교회"는 오하이오와 일리노이를 거쳐 지금은 유타 주에 정착하였다. 이들은 처음에 일부다처제를 채택하였다가 1890년 공식적으로 이를 폐지하였으나 지금도 종종 일부다처 문제로 인해 법정에까지 가는 경우가 있다. 현재 모르몬교는 미국에서 가톨릭교회, 남침례교회, 연합감리교회에 이어 네 번째로 큰 교단으로, 루터교회나 장로교회를 압도하는 교세이다.

찰스 러셀에 의해 새로 만들어진 여호와의 증인(Jehovah's Witnesses)은 삼위일체와 예수님의 신성을 부인하고, 사탄의 가장 큰 세 가지 무기가 정부, 기업, 교회라고 주장하며, 재림은 이미 1872년에 이루어졌고 세상의 종말은 1914년이 될 것이라고 선언하였다.

메리 베이커 에디에 의해 시작된 '크리스천 사이언스'(Christian Science)는 영지주의 혹은 정신주의의 미국적 표현이다. 에디는 모든 질병은 단지 심리적인 오해의 결과이기 때문에 의사나 약품이 필요 없고, 원래 예수님이 사용한 것으로 다시금 자신에 의해 발견된 영적인 '과학'만으로 충분하다고 주장했다. 그리하여 "과학자, 그리스도의 교회"가 1879년 공식적으로 설립되었다. 그녀는 1880년 보스턴에 신학교에 해당하는 '형이상학 대학'을 설립하고 목사에 해당하는 '시술자들'을 배출하였다.

캠벨 부자(Thomas Campbell and Alexander Campbell)는 미국에서 교파주의를 극복하고 순수한 초대교회의 복음에 따라 그리스도교 교파들이 연합하기를 원했지만, 원래의 의도와는 달리 "그리스도의 제자교회"(The Disciples of Christ)라는 새로운 교파를 출발시켰다. 공동생활을 실험하는 단체들도 많이 출현하였다. 모라비안 공동체, 메노나이트 공동체, 복합결혼을 주장하는 오나이다(Oneida) 공동체, 예배의 요소로 춤을 중요시하는 셰이커(Shakers) 공동체 등이 등장하였다.

주류 교단들 중에서 19세기 미국에서 괄목한 만한 성장을 이룬 것은 가톨릭, 루터교, 침례교, 감리교이다. 특별히 개신교회 중에서는 침례교와 감리교의 성장이 두드러졌다. 이것은 서부개척과 제2차 대각성운동의 영향이다. 그중 대표적인 사건이 1801년 켄터키에서 발생한 케인 릿지 부흥운동(The Cane Ridge Revival)이다. '천막집회'(camp meeting)라 불리는 부흥운동은 원래 장로교에 의해 조직되어 출발했지만 걷잡을 수 없는 감정의 노출을 꺼리는 장로교 측에서는 이 운동에 소극적일 수밖에 없었다. 반면 침례교와 감리교는 매우 적극적인 태도를 보였고 심지어 교육받지 못한 평신도 설교자들도 기꺼이 세움으로써 결과적으로 큰 부흥을 이루었다. 19세기 동안 미국에서는 찰스 피니의 '새로운 방법'(new measures)에 기초한 부흥회와 드와이트 무디의 신앙부흥집회가 많은 사람들을 회심시키는 데 공헌하였다.

찰스 피니

드와이트 무디

19세기 미국을 달군 '뜨거운 감자'는 노예제도였다. 노예제도 문제는 미국의 정치권뿐만 아니라 교회도 양분시킨 첨예한 문제였다. 북부 지역에서는 노예제도 폐지의 목소리가 높았으나, 노예들의 노동력에 의존하던 남부에서는 노예제도를 옹호하였다. 옹호론자들은 노예제도가 성서적인 것이고 따라서 하나님이 원하시는 제도이며, 이 제도를 통해 아프리카에서 살던 야만적인 노예들이 복음을 접할 기회를 가질 수 있기 때문에 이들에게도 영적으로나 경제적으로나 유익이 된다고 주장하였다. 사회적 진화론의 논리가 신대륙에서도 백인이 흑인노예를 두는 것을 정당화시키는 수단이 되었던 것이다. 결국 남북전쟁(1861-1865)

이 발발하였다. 이러한 와중에서 가톨릭과 성공회를 제외하고는 모든 교회가 노예제도 찬반을 둘러싸고 둘로 나누어졌다. 이제 흑인들이 백인들의 교회를 떠나 자신들만의 교회를 세움으로써 흑인들로만 이루어진 교파들까지 생기게 되었다.

**프로테스탄트 선교의 시대**

16세기가 로마가톨릭의 확장기였다면, 19세기는 프로테스탄트 교회의 확장기였다. 교회사가 라투렛(Kenneth S. Latourette)은 7권으로 된 자신의 책 『그리스도교 확장사』에서 19세기에 3권(4-6권)을 할애하면서 그 시기를 프로테스탄트 선교에 있어서 "위대한 세기"(the great century)라고 말하고 있다. 19세기에 들어서면서 다양한 선교협회들이 조직되었고 많은 사람들이 선교사로 나서게 되었다. 현대 선교의 아버지라 불리는 윌리엄 캐리는 인도 선교에 투신하였고, 허드슨 테일러는 '중국내지선교회'를 만들어 선교에 힘썼으며, 데이비드 리빙스턴은 아프리카 선교에 힘을 쏟았다. 가톨릭교회는 예수회를 중심으로 중국과 일본 등 아시아 선교에 노력을 기울였다. 19세기에 들어와서야 유럽과 북미뿐만 아니라 아시아, 아프리카, 라틴아메리카와 같은 소위 제3세계까지를 망라하는 진정한 보편교회가 등장했다고 말할 수 있다.

그러나 이때의 선교가 식민주의나 제국주의와 궤를 같이했다는 사실 또한 분명하게 직시해야 한다. 이런 점에서 이후에 19세기의 선교가 단지 서양 제국주의의 부산물이 아니었는가 하는 비판이 제기되었다. 또한 선교사들이 자국의 경제적 이익을 우선으로 하는 시장개척의 첨병이 된 것이 아니냐는 의심을 받기도 하였다. 선교사들의 개인적인 동기나 목적은 순수한 복음 전파였을지라도, 선교사들이 군함 혹은 상선을 타고 입국하는 모습을 본 사람들은 그들과 서양의 제국주의 혹은 식민주의를 분리해 생각하기 어려웠을 것이다. 또한 선교사들이 제3세계 사람들에게 개화라는 명분으로 신발을 신기고 치마와 바지를 입히면서 선교지의 순박한 정신과 문화를 훼손시킨 것은 아닌가 하는 질문도 제기되었다. 소위 토착 문화나 사상과의 충돌이 선교지 곳곳에서 발생한 것이다.

아시아의 경우 대표적인 것이 제사를 둘러싼 전례논쟁(典禮論爭)이었다. 그러나 헌신적인 선교사들의 복음 전파로 인해 여성문제, 교육문제, 인권문제 등에 획기적인 진전이 있었음은 확실하며, 19세기에 와서 그리스도의 교회가 사도신경에서 고백하는 것처럼 온 세계를 아우르는 보편적 교회가 되었음도 분명하다.

**장밋빛 미래에 먹구름이 드리우다**

자유·평등·박애의 정신을 드높인 프랑스혁명의 삼색기는 새로운 근대가 활짝 열렸음을 선언하는 승리의 깃발이었다. 산업혁명의 와중에 조지 스티븐슨이 발명한 최초의 증기기관차가 시속 24km로 질주(?)하는 것을 보고 사람들은 탄성을 질렀다. 오늘날 시속 300km의 고속철도를 타고 다니는 현대인들은 시속 24km의 당시 기관차의 감동을 결코 알 수 없을 것이다. 이제 인류의 미래는 보장되고 열린 것으로 보였다. 다윈주의와 마르크스주의도 사람들에게 새로운 세상으로의 진보와 변화를 확신시켰다. 19세기 사람들에게 역사는 그야말로 낙관적이었으며, 사회가 진보하리라는 것에 추호의 의심도 없었다.

그러나 20세기에 들어서면서 이 분홍빛 미래에 대한 기대가 여지없이 허물어지고 말았다. 1914년에서 1918년까지 4년이 넘는 기간 동안 벌어진 제1차 세계대전은 약 1,000만 명의 사망자와 2,200만 명이 넘는 부상자를 남겼다. 이 전쟁으로 인해 유럽의 경제는 크게 후퇴하였으며, 자본주의의 중심축이 서서히 미국으로 이동하게 되었다. 그리고 19세기를 떠받치고 있던 진보와 합리성의 이념에 심각한 의문이 제기되었다. 이로 인해 자유주의신학은 큰 도전에 직면하였고, 칼 바르트의 신정통주의신학이 새롭게 등장하였다.

제18장

# 20세기의 도전과 그리스도교의 응전

**20세기의 도전**

20세기는 그야말로 혼돈과 격변의 시대였다. 지난 100년간의 변화가 그 이전의 1,000년간의 변화보다 더 컸다는 말이 결코 과장이 아닐 것이다. 정치, 경제, 사회, 문화의 모든 측면에서 상전벽해(桑田碧海)의 변화가 일어났다. 특별히 20세기 초엽(1914-1918)에 발생한 제1차 세계대전은 충격 그 자체였다. 이전 세기의 사람들에게 팽배했던 진보에 대한 믿음과 인간 이성에 대한 신뢰는 산산조각이 났으며, 인류의 미래에 대한 공포가 온 세계를 뒤덮었다.

격변의 와중에 마르크스와 엥겔스가 예견한 사회주의혁명이 현실로 나타났다. 하지만 마르크스가 예견한 것과는 달리, 사회주의혁명은 자본주의가 충분히 성숙한 선진국이 아니라 아직은 개발도상국에 머물러 있던 러시아와 중국에서 발생하였다. 또한 마르크스가 주장한 대로 노동자 계급이 주도한 혁명이기보다는 지식인(러시아)과 농민(중국) 계층이 견인차 역할을 한 혁명이었다. 사회주의 체제는 이렇게 확립되어 이후 동유럽, 쿠바, 북한을 비롯한 여러 나라로 확장되었고, 이로 인해 교회는 심한 홍역을 치를 수밖에 없었다. 교회의 재산이 몰수되고, 수많은 그리스도인들이 차별을 당하고 심지어 죽임을 당하였다. 그렇지만 오래지 않아 사회주의 체제는 쇠퇴하기 시작하였다. 1980년대 말부터 러시아의 후신인 소련을 시작으로 사회주의권이 급격히 해체됨으로써, 자본주의의 대안으로 70여 년간 진행되던 사회주의 실험은 실패로 끝냈다.

사회주의와 더불어 20세기를 뒤흔든 또 다른 사상이 바로 파시즘과 나치즘이다. 각기 이탈리아와 독일에서 싹튼 파시즘과 나치즘은 배타적 민족주의와 인종적 우월주의에 근거하여 전체주의적인 국가를 표방하였다. 전체의 이익을 위해서라면 개인의 자유는 얼마든지 제한당하고 박탈될 수 있었으며, 어떤 명분이나 이념이나 심지어 신앙이라 할지라도 국가의 이익보다 우선시될 수 없었다. 이런 체제 하에서는 교회도 국가를 위해 봉사해야 할 하나의 도구에 지나지 않았다. 이탈리아와 독일에서 시작된 이 사상적 조류는 스페인, 일본 등으로 확산되었다. 인간의 이기심과 죄악에서 비롯된 이러한 국수주의와 인종주의는 결국 수많은 유대인들을 학살하는 결과를 낳았으며, 전쟁을 신격화시킴으로써 새로운 세계전쟁을 예고하였다. 이탈리아 무솔리니(Benito Mussolini)는 "아이를 낳는 것이 여성의 임무라면, 전쟁이야말로 남성의 의무"라고 부르짖었다.

제1차 세계대전의 참화를 겪은 후 유럽 각국은 국제연맹을 만들어 전쟁의 비극이 재발되지 않도록 노력했으나 무위에 그치고 말았다. 전체주의 성격의 파시즘과 나치즘을 앞세운 이탈리아와 독일과 일본 3국은 '추축국'(Axis powers)을 형성하고, 이에 대응하여 영국, 프랑스, 소련, 미국은 '연합국'을 형성하였다. 이들을 중심으로 57개국이 얽히고설켜 서로를 향해 선전포고를 하게 되었고, 이는 결국 제2차 세계대전(1939-1945)으로 이어졌다. 제2차 세계대전으로 인해 4,200만 명의 인명피해가 발생하였고, 생활터전은 쑥대밭이 되었다. 19세기부터 비약적으로 발전하기 시작했던 기술과 과학이 결국 인류를 죽이는 전쟁 도구를 만드는 데 이바지하였다는 사실은 충격 그 자체였다. 전쟁은 1945년 일본 히로시마(8월 6일)와 나가사키(8월 9일)에 원자폭탄이 투하되고 나서야 막을 내렸다. 나치즘으로 인해 아우슈비츠에서 수많은 유대인들이 죽임을 당한 후 아도르노(Theodor Adorno)가 "아우슈비츠 이후에도 시를 쓰는 것이 가능한가?"라고 물었다면, 원자폭탄의 참상을 겪고 난 다음 많은 사람들의 마음에 "히로시마 이후에도 정당한 전쟁을 말할 수 있는가?"라는 질문이 제기되었다.

제2차 세계대전 이후 세계는 미국을 중심으로 하는 자본주의 국가들과 소련을 중심으로 하는 사회주의 국가들 사이의 갈등을 일컫는 '냉전'(Cold War) 체제로 재편되었다. 미국은 북대서양조약기구(NATO)를 결성하였고, 소련은 바르샤바조약기구(WTO)로 이에 대응하였다. 이 동서 진영은 이후 40년 이상 동안 냉전 체제를 유지해왔는데, 1990

년대에 들어와서 사회주의권이 와해되면서 자연스레 냉전 체제가 종식되고 블록화 시대로 접어들었다. 미국은 여전히 패권을 주장하고, 유럽은 유럽연합과 유로화를 통해 힘을 키우고 있으며, 아시아에서는 일본과 중국이 맹주를 자처하면서 경제 및 군사 대국을 꿈꾸고 있다.

일찍이 역사학자 토인비(Arnold Toynbee)는 『역사의 연구』(12권, 1934-1961)에서 문명은 창조적 소수자가 직면한 도전에 성공적으로 응전할 때 성장한다고 주장하면서 역사를 '도전과 응전'이라는 틀로 해석하였다. 20세기의 그리스도 교회와 신학도 수많은 도전에 대해 응전하면서 미래를 향한 새로운 길을 모색해야 하는 과제를 떠안게 되었다.

**프로테스탄트 교회의 응전**

1914년 독일의 젊은 신학자 칼 바르트(Karl Barth)는 전쟁정책을 지지하는 지식인 93인의 성명서에 하르나크와 헤르만을 비롯하여 자신을 가르쳤던 스승들의 이름이 포함되어 있는 것을 보고 경악을 금할 수 없었다. 어쩌면 세상의 문화에 적극적으로 적응하려고 했던 자유주의신학은 결국 현실을 합리화하고 유지시키는 도구로 전락한 위험성을 그 내부에 품고 있었는지도 모른다. 이 일을 계기로 바르트는 복음의 진리를 주장하던 사람들로 하여금 전쟁을 옹호하도록 만든 기존의 프로테스탄트 자유주의신학 전통에 대해 의구심을 가지게 되었다. 바르트 자신도 자유주의신학의 세례를 받았고 사회민주당원으로서 새로운 세상의 도래를 꿈꾸었지만, 점차로 세상의 문화와 하나님의 계시, 인간의 세계와 하나님의 나라, 시간과 영원 사이에는 넘을 수 없는 본질적인 차이가 있음을 자각하게 되었다. 그의 『로마서주석』(1919년 초판, 1922년 개정판)이 바로 이런 변화를 담고 있는 저작인데, 칼 아담은 이 책을 가리켜 "자유주의신학자들이 놀던 놀이터에 떨어진 폭탄"에 비유하기도 하였다. 바르트는 불트만(Rudolf Bultmann), 투르나이젠(Eduard Thurneysen), 브루너(Emil Brunner), 고가르텐(Friedrich Gogarten) 등과 함께 '변증법적 신학' 혹은 '신정통주의'라 불리는 새로운 학파를 출범시켰다.

1930년대에 들어서면서 독일교회는 히틀러의 나치주의에 더욱 협력하게 되었다. 이러한 흐름에 대항하여 바르트를 비롯한 여러 사람들은 "고백교회"를 형성하여 활동하였고, 1934년에는 "바르멘선언"이라 불리는 신앙고백서를 통해 히틀러의 정책들을 비판하면서 어떠한 정치사상도 하나님의 계시를 대신하려고 해서는 안 된다고 주장하였다. 이 일로 인해 바르트는 대학 교수직에서 해임당하고 스위스로 쫓겨가게 된다. 이후 바르트는 20세기의 가장 중요한 신학 저작들 중 하나로 꼽히는 『교회교의학』(13권, 1932-1967)의 집필에 전념하였다.

20세기 중반 시기를 대표하는 또 다른 중요한 신학자로 디트리히 본회퍼(Dietrich Bonhoeffer)를 꼽을 수 있다. 고백교회의 설립자 중 한 사람인 본회퍼는 독일 루터교회 목사이자 신학자로서 나치즘에 반대하여 히틀러를 암살하려는 계획에 가담하였다. 그는 이 일로 체포되어 수용소에 감금되어 있다가 나치 체제가 무너지기 며칠 전인 1945년 4월 9일 39세의 나이로 교수형에 처해졌다. 독일이 나치즘 아래 있을 때 잠시 미국을 방문한 본회퍼에게 미국에 체류하라는 권유가 있었지만 그는 자신이 독일 국민들과 고난의 시간을 함께 보내지 않는다면 전쟁이 끝난 후 독일교회의 재건에 동참할 수 없다고 생각해 조국으로 돌아와 험난한 가시밭길을 걸었다. 그것이 자신이 말한 "제자도의 대가" (the cost of discipleship)였을 것이다. 그는 당시의 교회가 '값싼 은혜'를 남발하는 것을 비판하면서 성숙한 세계 안에서 그리스도인답게 산다는 것이 어떤 의미인지를 자신의 삶과 죽음을 통해 증언하였다.

그 밖에도 20세기라는 현대 세계 안에서 마주치는 도전들에 대해 그리스도교 신학이 어떻게 응답해야 하는지를 놓고 불트만, 틸리히(Paul Tillich), 몰트만(Jürgen Moltmann)과 같은 사람들이 제시해준 대답들이 돋보인다. 불트만은 실존주의 철학자 키에르케고르와 하이데거에게서 영향을 받아, 성서와 예수에 관한 기록을 신화의 틀에서 해방시켜 현대인의 실존에서 해석하는 비(非)신화화 및 실존론적 해석을 제창하여 큰 반향을 불러일으켰다. 틸리히는 종교사회주의운동에 깊이 관여했다는 이유로 대학에서 해직된 뒤 미국으로 건너가 뉴욕 유니언, 하버드, 시카고 대학에서 가르치며 활동하였다. 그의 관심은 그리스도교의 복음을 현대의 실존적 상황과 어떻게 연결시킬 수 있는가 하는 데 있었다. 그는 신학이란 인간과 세계와 신에 대한 '궁극적 관심'에 대해 복음으로 대답하는 것이라고 확신하였다. 따라서 자신의 신학방법을 '상관적 방법'(correlation method)이라고 명명하였다. 몰트만은 마르크스주의 철학자 에른스트 블로흐의 『희망의 원리』에 자극을 받아 『희망의 신학』(1964)을 저술하였다. 몰트만은 종말론을 신학의 출발점이자 근거로 삼아 그리스도인들은 미래를 수동적으로 기다릴 것이 아니라 하나님께서 이루실 희망의 하나님 나라를 위한 운동에 능동적으로 동

사진1

사진2

사진3

〈사진1〉 칼 바르트
〈사진2〉 디트리히 본회퍼
〈사진3〉 루돌프 불트만
〈사진4〉 폴 틸리히
〈사진5〉 위르겐 몰트만
〈사진6〉 월터 라우센부시
〈사진7〉 라인홀드 니버

사진4

사진5

사진6

참해야 한다고 주장함으로써 신학의 사회적 차원을 확립하였다.

미국에서도 현대 사회의 도전에 대한 응답들이 있었다. 한발 늦게 산업혁명이 시작된 미국에서는 20세기 초에 이르러 급격한 산업화와 도시화의 부작용이 나타나기 시작했다. 이를 극복하기 위해서 정치적으로는 사회주의 사상이 널리 퍼져나갔고, 신학적으로는 복음을 단지 개인의 차원에만 국한시키는 것이 아니라 사회·경제적 차원으로 확장시키려는 시도들이 나타났다. 그중 대표적인 것이 월터 라우센부시(Walter Rauschenbush)의 사회복음운동이었다. 라우센부시는 흔히 '지옥의 부엌'이라 불리던 뉴욕의 빈민가에서 11년 동안 목회활동을 하면서 약자들과 소외된 자들의 고통에 눈을 뜨게 되었고, 점차 복음을 도시의 가난한 사람들의 절망적 상황에 적용시키고자 노력하였다. 그는 이를 위해 사회주의 사상도 적극적으로 인정하고 받아들였다. 하지만 그가 받아들인 사회주의는 부분적인 개혁은 부정하고 총체적인 혁명만을 부르짖는 '교조적 사회주의'가 아니라 실제 생활을 점진적으로 개혁해가면서 보다 온전한 이상을 향해 나아가는 '실천적 사회주의'였다. 우리는 목회자요 신학자인 라우센부시에게서 사회주의는 그 자체가 목적이 아니라 하나의 수단이었음을 기억해야 한다. 다시 말하자면 사회주의는 역사의 종착 단계가 아니라 하나님 나라의 실현에 이르는 길에서 만나는 하나의 중간 단계일 뿐이다.

사진7

비록 라우셴부시가 인간의 죄성에 대해 너무 순진하게 낙관하고 있고 복음과 사회주의를 동일시하려는 '문화 프로테스탄티즘'의 경향을 보인다는 이유로 비판을 받기도 했지만, 라인홀드 니버(Reinhold Niebuhr)가 평가한 대로 그는 "미국에서 사회적 그리스도교의 가장 탁월하고 유능한 옹호자"였다.

라우셴부시보다 한 세대 뒤에 태어난 라인홀드 니버는 초기에 라우셴부시에게서 많은 영향을 받았다. 하지만 시간이 지나면서 그는 사회가 점진적으로 개선되어 하나님의 나라에까지 이를 것이라는 사회복음운동의 꿈을 지나치게 이상적이고 낙관적인 것으로 여기게 되었다. 아마도 이것은 '검은 목요일' 혹은 '불길한 목요일'로 불리는 1929년 10월 24일 뉴욕의 주식시장에서부터 시작된 미국의 대공황과도 무관하지 않을 것이다. 그 또한 기본적으로는 자본주의에 부정적이고 사회주의에 긍정적인 태도를 보였지만, 그가 분명히 한 것은 인간의 죄성을 고려할 때 어떤 사상도 결코 완전할 수는 없다는 점이었다. 이것이 그의 저서 『도덕적 인간과 비도덕적 사회』의 요지이다. 원래 그는 이 책의 제목을 "비도덕적 인간과 더욱 비도덕적인 사회"라고 하는 것이 더 타당하다고 말할 만큼 인간과 사회제도의 비도덕성에 대해 깊이 꿰뚫고 있었다. 이것은 그의 다른 저서인 『인간의 본성과 운명』에서 보다 뚜렷하게 나타난다. 이와 같은 인간 이해 때문에 니버는 사회주의 사상으로부터 일정한 거리를 유지할 수 있었고 어떤 사상도 항상 선하거나 항상 악할 수 없다는 현실적인 태도를 견지할 수 있었다. 이런 점에서 그의 사상을 '그리스도교 현실주의'라고 부를 수 있을 것이다. 그의 현실주의적 감각은 정치문제에서도 순진한 평화주의보다는 힘의 균형에 의한 평화를 주장하도록 이끌었다.

### 로마가톨릭교회와 동방정교회의 응전

20세기 전반기에 로마교회는 트렌트공의회와 제1차 바티칸공의회의 결정 사항들을 계속 고수하려는 보수적인 태도를 취하였다. 교회와 공의회의 가르침을 불변의 전통으로 소중하게 여기는 가톨릭교회로서는 과거의 유산을 지키는 일에 매달릴 수밖에 없었다. 이런 이유로 가톨릭교회는 현대 사조인 공산주의와 나치주의에 대해서 대단히 비판적이었다. 그런데 무신론적 경향을 띠는 공산주의의 확산을 지나치게 우려한 결과, 파시즘과 나치즘에 대해서는 다소 느슨한 입장을 보였다. 그랬기 때문에 독일이나 이탈리아와 같은 추축국들과 소련 사이에 전쟁이 일어났을 때 오히려 전자에 동정적이었으며, 심지어 공산주의자들의 영향력을 차단하기 위해서 스페인의 프랑코 파시즘 정권을 지지하기까지 하였다. 가톨릭교회의 보수적인 경향은 1950년 피우스 12세가 발표한 마리아 '몽소승천' 교리에서 뚜렷하게 나타났다. 몽소승천 교리란 "원죄에 물들지 않고 평생 동정이었던 하나님의 모친 마리아가 지상 생애를 마친 다음 영혼과 육신이 함께 천상의 영광으로 들어올림을 받았다."라고 믿는 것이다.

따라서 창조적인 신학 사상들은 탄압을 받을 수밖에 없었는데, 대표적인 예가 피에르 테야르 드 샤르댕(Pierre Teilhard de Chardin)의 경우이다. 프랑스의 가톨릭 사제이자 고생물학자인 그는 창세기에 나타난 하나님의 창조를 전통적인 방식이 아닌 과학적인 관점에서 해석하고자 하였다. 그러나 교황청과 그가 소속되어 있던 예수회는 이런 시도가 결국 가톨릭교회의 전통적인 가르침에 해가 될 것이라 판단하여 그로 하여금 더 이상 신학적인 저술을 하지 못하도록 금지시켰다. 그 후 그는 1923년 중국으로 가서 오랜 기간 머물면서 베이징원인(北京原人)의 발굴과 연구에 참여하기도 하였다. 비록 신학 저술의 출판을 금지당하긴 했지만 그는 꾸준히 자신의 사상을 발전시켰고, 그의 저술들은 1955년 그가 죽은 이후 친구들에 의해 출판되기 시작했다. 과학자요 신학자였던 그는 과학과 그리스도교, 물질과 정신을 종합하는 독창적인 우주적 진화 이론을 개진하였다. 그에 따르면 우주의 진화 과정은 점차 더 높은 단계를 향해 나아가 최종적으로 오메가 포인트(종착점)에 이르게 된다. 그의 이론은 비정통적이라는 이유로 비난과 반대에 직면하기도 했지만, 2009년 교황 베네딕투스 16세는 우주를 살아 있는 성체로 바라본 샤르댕의 비전에 대해 찬사를 보냈다.

피에르 테야르 드 샤르댕

20세기 후반에 접어들면서 열린 제2차 바티칸공의회(1962-1965)는 가톨릭교회로 하여금 현대 세계에 보다 적극적으로 응답하게 만든 중대한 계기가 되었다. 공의회는 "현대 세계에의 적응"(Aggiornamento)을 표어로 내세우면서 교회의 교리와 예전을 이전과는 달리 개방적으로 제시함으로써 가톨릭의 변화를 이끌어내었다. 가톨릭 교회사에서 21번째 보편공의회로 불리는 제2차 바티칸공의회는 4차례에 걸친 회의를 통해, 4개의 헌장과 9개의 교령과 3개의 선언문을 만들어낼 만큼 생산적이었다. 제2차 바티칸공의회로 인해 트렌트공의회 이후 라틴어로 봉헌되던 미사가 각 나라 언어로 드려지기 시작했고, 11세기에 분열된 동방교회와의 화해가 이루어졌으며, 16세기 종교개혁으로 분리된 프로테스탄트교회를 형제로 인정하였고, 복음 전파의 필요성을 이야기하면서도 타종교로부터도 배울 점이 있음을 고백하였다. 이러한 변화에 큰 영향력을 행사한 가톨릭 신학자로는 앙리 드 뤼박(Henri de Lubac), 이브 콩가르(Yves Congar), 칼 라너(Karl Rahner) 등을 꼽을 수 있다. 제2차 바티칸공의회로 인해 가톨릭교회는 현대 세계와 맺어온 오랜 적대적 관계를 청산하고 새로운 대화를 모색하게 되었다. 세상과 교회 사이에 다리를 놓으려 한 이 시도는 현재까지도 가톨릭교회에 깊은 영향을 미치고 있다.

칼 라너

1453년 동방교회의 거점이던 콘스탄티노플이 함락된 후에 동방정교회의 중심은 모스크바로 이동하기 시작했다. 이제 모스크바가 로마와 콘스탄티노플을 잇는 '제3의 로마'로서 정통 신앙을 수호할 의무를 수여받은 것으로 여겨졌다. 1547년 이반 4세는 카이사르

(caesar)에서 유래한 '차르'(czar), 즉 황제라는 명칭을 채택함으로써 자신이 로마와 콘스탄티노플 황제들의 계승자임을 선언하였다. 그 후 러시아정교회를 중심으로 한 동방교회는 나름의 신학과 전통을 발전시켜 왔다. 하지만 20세기에 들어서면서 러시아혁명이 발생하자 양상이 완전히 달라졌다. 혁명 이후 러시아에서는 국가와 교회를 완전히 분리함으로써 학교에서의 종교교육을 불법으로 규정하였으며, '종교의 자유'와 동시에 '반종교적 선전의 자유'도 보장하였다. 이런 적대적 성격의 국가 통치 가운데서도 정교회는 영성의 중심이라 할 수 있는 예배의식을 통하여 신자들을 고무시키면서 그리스도교 전통을 전수하는 역할을 감당하였다. 또한 플로로브스키(Georges Florovsky), 로스키(Vladimir Lossky)와 같은 망명 신학자들은 해외에서 정교회 신학과 영성의 전통을 재정립하는 일에 열중하였다. 20세기 후반에는 지지울라스(John Zizioulas)와 같은 신학자들이 서구 사상과는 구별되는 독특한 동방정교회 전통의 회복과 정립을 위해 노력하였다.

### 약자들의 아우성을 담은 신학운동들

20세기에 들어오면서 신학의 패러다임은 다양해지고 복잡해졌다. 과거에는 별로 주목받지 못하던 계층과 인종과 민족들의 목소리가 신학 안에서도 뚜렷하게 부각되기 시작했다. 지난 100년간 가장 큰 변화를 보인 것 중의 하나가 여성지위의 변화일 것이다. 과거 역사는 그야말로 남성들의 이야기, 히스토리(history)였다. 그러나 이제는 역사의 다른 반쪽을 차지하고 있는 여성들의 이야기,

허스토리(herstory)가 회복되고 있다. 실제로 1960년대 이후에 여성의 목소리가 각 분야에서 본격적으로 터져나오기 시작했다. 신학에서도 페미니즘 신학(feminist theology)이 중요한 한 분야로 자리를 잡았다. 메리 데일리(Mary Daly)는 『하나님 아버지를 넘어서』, 『교회와 제2의 성(性)』과 같은 책들을 통해 아버지 하나님(God Father)을 넘어서 어머니 하나님(God Mother)을 찾기 시작했다. 레티 러셀(Letty Russell)과 로즈마리 류터(Rosemary Reuther)를 위시한 많은 여성신학자들은 하나님의 남성성을 비판하는 것을 넘어서 그리스도교 신학의 주제들을 여성의 관점에서 재해석함으로써 기존의 신학 틀에 충격을 주고 있다. 이제 세계는 여성이 행복하지 않으면 남성이 행복할 수 없고, 또한 남성이 행복하지 않으면 여성이 행복할 수 없다는 사실을 실감하고 있다.

메리 데일리

여성 권리의 신장을 위한 운동이 한참이던 시기에 인종적 차별에 시달리던 흑인들의 권리를 찾기 위한 목소리도 높아졌다. 흑인해방운동은 무엇보다 1960년대 마틴 루터 킹(Martin Luther King, Jr.)으로 상징되는 미국의 시민권운동에서 뚜렷하게 나타났다. 당시 미국에서는 짐 크로우(Jim Crow) 법이라고 불리던 흑백분리정책이 엄연히 존재하고 있었다. 흑인과 백인들이 사는 지역, 학교, 공중화장실까지 구별되어 있었고, 흑인들은 버스에서도 앞자리에 앉을 수 없었으며, 음식점에서도 유색인용이라 표시된 뒷문을 이용해야만 했다. 심지어 일부 업

마틴 루터 킹 Jr.(위)
구스타보 구티에레스(아래)

소들에서는 대형 상점에서 사용하는 갈색 종이봉투보다 피부색이 짙은 사람은 출입시키지 않는 일(Brown Paper Bag Test)까지 벌어졌다. 이런 상황에서 킹 목사가 1963년 8월 28일 행한 "나에게는 꿈이 있습니다."(I have a dream)라는 제목의 연설은 흑인해방운동의 기폭제가 되었다. 그리하여 킹 목사는 1964년 『타임』 지의 '올해의 인물'로 선정되고 10월에는 노벨평화상을 받기도 했지만, 1968년 4월 4일 암살당하고 말았다. 1969년 출간된 제임스 콘(James Cone)의 『흑인신학과 흑인의 힘』은 이런 흑인들의 절망과 희망에 대한 신학적 숙고였다. 최근에는 남아프리카공화국의 넬슨 만델라(Nelson Mandela)가 백인정권의 인종차별정책(Apartheid)에 맞서 투쟁하다가 26년의 옥고를 치르고 난 다음 결국 승리해 대통령으로 당선되기까지 하였다. 2008년에는 혼혈 흑인인 오바마(Barack Obama)가 미국의 44대 대통령에 취임

하는 '기적'과도 같은 일이 일어났다.

여성신학과 흑인신학과 더불어 제3세계에서는 중심이 아닌 주변의 시각을 담은 신학들이 등장하였다. 라틴아메리카의 해방신학이 대표적인 예이다. 해방신학은 성서를 해방의 이야기로 읽으면서, 정치·경제·사회의 모든 구조악으로부터의 해방을 구원과 동일시하는 경향을 보였다. 이처럼 해방신학은 가난한 자들의 편에 서서 그들을 해방시키는 실천적 활동을 펼치는 것을 신학의 출발점이자 요점으로 간주한다. 이런 해방신학의 관점은 페루의 신학자 구티에레스(Gustavo Gutiérrez)에 의해 체계화되어 1971년『해방신학』으로 출판되었다. 그 외 라틴아메리카 해방신학의 지도적 인물들로는 브라질의 보프(Leonardo Boff), 아르헨티나의 보니노(Jose Migue Bonino), 우루과이의 세군도(Juan Luis Segundo) 등이 있다. 한편 해방신학을 실천으로 옮긴 주요 인물로는 1966년 콜롬비아의 산 속에서 게릴라 전사로 죽은 토레스(Camilo Torres) 신부, 브라질의 까마라(Dom Helder Camara) 대주교, 1980년 피살된 엘살바도르의 로메로(Oscar Romero) 대주교 등이 있다.

한국의 민중신학(民衆神學)이나 인도의 달릿신학(Dalit Theology)처럼 각국의 사회경제적 맥락 하에서 억눌린 사람들의 해방을 지향한 신학들도 모두 약자의 관점을 반영한 신학운동이었다. 또한 20세기 말에는 포스트모던신학이나 생태신학과 같이 미래적인 관점을 반영하는 새로운 신학의 흐름도 등장하게 되었다.

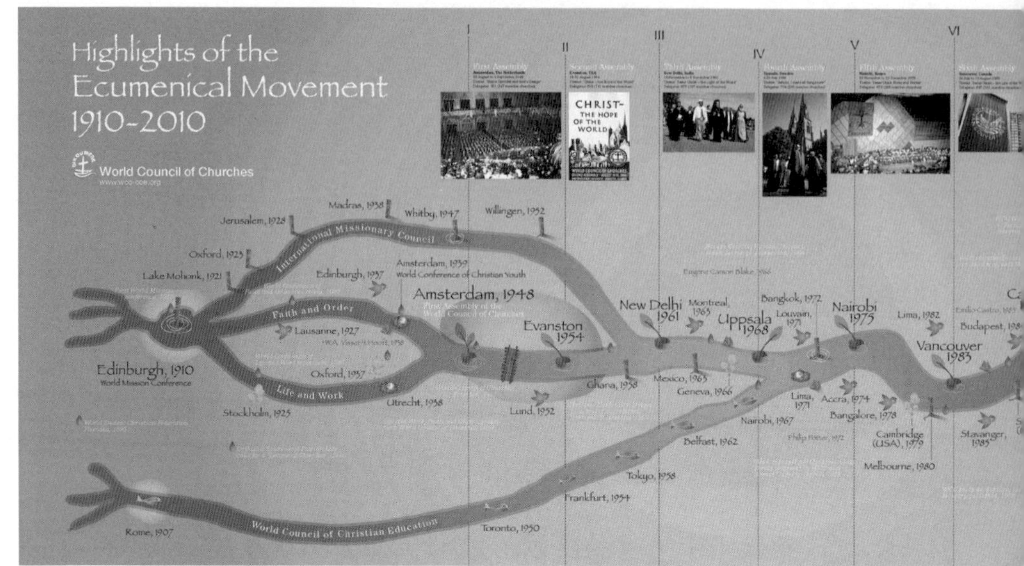


**에큐메니칼 운동의 등장과 확산**

20세기 교회사에서 가장 주목할 만한 사건은 에큐메니칼 운동이다. 19세기의 폭발적인 선교운동이 교회의 분열이라는 부작용을 초래하자, 20세기에 등장한 에큐메니칼 운동은 교회들 간에 긴밀한 협력과 연합을 목표로 하였다. 20세기 에큐메니칼 운동에서 가장 중요한 전기는 세계교회협의회(World Council of Churches)의 등장일 것이다. 세계교회협의회는 '삶과 봉사'(Life and Work)와 '신앙과 직제'(Faith and Order)라고 불리는 2개의 큰 조직이 연대해 탄생시켰다. 첫 번째 기둥인 '삶과 봉사'는 1925년 스톡홀름과 1937년 옥스퍼드 대회를 거쳐 1948년 세계교회협의회 창립에 참여하였고, 두 번째 기둥인 '신앙과 직제'는 1927년 로잔과 1937년 에든버러 대회를 거쳐 1948년 세계교회협의회 결성에 동참하였다. 여기에 국제선교사협

20세기 에큐메니칼 운동의 역사

의회(International Missionary Council)가 1961년에 가세함으로써 세계교회협의회는 사회참여의 전통, 교회 교리의 연구, 선교운동을 모두 포괄하게 되었다. 뒤늦게 동참한 국제선교사협의회는 1910년 에든버러에서 열린 세계선교사총회의 결과로 1921년 창립되었으며, 1928년 예루살렘(Jerusalem), 1938년 마드라스(Madras), 1947년 휘트비(Whitby), 1952년 빌링겐(Willingen), 1958년 가나(Ghana) 대회를 거쳐 1961년에 세계교회협의회에 합류하였다. 또한 1961년에 동방정교회까지 세계교회협의회에 정식으로 가입함으로써 이 단체는 이름에 걸맞는 대표적인 에큐메니칼 기구로 자리를 잡았다.

세계교회협의회는 1948년 네덜란드의 암스테르담에서 1차 총회를 가진 이후, 1954년 미국의 에반스턴, 1961년 인도의 뉴델리, 1968년 스웨덴의 웁살라, 1975년 케냐의 나이로비, 1983년 캐나다의 밴쿠버,

1991년 오스트레일리아의 캔버라, 1998년 짐바브웨의 하라레, 2006년 브라질의 포르투 알레그레, 2013년 대한민국의 부산에 이어, 2022년 독일의 카를스루에에서 제11차 총회가 개최되었다. 이와 같은 연합과 일치운동은 교회란 그리스도 안에서 "하나의, 거룩한, 보편적, 사도적" 교회라는 초대 그리스도인들의 신앙고백을 회복하는 '새로운 종교개혁' 운동이 될 것이다. 뿐만 아니라 이것은 "거룩하신 아버지여 내게 주신 아버지의 이름으로 그들을 보전하사 우리와 같이 그들도 하나가 되게 하옵소서"(요 17:11)라고 간절히 기도한 예수 그리스도의 바람에 대한 진지한 응답이 될 것이다.

**열린 미래**

역사는 완결된 이야기가 아니라 끊임없이 형성되어 가는 과정의 이야기이다. 앞으로 21세기의 교회사가 어떻게 펼쳐질 것인가는 미지수이다. 새롭게 경건의 능력을 회복하여 스스로를 개혁하고 세상에 충격과 변화를 줌으로써 하나님 나라의 실현을 위한 도구가 될 것인지, 아니면 경건의 모양만 갖춘 채 무기력하게 답보와 퇴보를 거듭하면서 세상에 끌려다니며 세속화되고 세간의 조롱거리로 전락할 것인지는 누구도 알 수 없다. 하나님의 소명에 우리가 어떤 자세로 응답할지, 세상의 도전에 어떤 방식으로 응전할지에 따라 우리의 미래가 결정될 것이다. 미래의 교회가 어떤 위상과 역사를 지니게 될지는 전적으로 오늘을 사는 우리 그리스도인들에게 달려 있다.

박경수 교수의 교회사 클래스

# 교 · 회 · 사 · 연 · 대 · 표

| | |
|---|---|
| BC 4년경 | 예수 그리스도의 탄생 |
| AD 14-37 | 티베리우스 재위 |
| 30(29-33 사이) | 예수 십자가 처형 |
| 49(48-50 사이) | 예루살렘사도공의회 |
| 45-64 | 바울의 선교여행 |
| 54-68 | 네로 재위 |
| 64 | 로마 대화재와 네로 황제의 박해 |
| 70 | 로마의 예루살렘 점령 |
| 81-96 | 도미티아누스 재위 |
| 98-117 | 트라야누스 재위 |
| 110년경 | 안티오케이아의 감독 이그나티우스 순교 |
| 144 | 마르키온의 출교 |
| 156년경 | 스미르나의 감독 폴리카르포스 순교 |
| 161-180 | 마르쿠스 아우렐리우스 재위 |
| 165년경 | 변증가 유스티누스 순교 |
| 170년경 | 몬타누스주의자들의 예언활동 성행 |
| 180년경 | 초기형태의 사도신경이 로마에서 세례문답을 위해 사용됨(사도신경이라는 용어가 사용된 것은 390년경에 이르러서이다.) |
| 206년경 | 테르툴리아누스가 몬타누스주의에 일시 가담 |
| 249-251 | 데키우스 황제 재위 |
| 254년경 | 오리게네스 순교 |
| 258 | 카르타고의 감독 키프리아누스의 순교 |
| 284-305 | 디오클레티아누스 황제 재위 |
| 300년경 | 안토니오스가 이집트에서 수도생활 시작 |

| | |
|---|---|
| 306-337 | 콘스탄티누스 대제 재위(306년 잉글랜드 요크에서 로마의 4명의 황제 중 하나로 옹립되었다가 324년 로마제국 전체의 유일한 황제가 되었다.) |
| 311 | 북아프리카에서 도나투스주의 분파 발생 |
| 313 | 밀라노칙령 반포 |
| 320년경 | 파코미오스의 수도원운동 |
| 325 | 니케아공의회 |
| 325-381 | 아레이오스 논쟁이 계속됨 |
| 330 | 콘스탄티누스가 비잔티움(이후 콘스탄티노플로 이름이 바뀌었고 현재는 이스탄불이다.)으로 천도 |
| 381 | 제1차 콘스탄티노플공의회 |
| 386 | 히에로니무스가 베들레헴에 은둔하여 라틴어로 성서번역(『불가타 성서』) |
| 386 | 아우구스티누스의 회심 |
| 395-430 | 히포의 감독 아우구스티누스가 마니교, 도나투스주의, 펠라기우스주의를 논박하고 『고백록』과 『하나님의 도성』을 비롯한 수많은 저술활동을 펼침 |
| 410 | 고트족의 로마 약탈 |
| 431 | 에베소공의회 |
| 451 | 칼케돈공의회 |
| 476 | 서로마제국 멸망 |
| 498년경 | 프랑크족의 왕 클로비스가 세례를 받음 |
| 520년경 | 이탈리아 교회법학자인 디오니시우스 엑시구스가 BC와 AD로 연대를 구분함 |
| 527-565 | 유스티니아누스 대제(유스티니아누스 법전 반포, 성 소피아 성당 재건축) |
| 529년경 | 베네딕투스가 몬테카시노 수도원 설립 |
| 553 | 제2차 콘스탄티노플공의회 |
| 590-604 | 그레고리우스 1세 교황 재위 |
| 622 | 헤지라(무하마드가 메카에서 메디나로 피신) |

| | |
|---|---|
| 638 | 아랍 세력이 예루살렘 점령(이후 이라크, 시리아, 이집트, 스페인 등으로 계속 아랍 세력 확장) |
| 681 | 제3차 콘스탄티노플공의회 |
| 732 | 샤를 마르텔이 투르(푸아티에) 전투에서 아랍족을 격퇴시킴으로써 이슬람 세력의 확장을 저지함 |
| 787 | 제2차 니케아공의회 |
| 800 | 샤를마뉴가 교황 레오 3세로부터 신성로마제국 황제의 관을 받음 |
| 843 | 베르됭 조약으로 제국이 나뉘어져 프랑스, 독일, 이탈리아의 경계가 지워짐 |
| 910 | 클뤼니 수도원 설립 |
| 1054 | 서방(로마)교회와 동방(콘스탄티노플)교회의 분열 |
| 1056-1106 | 황제 하인리히 4세 재위 |
| 1073-1085 | 교황 그레고리우스 7세(힐데브란트) 재위 |
| 1076 | 보름스 회의에서 교황 그레고리우스 7세를 폐위하자 이에 맞서 교황이 황제 하인리히 4세를 출교함 |
| 1077 | 카노사의 굴욕 |
| 1093-1109 | 캔터베리 대주교 안셀무스(대표작 『왜 하나님이 인간이 되셨는가?』) |
| 1095 | 클레르몽공의회에서 십자군전쟁 촉구 |
| 1096-1291 | 8차례에 걸쳐 십자군 출정 |
| 1098 | 시토 수도회 설립 |
| 1113년경 | 클레르보의 베르나르가 시토 수도회에 가입하여 지도력 발휘 |
| 1123 | 제1차 라테란공의회 |
| 1139 | 제2차 라테란공의회에서 성직자의 의무적 독신 결정 |
| 1157년경 | 롬바르두스의 『명문집』 |
| 1170 | 캔터베리 대주교 토마스 베킷이 성전에서 살해됨 |
| 1176 | 발도파 운동의 시작 |
| 1179 | 제3차 라테란공의회에서 교황 선거제도 결정 |
| 1198-1216 | 교황 인노켄티우스 3세 재위 |
| 1209 | 아시시의 프란체스코가 수도회칙 『삶의 방식』 확립 |

| | |
|---|---|
| 1215 | 제4차 라테란공의회에서 화체설, 의무적 고해성사, 종교재판 규칙 제정 |
| 1216 | 도미니쿠스 수도회 설립 |
| 1232 | 그레고리우스 9세가 종교재판소 설치 |
| 1273 | 토마스 아퀴나스의 『신학대전』 출간 |
| 1302 | 보니파키우스 8세의 『우남상탐』 반포 |
| 1309-1377 | 아비뇽 교황청 시대 |
| 1314 | 단테의 『신곡』 완성 |
| 1339-1453 | 영국과 프랑스의 백년전쟁 |
| 1347-1350 | 흑사병이 전 유럽에 창궐 |
| 1375-1382 | 위클리프가 로마가톨릭교회를 비판함 |
| 1378-1415 | 교황청의 대분열(로마와 아비뇽) |
| 1414-1418 | 콘스탄츠공의회(1415 얀 후스의 화형 결정) |
| 1418 | 토마스 아 켐피스의 『그리스도를 본받아』 출간 |
| 1419-1436 | 후스전쟁 |
| 1431-1448 | 바젤-페라라공의회 |
| 1453 | 오스만투르크 제국에 의해 콘스탄티노플 함락 |
| 1455년경 | 구텐베르크가 독일 마인츠에서 최초로 성서 인쇄 |
| 1492 | 스페인에서 이슬람 세력 축출 |
| 1492 | 콜럼버스 아메리카대륙 발견 |
| 1498 | 피렌체에서 사보나롤라 화형 |
| 1506-1667 | 로마의 베드로 성당 재건축 |
| 1516 | 에라스무스의 그리스어 신약성서 출판 |
| 1517 | 루터의 95개 조항 게시 |
| 1519-1531 | 츠빙글리의 취리히 목회 |
| 1520 | 히메네스가 주도한 콤플루툼학파 대역성서 출간 |
| 1521 | 교황 레오 10세가 루터 파문 |
| 1521 | 카를 5세가 소집한 보름스 제국의회에 루터 소환됨 |
| 1522 | 사순절 소시지 사건으로 취리히에 종교개혁 시작 |
| 1523 | 취리히에서 1월과 10월 가톨릭과 개혁교회 사이에 공개 논쟁 |

| | |
|---|---|
| 1524-1526 | 독일의 농민전쟁 |
| 1525 | 취리히에서 재세례파운동 시작됨 |
| 1527 | 재세례파의 슐라이트하임 신앙고백 선언 |
| 1529 | 마르부르크회의(루터파와 츠빙글리파의 결렬) |
| 1529 | 슈파이어 제국의회에서 프로테스탄트라는 명칭 처음 사용 |
| 1530 | 아우크스부르크 제국의회에 루터주의자들이 신앙고백서 제출 |
| 1531 | 카펠전쟁에서 츠빙글리 사망 |
| 1533-1534 | 재세례파들의 뮌스터 장악 |
| 1534 | 영국 헨리 8세 『수장령』 |
| 1536 | 칼뱅의 『기독교강요』 초판 발행 |
| 1536-1538 | 칼뱅의 1차 제네바 사역 |
| 1540 | 교황 바오로 3세가 이냐시오의 예수회 설립을 승인 |
| 1541-1564 | 칼뱅의 2차 제네바 사역 |
| 1545-1563 | 트렌트공의회 |
| 1547-1553 | 잉글랜드의 에드워드 6세 통치기에 프로테스탄트 경향의 개혁 |
| 1549 | 취리히 합의(불링거와 칼뱅) |
| 1549 | 잉글랜드에서 『공동기도서』 초판 발행 |
| 1553 | 제네바에서 세르베투스가 이단 혐의로 화형 |
| 1553-1558 | '피의 메리'가 잉글랜드 통치하던 시기에 로마가톨릭이 회복됨 |
| 1555 | 아우크스부르크 평화협정으로 영주들의 종교를 따르게 됨 |
| 1558-1603 | 잉글랜드 여왕 엘리자베스가 가톨릭과 프로테스탄트 사이에서 중도의 길을 취하는 타결정책 시행 |
| 1559 | 프랑스 프로테스탄트(위그노)의 1차 총회 개최 |
| 1559 | 제네바아카데미 설립 |
| 1560 | 존 녹스가 스코틀랜드에 개혁교회 설립 |
| 1562 | 아빌라의 테레사가 카르멜 수도회 개혁운동 시작 |
| 1562-1598 | 프랑스 종교전쟁(위그노전쟁) |
| 1572 | 성 바르톨로뮤 축일 대학살 |
| 1577 | 루터교회의 협화신조 |
| 1598 | 낭트칙령으로 위그노에게 예배의 자유가 주어짐 |

| | |
|---|---|
| 1611 | 잉글랜드에서 『킹 제임스 성서』 출간 |
| 1618 | 도르트 회의에서 아르미니우스의 교리를 정죄 |
| 1618 | 잉글랜드 제임스 1세가 청교도의 엄격주의에 반대하여 『스포츠선언』 발표 |
| 1618-1648 | 30년전쟁 |
| 1620 | 메이플라워호가 뉴잉글랜드의 플리머스에 도착 |
| 1642 | 잉글랜드에서 왕과 의회 사이에 내전 발생 |
| 1643-1649 | 웨스트민스터회의 |
| 1647 | 조지 폭스가 퀘이커운동 시작 |
| 1648 | 베스트팔렌 평화조약 체결로 30년전쟁 종결 |
| 1649-1660 | 잉글랜드에서 크롬웰의 주도 아래 공화정이 이루어지다가 1660년 왕정 복귀 |
| 1675 | 필립 슈페너의 『경건한 열망』 출판으로 경건주의운동이 시작됨 |
| 1678 | 존 번연의 『천로역정』 출간 |
| 1682 | 퀘이커교도 윌리엄 펜이 종교관용에 기초해 펜실베이니아를 세움 |
| 1685 | 루이 14세의 낭트칙령 철폐로 인해 위그노들이 프랑스를 떠나 유럽 전역으로 흩어짐 |
| 1688 | 잉글랜드의 명예혁명 |
| 1689 | 잉글랜드 의회의 관용령 선포 |
| 1722 | 친첸도르프가 작센에 헤른후트 공동체 설립 |
| 1726 | 뉴잉글랜드에서 대각성운동 시작 |
| 1727 | 조나단 에드워즈 회심 |
| 1738 | 존 웨슬리 회심 |
| 1751-1765 | 프랑스에서 『백과사전』 초판 발행 |
| 1756-1772 | 스베덴보리가 신비주의 저작들을 내놓다 |
| 1776 | 미국 독립선언 |
| 1789 | 프랑스혁명 발발 |
| 1799 | 슐라이어마허 『종교론』 출간 |
| 1801 | 미국에서 제2차 대각성운동의 신호탄이 된 천막집회운동 시작 |
| 1833 | 잉글랜드에서 옥스퍼드 운동 시작 |

| | |
|---|---|
| 1833 | 윌리엄 윌버포스의 노력으로 영국에서 노예제도 폐지 |
| 1840 | 데이비드 리빙스턴의 선교활동 시작 |
| 1848 | 마르크스와 엥겔스가 『공산당선언』 발표 |
| 1854 | 교황 피우스 9세가 마리아의 원죄 없는 잉태 교리 선언 |
| 1859 | 찰스 다윈의 『종의 기원』 출간 |
| 1864 | 교황 피우스 9세의 『오류목록』 |
| 1869-1870 | 제1차 바티칸공의회 |
| 1891 | 교황 레오 13세가 칙령 『새로운 사태』 반포 |
| 1907 | 월터 라우셴부시가 『기독교와 사회위기』를 통해 사회복음 주창 |
| 1910 | 에딘버러 선교대회를 통해 교회일치운동 모색 |
| 1914-1918 | 제1차 세계대전 |
| 1917 | 러시아에서 볼셰비키 혁명 발발 |
| 1919 | 칼 바르트의 『로마서주석』 초판 발행 |
| 1929 | 미국 대공황 |
| 1932-1967 | 칼 바르트의 『교회교의학』 |
| 1934 | 나치에 대항하여 바르멘선언 발표 |
| 1939-1945 | 제2차 세계대전 |
| 1940 | 테제 공동체 설립 |
| 1945 | 디트리히 본회퍼가 히틀러 암살에 가담했다는 죄목으로 39세의 나이로 처형당함 |
| 1945 | 일본 히로시마(8월 6일)와 나가사키(8월 9일)에 원자폭탄 투하 |
| 1945 | 나그함마디에서 영지주의 문서 발견 |
| 1947 | 사해문서 발견 |
| 1948 | 암스테르담에서 세계교회협의회(WCC)를 창립해서 에큐메니칼 운동 전개 |
| 1950 | 교황 피우스 12세가 마리아 승천 교리 선언 |
| 1961 | 제3차 세계교회협의회 뉴델리 총회에서 정교회가 세계교회협의회 가입 |
| 1962-1965 | 제2차 바티칸공의회 |
| 1964 | 위르겐 몰트만의 『희망의 신학』 출간 |

| | |
|---|---|
| 1968 | 마틴 루터 킹 암살 |
| 1971 | 구티에레스의 『해방신학』 출간 |
| 1980 | 로메로 대주교 암살 |
| 1989-1990 | 러시아와 동유럽에서 공산주의 정권 붕괴 |
| 1993 | 유럽연합(EU) 결성 |
| 1999 | 가톨릭교회와 루터교회가 "칭의 교리에 관한 공동선언" 발표 |
| 2001 | 세계무역센터 테러사건(9월 11일) |
| 2004 | 세계개혁교회연맹(WARC) "아크라 신앙고백" 선언 |
| 2006 | 감리교회가 "칭의 교리에 관한 공동선언" 수용 |

박경수 교수의 교회사 클래스

# 찾·아·보·기

ㅅ

ㅇ

ㅈ



ㅊ

ㅌ



ㅍ

ㅎ